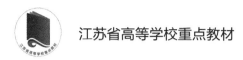
江苏省高等学校重点教材

International marketing
Theory, Environment and Strategy

国际市场营销
理论、环境与策略

张言彩 许晓晴 鲍恩波 ◎ 编著

机械工业出版社
CHINA MACHINE PRESS

本书以习近平新时代中国特色社会主义思想为指导，立足我国改革开放实践，借鉴西方国际市场营销学的基本理论体系，系统描述了国际市场营销的概念、理论和实践。内容涵盖国际市场营销的基本概念、国际市场营销环境分析、国际市场营销调研、市场细分及营销组合策略制定等。全书共设12章，每章由本章学习要求、引导案例、知识讲解、本章小结、知识应用等板块组成，采用"教、学、做、练"一体化教学模式。通过学习，读者可以掌握国际市场营销的基本理论和方法，并能运用所学知识分析问题、解决问题。

本书可作为高等院校市场营销、国际贸易、国际商务、国际金融等经管专业的教学用书，也可供相关从业者学习和参考。

图书在版编目（CIP）数据

国际市场营销：理论、环境与策略 / 张言彩，许晓晴，鲍恩波编著. —北京：机械工业出版社，2023.10

高等院校市场营销系列教材

ISBN 978-7-111-74683-6

Ⅰ.①国⋯ Ⅱ.①张⋯ ②许⋯ ③鲍⋯ Ⅲ.①国际营销–高等学校–教材 Ⅳ.① F740.2

中国国家版本馆 CIP 数据核字（2024）第 008134 号

机械工业出版社（北京市百万庄大街22号　邮政编码100037）
策划编辑：张有利　　　　　　责任编辑：张有利　马新娟
责任校对：杜丹丹　张　薇　　责任印制：李　昂
河北鹏盛贤印刷有限公司印刷
2024年2月第1版第1次印刷
185mm×260mm・15.5 印张・334 千字
标准书号：ISBN 978-7-111-74683-6
定价：59.00元

电话服务　　　　　　　　　　网络服务
客服电话：010-88361066　　　机　工　官　网：www.cmpbook.com
　　　　　010-88379833　　　机　工　官　博：weibo.com/cmp1952
　　　　　010-68326294　　　金　书　网：www.golden-book.com
封底无防伪标均为盗版　　　　机工教育服务网：www.cmpedu.com

前 言

经济全球化是当代世界的主要特征之一,也是世界经济发展的重要驱动。在全球经济一体化进程不断加快的背景下,商品、技术、服务等生产要素跨国、跨地区流动,"中国制造"已经深深地嵌入全球供应网络中。与此同时,近年来,越来越多的我国企业实施"走出去"战略。从早期的国际贸易到"绿地投资"、直接对外投资,我国企业的国际化步伐日渐加快,涌现出华为、小米、大疆、海尔等优秀企业,其商品研发、销售和服务遍布全球。

当今世界正处于百年未有之大变局的紧要关口。受非经济因素的影响,产业链、供应链面临巨大冲击。"大变局"中创新要素的比拼前所未有,第四次工业革命方兴未艾,人工智能、机器人技术、虚拟现实以及量子科技等蓬勃发展,将深度改变人类生产和生活方式,对变局的发展产生重要影响。加之国际范围内的文化、安全、政治等格局都在发生深刻的变化,世界进入动荡变革期。面对这样一种格局和态势,我国提出要推动形成以国内大循环为主体、国内国际双循环相互促进的新发展格局。我国已经全面建成小康社会,正昂首阔步踏上全面建设社会主义现代化国家新征程,在国际市场动荡和我国社会主要矛盾发生变化的背景下,国际市场营销学有着巨大的发展空间。跨国企业需要大量具备国际市场营销技能的人才,以使企业在激烈的国际市场竞争中占据一席之地。国际市场营销人才需要建立国际市场营销专业知识体系,了解当前国际市场挑战,熟悉海外消费者多元化的消费需求和习惯,具备宽广的国际视野,顺应全球贸易发展的潮流,形成满足国际市场的创新能力。本书就是为顺应时代发展,满足跨国企业对人才的渴求,培养时代需求的人才而编写的教材。

纵观国内教材可谓林林总总,很多教材都有较大的影响力,如国外的权威教材、国家规划教材,不少教材内容更新较快,版面设计新颖。但对照应用型高校人才培养的实际与要求，多数教材理论有余而实践不足，内容丰富而可读性不够，国外案例有余而本土化实例不足，知识灌输有余而课程思政有限。有些教材内容学术味过重，或直接照搬国外教材，不符合中国学生的思维逻辑习惯，可读性一般，有些让学生难以理解、食而不化。本次修订，在2015年北京大学出版社一版的基础上，力求克服以上不足，保持原有的风格，并强化以下特色：**一是充分体现课程思政的新要求**。将育人放在首位，将课程育人的根本任务落实到教材内容。挖掘知识体系中所蕴含的思想价值和精神内涵。以习近平新时代中国特色社会主义思想为核心，有机地融入家国情怀、文化自信、职业素养、社会责任、营销伦理道德等内容。每一章的开头部分设置了与本章学习内容密切相关的古代或者近现代诗词典故，揭示我国对现当代营销思想的贡献，增强学生的民族自信。**二是充分体现学科发展与应用实践的新趋势**。正视互联网经济环境下国际市场营销发展的全新形态，吸收学科发展的前沿成就，尤其是新的国际商务模式、零售模式、社交媒体、移动营销和其他新型沟通技术等方面的新知识、新方法，更新了原有教材的案例，尤其注重选用国内企业新近的成功案例，挖掘它们的营销创新成果。**三是充分体现学生素质能力培养的新需求**。注重"互联网+"背景下的专业素质和能力培养，强化数字技术与国际市场营销调研与预测、国际营销环境分析、国际市场营销策略的融合。**四是充分体现现代教学的新特点**。我们对教材的整体内容、案例、课后训练等进行了研讨，包括文字表述，力求通俗易懂、简洁生动、逻辑清晰、发人深省，并充满趣味、可读性，并设置了"引导案例""营销聚焦""知识应用""案例讨论"等相关专栏，每章的知识应用有多道练习题，补充了两套考试样卷供教师参考（教辅资料）。**五是兼顾双语教学需要**。每一章章后附有中英文名词术语，方便教师面向大中专院校学生开展教学。

  本书从计划出版到最后成稿近一年时间，经过多轮商讨，几经修改完善，集中了全体编写人员的智慧和心血。本书由张言彩、许晓晴、鲍恩波编写，全书由张言彩统稿。编写的人员及分工为：张言彩（第1、5、6章）、许晓晴（第2、3、4、12章及1～6章练习题）、鲍恩波（第7、8、9、10、11章及7～12章练习题，以及PPT制作）。

  本书的编写还借鉴了许多国内外学者的研究成果，除注明出处的部分外，限于篇幅未能一一列出，对此，向众多学者和师友表示衷心的感谢！在此，谨向关心和支持本书编写和出版的各界同人表示诚挚的谢意。

张言彩

2023年8月3日

目 录

前言

第1章 绪论 ... 1

本章学习要求 ... 1
引导案例 ... 1
1.1 国际市场营销内涵 ... 2
1.2 国际市场营销与国内市场营销及国际贸易的关系 ... 4
    1.2.1 国际市场营销与国内市场营销的关系 ... 4
    1.2.2 国际市场营销与国际贸易的关系 ... 6
1.3 国际市场营销理论基础 ... 8
    1.3.1 国际管理定位理论 ... 8
    1.3.2 企业的国际化进程理论 ... 9
    1.3.3 国际市场营销战略途径理论 ... 10
1.4 国际市场营销的发展阶段及哲学观念 ... 11
    1.4.1 国际市场营销的发展阶段 ... 11
    1.4.2 国际市场营销观念 ... 13
    1.4.3 国际管理定位、国际市场营销观念及国际市场营销阶段的关系 ... 15
1.5 国际市场营销驱动力与约束力 ... 15
    1.5.1 驱动力 ... 15
    1.5.2 约束力 ... 18
本章小结 ... 19
主要的名词术语 ... 20
知识应用 ... 20
案例讨论 ... 21

第 2 章　国际市场营销的经济和人口环境分析　23

- 本章学习要求　23
- 引导案例　23
- 2.1　国际市场营销的经济环境分析　24
  - 2.1.1　东道国的经济体制分析　24
  - 2.1.2　东道国经济规模分析　25
  - 2.1.3　东道国经济发展阶段分析　28
- 2.2　国际市场营销的人口因素分析　29
  - 2.2.1　人口总量　29
  - 2.2.2　人口增长率　30
  - 2.2.3　人口密度及地理分布　30
  - 2.2.4　人口年龄及性别构成　31
  - 2.2.5　家庭结构　31
- 本章小结　32
- 主要的名词术语　33
- 知识应用　33
- 案例讨论　34

第 3 章　国际市场营销的社会文化要素　36

- 本章学习要求　36
- 引导案例　36
- 3.1　社会文化因素概述　38
  - 3.1.1　文化的含义与特征　38
  - 3.1.2　社会文化差异对国际营销的影响　39
- 3.2　影响国际市场营销的主要社会文化因素　40
  - 3.2.1　物质文化　40
  - 3.2.2　风俗习惯　41
  - 3.2.3　宗教信仰　42
  - 3.2.4　教育水平　43
  - 3.2.5　语言文字　44
  - 3.2.6　社会组织　46
- 本章小结　47
- 主要的名词术语　47
- 知识应用　47
- 案例讨论　49

第4章 影响国际市场营销的其他环境要素 ··· 51

本章学习要求 ··· 51
引导案例 ··· 51
4.1 国际市场营销的政治环境 ··· 52
 4.1.1 政治体制 ··· 53
 4.1.2 政府在经济中所扮演的角色 ··· 53
 4.1.3 政党制度 ··· 54
 4.1.4 政治的稳定性 ··· 55
 4.1.5 政府的干预 ··· 55
 4.1.6 减少政治风险的策略 ··· 58
4.2 国际市场营销的法律环境 ··· 60
 4.2.1 国际法律环境 ··· 60
 4.2.2 东道国的法律环境 ··· 61
 4.2.3 企业母国的法律环境 ··· 64
 4.2.4 对国际贸易争端的解决 ··· 64
4.3 国际市场营销的科学技术环境 ··· 66
 4.3.1 科学技术环境对国际市场营销的影响 ··· 67
 4.3.2 信息技术与国际市场营销 ··· 68
本章小结 ··· 69
主要的名词术语 ··· 70
知识应用 ··· 70
案例讨论 ··· 71

第5章 国际市场营销调研与预测 ··· 73

本章学习要求 ··· 73
引导案例 ··· 73
5.1 国际市场营销调研 ··· 74
 5.1.1 国际市场营销调研概述 ··· 74
 5.1.2 国际市场营销调研的程序 ··· 75
 5.1.3 国际市场营销调研的内容 ··· 77
 5.1.4 国际市场营销调研的类型 ··· 80
 5.1.5 国际市场营销调研的方法 ··· 81
5.2 国际市场预测 ··· 85
 5.2.1 预测的分类 ··· 85
 5.2.2 预测方法 ··· 86

本章小结 ······87
主要的名词术语 ······87
知识应用 ······87
案例讨论 ······88

第 6 章　国际市场营销企业战略管理 ······90

本章学习要求 ······90
引导案例 ······90
6.1　国际市场营销企业成长战略 ······91
 6.1.1　密集型成长战略 ······91
 6.1.2　一体化成长战略 ······93
 6.1.3　多样化成长战略 ······94
6.2　国际市场营销企业竞争战略 ······97
 6.2.1　迈克尔·波特的三种竞争战略 ······97
 6.2.2　不同市场地位企业的竞争战略 ······103
 6.2.3　全球化环境下的本土公司 ······106
本章小结 ······107
主要的名词术语 ······108
知识应用 ······108
案例讨论 ······109

第 7 章　国际市场进入 ······111

本章学习要求 ······111
引导案例 ······111
7.1　出口进入模式 ······112
 7.1.1　间接出口 ······112
 7.1.2　直接出口 ······113
7.2　契约进入模式 ······114
 7.2.1　契约进入模式的含义 ······114
 7.2.2　许可证贸易 ······114
 7.2.3　特许经营 ······117
 7.2.4　管理合同 ······119
 7.2.5　制造合同 ······119
 7.2.6　交钥匙工程 ······120
7.3　投资进入模式 ······120

####### 7.3.1 投资进入模式的特征 120
####### 7.3.2 投资进入模式的具体形式 121
7.4 国际战略联盟进入模式和网络营销进入模式 124
####### 7.4.1 国际战略联盟进入模式 124
####### 7.4.2 网络营销进入模式 126
####### 7.4.3 影响国际市场进入模式选择的因素 127
- 本章小结 129
- 主要的名词术语 130
- 知识应用 130
- 案例讨论 131

第8章 国际市场营销产品策略 133

- 本章学习要求 133
- 引导案例 133
8.1 产品及产品组合 134
####### 8.1.1 国际市场中的产品概念 134
####### 8.1.2 国际市场营销产品组合的内涵 135
8.2 国际市场营销产品组合策略 136
####### 8.2.1 国际市场营销产品组合调整策略 136
####### 8.2.2 标准化与差异化策略 138
####### 8.2.3 国际市场营销产品沟通组合策略 141
8.3 国际市场营销产品的商标及包装策略 143
####### 8.3.1 国际市场营销产品的商标 143
####### 8.3.2 国际市场营销产品的包装 146
8.4 服务产品策略分析 148
####### 8.4.1 服务产品的内涵 148
####### 8.4.2 服务产品面临的问题 148
- 本章小结 149
- 主要的名词术语 149
- 知识应用 149
- 案例讨论 151

第9章 国际市场营销产品定价策略 152

- 本章学习要求 152
- 引导案例 152

9.1 国际市场营销产品定价目标及影响因素 ················· 153
　9.1.1 国际市场营销产品定价目标 ························ 153
　9.1.2 影响国际市场营销产品定价因素 ···················· 155
9.2 国际市场营销产品定价方法 ··························· 157
　9.2.1 成本导向定价法 ·································· 157
　9.2.2 需求导向定价法 ·································· 159
　9.2.3 竞争导向定价法 ·································· 160
9.3 国际市场营销产品定价策略 ··························· 161
　9.3.1 新产品的撇脂定价和渗透定价策略 ·················· 161
　9.3.2 国际营销基本定价策略 ···························· 162
　9.3.3 出口产品的定价策略 ······························ 164
　9.3.4 国际企业的定价决策 ······························ 169
本章小结 ·· 171
主要的名词术语 ·· 171
知识应用 ·· 172
案例讨论 ·· 173

第10章　国际市场营销渠道 ································ 174

本章学习要求 ·· 174
引导案例 ·· 174
10.1 国际市场营销渠道概述 ······························ 175
　10.1.1 国际市场营销渠道内涵 ·························· 175
　10.1.2 国际市场营销渠道中间商类型 ···················· 175
　10.1.3 国际市场营销渠道选择的影响因素 ················ 179
10.2 国际市场营销渠道策略 ······························ 182
　10.2.1 直接渠道策略与间接渠道策略 ···················· 182
　10.2.2 长渠道策略与短渠道策略 ························ 183
　10.2.3 宽渠道策略与窄渠道策略 ························ 184
10.3 国际市场营销渠道管理 ······························ 184
　10.3.1 激励渠道成员 ·································· 184
　10.3.2 评估渠道成员 ·································· 186
　10.3.3 修改渠道决策 ·································· 187
本章小结 ·· 188
主要的名词术语 ·· 188
知识应用 ·· 189
案例讨论 ·· 190

第 11 章　国际促销策略 ··· 191

本章学习要求 ·· 191
引导案例 ·· 191
11.1　国际促销的概念和特点 ·· 192
　11.1.1　国际促销的概念 ··· 192
　11.1.2　国际促销的特点 ··· 192
11.2　国际人员推销 ·· 194
　11.2.1　国际人员推销的优势 ·· 194
　11.2.2　推销人员的任务 ··· 194
　11.2.3　推销人员的推销步骤 ·· 195
　11.2.4　国际推销人员管理 ··· 196
11.3　国际广告 ··· 200
　11.3.1　国际广告的概念、标准化与差异化 ·· 200
　11.3.2　国际广告目标决策 ··· 201
　11.3.3　国际广告预算决策 ··· 202
　11.3.4　国际广告信息决策 ··· 203
　11.3.5　国际广告媒体决策 ··· 204
11.4　国际销售推广 ·· 206
　11.4.1　国际销售推广的概念和作用 ··· 206
　11.4.2　国际销售推广的形式 ·· 206
　11.4.3　国际销售推广的决策及影响因素 ·· 207
11.5　国际市场公共关系 ··· 210
　11.5.1　国际市场公共关系的概念与特征 ·· 210
　11.5.2　国际市场公共关系的任务 ·· 212
　11.5.3　国际市场公共关系的主要策略 ··· 212
　11.5.4　国际市场公共关系的活动方式 ··· 214
本章小结 ·· 216
主要的名词术语 ··· 216
知识应用 ·· 216
案例讨论 ·· 217

第 12 章　国际市场营销风险管理 ·· 218

本章学习要求 ·· 218
引导案例 ·· 218

12.1 国际市场营销风险概述 ·· 219
　　12.1.1 国际市场营销风险的概念与特点 ··· 219
　　12.1.2 国际市场营销风险产生的原因 ·· 220
12.2 国际市场营销中的政治风险及规避 ·· 221
　　12.2.1 政治风险的表现 ·· 221
　　12.2.2 政治风险的评估 ·· 222
　　12.2.3 政治风险的防范 ·· 224
12.3 国际市场营销中的贸易风险及规避 ·· 226
　　12.3.1 国际贸易风险分类 ··· 226
　　12.3.2 国际贸易风险防范措施 ··· 226
12.4 国际市场营销文化风险与防范 ·· 228
　　12.4.1 国际市场营销文化风险分类 ·· 228
　　12.4.2 国际市场营销文化风险化解对策 ·· 229
本章小结 ··· 230
主要的名词术语 ·· 230
知识应用 ··· 230
案例讨论 ··· 231

参考文献 ··· 233

第 1 章
绪　论

　　大道之行也，天下为公，选贤与能，讲信修睦。故人不独亲其亲，不独子其子，使老有所终，壮有所用，幼有所长，矜寡孤独废疾者皆有所养，男有分，女有归。货恶其弃于地也，不必藏于己；力恶其不出于身也，不必为己。是故谋闭而不兴，盗窃乱贼而不作，故外户而不闭，是谓大同。

——《礼记·礼运》

本章学习要求

1. 了解国际市场营销的概念及特点
2. 比较国际市场营销与国内市场营销、国际贸易之间的区别与联系
3. 了解企业国际市场营销的理论基础
4. 掌握国际市场营销的发展阶段和哲学观念
5. 了解企业开拓国际市场的驱动力和面临的约束

引导案例

我国加入世界贸易组织以来的经济形势

　　2001年11月20日，世界贸易组织（WTO）总干事迈克尔·穆尔致函世贸组织成员，宣布我国政府已于2001年11月11日接受《中国加入WTO议定书》，这个议定书于12月11日生效，我国也于同日正式成为WTO成员。在此后的21年中，我国的经济发生了巨大的变化。

　　经济增速：我国由入世之初的世界第九大经济体跃升至世界第二大经济体，我国经济总量迈上100万亿元新台阶，人均GDP突破1万美元。

　　对外贸易：根据2021年我国海关统计，我国进出口总值从2001年的4.22万亿元增至2021年的39.1万亿元，年均增长12.2%，我国货物贸易规模20年间增长8.3倍。

外汇储备：入世以来，我国国家外汇储备增长18倍，由2001年的2 122亿美元增至2022年1月末的32 216亿美元。

关税水平：我国按照入世承诺，不断降低关税总水平，从1986年申请"复关"时的43.2%，逐步下降到2001年加入WTO时的15.3%，再到2022年年底的9.8%。我国加入WTO时的降税承诺已全部履行完毕。

吸引外资：2001年全年实际使用外商直接投资468亿美元，而到2020年这一数额增至1 443.74亿美元，成为全球最大外资流入国。

对外投资：以2020年的数据为例，对外直接投资额达1 329.4亿美元，实现了跨越式增长。

资料来源：隆国强，加入世界贸易组织20年回顾与展望，2021年12月10日。

1.1 国际市场营销内涵

市场营销学是在总结企业营销活动的成功经验与失败教训的基础上建立起来的，其产生和发展是与企业的营销实践、企业经营观念的发展相适应的。许多组织机构和学者从不同角度给出了市场营销的定义。1985年美国市场营销协会提出，"市场营销是为了创造交易和满足个人与组织目的而对思想、产品和服务的创意、定价、促销和分销进行计划和实施的过程"。

美国著名营销学家菲利普·科特勒认为，营销最好的定义应该是一种社会和管理的过程。在这个过程中，个人和集体通过创造、提供以及与他人交换产品和价值，获得其所需的和能满足其欲望的东西。也有学者认为，营销是一种创造消费者的需要并使之满意，以取得利润的艺术。还有学者指出，营销就是在适当的地点、适当的时间、以适当的价格、适当的信息沟通和促销手段，将适当的产品和服务出售给适当的消费者。总体来看，这些定义都强调的是通过市场交换以满足消费者的需要，从而实现组织的目标。

国际营销（International Marketing）是市场营销学的一个重要分支。从广义上讲，当商品的交换活动跨越国家边界的时候，便产生了国际营销的雏形。

汉武帝时期，由张骞开辟的"丝绸之路"是最早连接东亚和东欧地区的国际贸易商路。到了中世纪后期，随着航海技术的提高，另一条国际贸易商路，即"海上丝绸之路"勃兴，向东延伸至南亚诸岛，向西延伸至地中海流域，直至中非的索马里。沿着这两条"丝绸之路"，东方的瓷器、茶叶、丝绸、香料等产品被运往西方，而西方的金银、玻璃制品、红酒、地毯等则被运往东方。除商品贸易之外，"丝绸之路"还对东西方的技术和文化交流做出了巨大贡献。例如，我国古代的造纸术、印刷术、井渠技术等就是通过"丝绸之路"传向西方的。

国际市场营销，也称国际营销，是在市场营销的基础上发展起来的。最初的市场营销只是针对国内市场，产品也只是为了满足国内的需要。后来，随着生产技术的发展和企业管理的进步，劳动生产率大大提高，国内出现了供过于求的状况，于是企业开始向国外出口，由最初的偶然性的出口行为发展到主动开拓国际市场，国际市场营销逐步发展起来。由此可见，国际市场营销是一个国家国内市场营销在空间上的扩展，是企业进行的跨国界的市场营销活动。根据是否跨越国界，可细分为国内市场营销和国际市场营销。菲利普·R.凯特奥拉等指出，所谓国际市场营销，是指"对商品和劳务流入一个以上国家的消费者或用户手中的过程进行计划、定价、促销和引导以便获取利润的活动"。

国际市场营销与市场营销定义中唯一的区别是国际市场营销活动在"一个以上的国家"进行。这一点导致了国际市场营销活动的复杂性和多样性。营销者通常无法控制或影响不可控因素，只有通过自我调整适应这些因素，以取得富有成效的绩效，即必须在市场不可控因素环境框架下调整企业可控因素，实现营销目标。国际市场营销是将资源集中于全球市场所带来的机会和威胁，面对一个范围更大的营销空间。虽然市场营销原理是普遍的，但是市场和消费者却存在巨大的差异，每个消费者是独一无二的，每个国家同样如此。面临不同的国家市场和消费者，企业必须在理解特定的概念、原理和战略的基础上，将这些与市场营销的普遍原理有效地结合，才可以保证国际市场营销的成功。

国际市场营销与市场营销的区别不在于营销概念、程序和原理，而在于环境差异对实施市场营销计划所带来的挑战。国际市场营销是在母国以外的市场范围内进行的，面临国外市场的特殊性所产生的一系列新问题，为了应付国外市场不同程度的不确定性，需要采取各种各样的策略。环境差异意味着企业不能将一国的成功经验照搬到另一个国家，国际市场营销的一项重要任务就是学会识别营销计划、策略及方案在多大程度上可在全球或另一个国家进行推广和移植，以及在多大程度上需要进行调整和适应。国际市场营销决策本质上是在标准化与本土化之间的一种抉择。成功的国际市场营销者必须具备"全球本土化"（Global Localization）的理念和能力，即"思想上全球化，行动上本土化"。

国际市场营销的任务是通过调整市场营销组合策略适应环境不可控因素，以实现企业的经营目标。有效的市场营销策略组合是适应经营环境下针对目标市场的产品、价格、渠道、促销构成的市场营销策略组合，是营销者决策的可控因素。决策受到环境不可控因素的影响，包括国内环境不可控因素和国外环境不可控因素。不确定性是由环境不可控因素造成的，每一个国家的环境都会产生一系列特殊的不可控因素。一个企业进入的国外市场越多，面临的不可控因素也越多。通常解决一国市场问题的策略或方法并不适用于另一国市场。

营销聚焦

我国改革开放取得了巨大成就，随着国家经济下行压力以及国内经济发展趋缓的压力，亟须全面深化改革，进一步完成经济结构调整转型。"一带一路"倡议是我国经济发展的总纲领，对于我国的全面深化改革起到了重要的促进作用。在经济发展新形势以及改革的深入发展下，"一带一路"倡议需要进行全新的发展与建设，全面提高我国的对外开放水平。"一带一路"倡议，有效地连通了沿线各国与我国经济、政治、文化之间的交流与沟通，增强了文化交流，建立了更深层次的发展合作关系，从而为更多的人带来和谐稳定、富足安康的社会以及国际大环境。

资料来源：人民日报，推动共建"一带一路"高质量发展不断取得新成效：论学习贯彻习近平总书记在第三次"一带一路"建设座谈会上重要讲话，2021年11月23日。

思考："一带一路"倡议在国际市场营销的地位以及两者的关系如何。

1.2 国际市场营销与国内市场营销及国际贸易的关系

随着市场的日益国际化，一个企业可能会发现即使在本土也不可避免地要与国外客户、竞争对手和供应商打交道，既面临国内市场的竞争，也面临国际市场的竞争。例如，在国际化水平最高的美国市场出售的大部分音像产品、成衣和餐具等大多是外国制造的，索尼、三星、丰田、雀巢在美国都是人们熟知的国际营销品牌。对国际市场营销原理的充分理解是国际市场营销成功的基础。什么是国际市场营销？它与一般的市场营销有什么不同？它与国际贸易又有什么关系？

1.2.1 国际市场营销与国内市场营销的关系

1. 国际市场营销与国内市场营销的相似点

（1）基础的共同性

国际市场营销学与市场营销学的理论基础是经济学的基本原理，吸收了哲学、数学、现代管理学、统计学、组织行为学、社会学、心理学、会计学等学科的内容，都是边缘学科，都属于管理科学的范畴。

（2）观念的一致性

国际市场营销与国内市场营销都是以市场观念为指导原则，要求企业把满足消费者的需求当作自己的中心任务，消费者需要什么产品就生产什么产品，就销售什么产品。把"顾客至上""一切为了顾客的需求""哪里有顾客的需求，哪里就有机会"作为座右铭。观念的一致性对企业开展国内外营销活动提出了相同的要求。

（3）经营的延伸性

在经营上，国际营销是国内市场营销的延伸。一般来说，企业首先是开展国内营销，然后再逐渐开展国际营销。概括来说，企业开展国际营销的发展过程可以总结为如下过程。

1）企业面向国内市场开展营销活动，企业的经营方针、经营战略、营销组合策略等，都是以满足国内市场需求为导向的。

2）企业在以国内市场为主要目标市场时，如果遇到国内需求疲软，或者竞争激烈，使销售不景气，促使企业在国际市场上寻找机会，伺机进入国际市场，并取得了成功，有部分产品开始进入国际市场。

3)随着企业产品成功进入国际市场,企业对国际市场行情逐渐熟悉起来,尤其是对东道国的市场状况更加了解,逐渐熟悉了国际市场的游戏规则,企业开始主动地为满足国际市场需求安排生产,组织销售,使越来越多的产品进入国际市场。

4)随着企业的发展和先进技术的采用,企业规模不断扩大,经济实力不断增强,国际市场营销经验逐渐丰富,企业有条件以满足国际市场为主要任务,甚至到国外投资建厂,实行国际化经营,成为跨国公司。如日本的松下、丰田公司和我国的海尔公司等,就是这样开展国际市场营销活动并不断发展壮大的。

2. 国际市场营销与国内市场营销的区别

国际市场营销(International Marketing),是将营销学的理论应用于国际市场方面而形成和发展起来的,尽管基本原理是相似的,然而由于国际市场营销是跨越国境的营销活动,需要面对不同的法律、文化和社会等因素,国际市场营销者需要面临全新的宏观环境和新的限制条件,这样就使其在许多方面表现出与国内市场营销的明显区别。

(1)国际市场营销比国内市场营销面临更多不可控因素

它包括:①国际贸易体系,如关税、进口限制、禁运物品、各种经济联盟、双边或多边优惠协定等;②经济环境,如工业结构、国民收入分配情况、人口等;③政治法律环境,如向国际市场购买的态度、政治因素;④金融政策、货币政策、政府运转效率、各种经济法规、社会文化因素、生活习惯、审美观念等。这些因素在不同的国家和地区又会表现出许多不同的特点,所有这些环境因素必然会影响国际市场的营销活动。

(2)国际市场营销比国内市场营销面临更复杂的需求

由于国际市场的需求千差万别,国际营销的产品、价格、渠道和促销等在国际市场上也都有其不同的特点,因此,要取得国际市场营销的成功,就必须因地制宜,强调营销国家的特殊性。

(3)国际市场营销比国内市场营销更需要统一的协调和控制

当一个企业与许多国家有营销业务时,就需要进行统一的协调和控制。只有这样,才能更好地贯彻执行国际市场营销策略,实现整体效益。

(4)国际市场营销比国内市场营销面临更大的风险

国际市场营销的目标市场在国外,要比在国内市场上付出更大的努力。它有比国内市场更远的运输距离和更为复杂的销售渠道,它的交换价值采用国际价值标准,而不是国内价值标准,它的支付手段和结算方式也采用国际标准,它的竞争对手是国际性的,因而比国内市场营销具有更大的风险等。

(5)两者营销组合策略不同

国际市场营销活动的双重环境使营销组合策略难度比较大。在产品策略方面,国际市场营销面临着产品标准化与差异化策略的选择。在定价策略方面，国际市场营销产品定价不仅要考虑成本，成本包含运费、关税、外汇汇率差额、保险费等，还要考虑不同国家的市场需求及竞争状况，也要考虑各国政府对价格调控的法规。在渠道方面，各国营销环境的差异造成了不同的分销系统与渠道，各国的分销机构的形式、规模也不同，从而增加了管理的难度。在促销策略方面，各国文化、政治、法律、语言、媒体、生产成本等不同使企业在选择促销策略的时候难度更大。

（6）两者营销管理过程不同

各国营销环境差异大，各国消费者需求又存在巨大差别，这些使国际市场营销管理过程更复杂。例如，制订国际市场营销战略计划及进行营销控制，既要考虑国际市场需求，又要考虑企业决策中心对计划和控制承担的风险应当达到什么程度等。国际市场营销人员的管理任务要比国内市场营销人员的管理任务更艰巨。

国际市场营销的这种跨国性，使其与国内市场营销相比，更加复杂、多变、不确定和具有风险性，由此也导致国际市场营销学在研究方法和研究对象方面也产生了一些主要变化。概括来说，国际市场营销学的研究对象就是企业为实现其经营目标而组织的超越国境的营销活动及其规律性，主要研究如何在国际市场的前提下将卖方的产品和劳务转移到消费者或用户手中的全过程。国际市场营销研究的主要内容是企业从事国际市场营销的基础理论，即国际市场营销环境、机会、战略、策略、方法、措施以及国际市场营销管理。

1.2.2 国际市场营销与国际贸易的关系

国际贸易（International Trade）是指不同国家（或地区）之间的商品和服务的交换活动。国际贸易是商品和服务的国际转移，也称世界贸易。国际贸易由进口贸易（Import Trade）和出口贸易（Export Trade）两部分组成，故有时也称为进出口贸易。从一个国家的角度来看，国际贸易就是对外贸易（Foreign Trade），国际贸易的诞生已有数千年的历史，而国际市场营销则是伴随着国际贸易的产生而产生、发展而发展的。国际贸易与国际市场营销都是以商品和服务作为交换对象，都是以营利为目的的跨国经营活动，都面对更加复杂的国际市场环境。两者借助国际市场的大舞台相得益彰，共同促进了世界经济的发展。但两者既有联系又有区别，具体表现在以下几方面：

1. 国际市场营销与国际贸易的相似点

（1）国际贸易是国际市场营销的先导

国际贸易活动在先，国际市场营销活动在后。人类在开展国际贸易活动的实践中，形成了比较成熟的国际贸易理论（其中，国际分工和世界市场理论、贸易国家区域化理论、比较成本理论、生产要素禀赋论、人力资本论、技术差距论和偏好相似论等理论是对贸易实践经验的总结与升华），它不仅对人类贸易活动有指导作用，对人类的国际市场营销活动也同样有指导作用。正是在这一理论和此后产生的市场营销理论的指导下，国际市场营销活动才在世界范围内广泛地开展起来，形成了燎原之势，经久不息。起初，发达国家的企业通过对外贸易获得廉价的原料、燃料、辅助材料、机器和设备等，降低了生产成本，增加了产品在国际市场上的竞争力；通过产品的出口，使生产规模扩大，再通过技术创新，使劳动生产率提高，并进一步降低生产成本，其产品的竞争力不断得到提高；通过对外贸易获得了超额利润。发达国家利用雄厚的财力、先进的技术、强大的军事力量和政治力量，在国际组织中获得了更多的发言权，对国际贸易拥有了更大的主动权，并逐渐取得了控制权和垄断权，获取了更多的超额利润。参与国际贸易的发达国家企业不断成长壮大，资本积累得越来越多，它们通过资本输出，就地设厂，开始了新的国际营销方式，成为全球战略的一个重要组成部分。它们利用各个国家经济发展水平的差异、自然资源的差异、劳动充裕程度与价格的差异，与其较高技术、经营管理能力相结合，并绕过关税壁垒，利用各国的销售渠道，将产品和服务推向东道国市场，甚至垄断该国市场，获得了丰厚的垄断利润。比如，美国福特汽车公司通过先前的国际贸易和后来的国际市场营销，不断发展壮大，在20世纪20年代成为一个包括生产焦炭、生铁、钢材、铸件、汽车零部件、装备及运输、销售、金融等环节的同业联合企业，拥有7.2万名工人，是美国当时最大的企业之一，它的产品遍及世界市场。

（2）国际市场营销是一国国际贸易的组成部分

在当代国际市场营销中，跨国公司是主力军，跨国公司在国外设立子公司，利用当地资源开展标准化经营，但是适当运用差异化、地方化的国别观念来适应国际市场细分也是十分必要的。比如，可口可乐公司在全球市场推出了不同包装、不同口味的可口可乐。再如，宝洁公司生产的尿不湿在全球市场上实行的是全球营销，但是对于所生产的洗衣粉则根据不同国家的洗衣方式（如埃及人洗衣时要经过泡、煮、漂白、清洗等一系列步骤），采取了国别营销策略。可见，全球营销是一种观念，一种寻求市场共性，实行跨地区或跨国家标准化的方式。

2. 国际市场营销与国际贸易的区别

（1）两者的理论立足点不同

两者理论产生的时间不同。英国的古典政治经济学家亚当·斯密（Adam Smith）创立的"绝对优势理论"以及大卫·李嘉图（David Ricardo）所创立的"比较成本说"是现代国际贸易的理论基础，这些理论都诞生在200多年前。市场营销理论的问世仅仅是20世纪初的事，而把国际市场营销学作为一门专门的学科从市场营销学中分离出来，只是近几十年的事。国际贸易所立足的理论是比较利益，只要存在着比较利益，就可将货物从一个国家运到另一个国家，从一个地方运到另一个地方。但国际市场营销则是站在企业的角度，所考虑的问题是如何使企业利润最大化。虽然比较利润与利润最大化之间也存在着内在的联系，但并不存在着绝对的、必然的联系。

（2）两者的交换主体不同

国际贸易是国与国之间的商品与服务的交换，是各国生产的拓展和生产在流通领域的对外延伸，它的交换主体是国家。国际市场营销作为跨越国界的经营活动，执行这个职能的主体是企业，是从企业的角度研究如何生产来适合国外目标市场的需求，如何制定合适的价格，以及如何选择对企业最为有利的渠道与促销手段。相对于国际贸易，国际市场营销更强调企业层面的产品和服务的销售。

（3）两者流通的形态不同

就国际贸易而言，产品和服务流通必须是跨越国界的交换，即参加交换的产品和服务必须从一个国家转移到另一个国家。国际市场营销的流通形态多样化，可能有不跨越国界的产品交换，有些营销活动如组装业务、合同制造、许可证贸易、海外设厂生产等都没有产品和服务从一个国家到另一个国家的转移。国际贸易强调购进和售出两个方面，国际市场营销则更强调售出方面。国际贸易的进出口业务讲述了进出口中的具体业务规范，如信用证的种类、如何开具信用证、信用证如何议付、如何报关、如何投保、如何制造单证等。这些都是开展对外业务不可缺少的知识，属于具体业务中的程序性的操作知识。国际市场营销则是从战略高度出发，运用自己的资源在复杂的国际市场中制定出能击败竞争对手、获得对外经营成功的战略与策略。当然，国际市场营销人员也应了解进出口的实务，以便更好地开展营销活动。国际市场营销活动比国际贸易活动更有主动性及创造性。

1.3 国际市场营销理论基础

由于企业的国际市场营销活动是一个国际化的过程，即企业的跨境活动的介入问题，因此国际市场营销的理论主要是以企业的国际化理论为基础的。就企业在国际化过程的战略决策来看，企业的国际市场营销理论可以从三个方面进行分析。

1.3.1 国际管理定位理论

管理定位通常是一种关于世界环境属性的无意识或有意识的假设或信念。一个企业对全球市场机会所做出反应的形式和内容在很大程度上取决于企业决策者对世界环境的假设或信念，即决策者的管理定位。霍华德·玻尔马特（Howard Perlmutter）认为，国际企业管理决策者用于指导其工作的定位有种族中心（Ethno-centric）、多重中心（Poly-centric）、区域中心（Region-centric）和全球中心（Geo-centric）四种。这四种定位共同构成一个框架，称为 EPRG 框架，即国际管理定位理论。

1. 种族中心

种族中心定位的前提假设或信念是本国最为优越，因此定位者主要关注市场的共性。

因为本国最为优越，所以在本国获得成功的产品及营销计划在世界各地都普遍适用。在这类公司里，海外业务只是被视为国内业务之下的二类业务，是处理国内富余产品的一种途径。对海外市场的开拓由国内人员按照与国内完全相同的政策和方式进行，根本没有指导海外业务的系统的市场营销调研，没有对产品进行适应性改造，没有真正关注海外市场消费者的需求。

2. 多重中心

多重中心与种族中心观念正好相反。它的信念是每个国家之间都存在差异，每个国家都是独一无二的。由于各国文化、经济和市场条件都存在巨大差异，因此引入在其他国家采用的产品、策略或计划都是不会获得成功的。要想在各个国家获得成功就必须适应每个国家的特点。以此观念定位，公司会在海外市场建立子公司，而且每个子公司相互独立地制定自己的市场营销目标和计划，独立地开展业务。市场营销以国家为单位来组织，各个国家执行不同的市场营销策略。

3. 区域中心与全球中心

区域中心与全球中心的前提假设是各个国家之间实际存在的相似性和差异性与想象的不同，对现实中的各个国家之间的相似性和差异性是可以进行鉴别的，并且在此基础上可以形成一个整合的区域或全球市场营销战略。奉行区域中心与全球中心的公司将整个区域或全球视为一个市场，寻求发展整合的区域或全球市场战略。全球中心定位是种族中心与多重中心的综合，它以一种世界眼光审视各个国家及其市场的相似性与差异性，寻求确立能够完全适合各个市场需求的全球战略。区域中心是将全球中心限定在区域范围内的一种定位，也就是说，以全球中心对待某一区域，而对这一区域之外的市场或者采用种族中心定位，或者采用多重中心定位，或者两者兼而有之。

种族中心定位是一种集中化市场营销管理，多重中心定位是一种分散化市场营销管理，区域中心和全球中心定位则是两者的整合。毫无疑问，区域中心和全球中心定位对现实的把握更加准确，但是，这并不意味着任何公司都要按区域中心和全球中心定位进行国际市场营销管理，因为这两种定位要求必须具备丰富的国际市场营销管理经验以及其他许多苛刻的前提条件。因此，经验有限的公司最为明智的做法也许是：先采用集中化或分散化战略，直到积累了足够的经验之后，再尝试运用整合的市场营销规划。

1.3.2 企业的国际化进程理论

企业的国际化进程理论主要是基于国际化阶段模型（Stage Models of Internationalization）和外国市场进入决策模型（Foreign Market Entry Decision Models）。国际化阶段模型主要包括产品生命周期模型（Product Life Cycle Model）和国际化进程模型（International Process Model）。产品生命周期模型由雷蒙德·弗农（Raymond Vernon）于1966年提出，它是把国家之间的国际贸易理论和个别公司的国际投资理论结合起来而形成的。其主要观点是重新安排生产活动的地理位置，认为产品的成熟化程度的提高使得海外业务扩张成为可能。国际化进程模型主要是以 Johanson、Vahlne 为代表。Johanson 和 Vahlne 在对瑞典四家企业的海外经营过程进行比较研究时发现，它们在海外经营战略步骤上有惊人的相似之处：最初的外国市场联系是从偶然的、零星的产品出口开始；随着出口活动的增加，母公司掌握了更多的海外市场信息和联系渠道，出口市场开始通过外国代理商而稳定下来；随着市场需求的增加和海外业务的扩大，母公司决定有必要在海外建立自己的产品销售子公司；最后，当市场条件成熟后，母公司开始进行海外直接投资，建立海外生产、制造基地。Johanson 等人认为上述四阶段是一个"连续""渐进"的过程，它们分别表示一个企业对海外市场的涉入程度或由浅入深的国际化程度。企业国际化的渐进性主要体现在两个方面：一是企业市场范围逐步扩大的地理顺序，通常是本地市场→地区市场→全国市场→海外相邻市场→全球市场；二是企业跨国经营方式的演变，最常见的类型是纯国内经营→通过中间商间接出口→直接出口→设立海外销售分部→海外生产。

1.3.3 国际市场营销战略途径理论

在关于国际市场营销战略的研究中，存在着如何看待国别市场的问题，即就全球市场而言，到底是同质化的市场还是异质化的市场？全球竞争的加剧促使企业重新思考全球战略和市场的全球化问题。这一战略问题的突出表现就是标准化和当地化之争。标准化的观点认为尽管存在着国家和文化差异，但全世界基本的人类需求还是存在的。因此，企业在其国际战略中没必要具体考虑这些差异。在国内销售的产品只要在产品特征上稍做改动就可以在国际市场上销售。Levitt（1983）以及 Yip、Loewe 和 Yoshino（1988）认为这一做法有明显的规模经济优势。Buzzell（1986）认为标准化还可以维持母国形象、减少产品的改动成本，此外也有助于处理和储存产品，加速产品运送（Buatsi，1986），节约管理成本（Buzzell，1986；Levitt，1983）。当地化的观点则认为人类的基本需求在任何地方都差不多，但文化和其他环境的差异却极大地改变了不同国家消费者的购买行为。这一重大差异意味着标准化在许多条件下都是不合适的（Boddewyn，Soehl，and Picard，1986；Douglas and Wind，1987；Kotler，1985；Sommers and Kernan，1967）。

1. 标准化视角

标准化视角大概是在 20 世纪 60 年代出现的，在 80 年代开始被重视。在 1983 年，Theodore Levitt 在《哈佛商业评论》上发表了《市场全球化》（"The Globalization of Markets"）的论文，提出为了在世界市场上赢得竞争力，企业应该把重点从为当地市场生产定制化的产品转向生产高级的、高功能的、可靠和低价格的全球标准化产品。该理念一经提出，立即得到很多响应。Buzzell（1986）认为，产品标准化具有以下优势：①生产和购买的规模经济；②学习经验的更快积累；③降低产品设计和修改的成本。此外，Buatsi（1986）认为，产品标准化可以降低如存货处理成本、备用零配件的成本和维修成本，以及降低训练服务人员的成本。Kotabe（1990）则提出，在欧洲和日本相对于产品当地化的企业而言，进行标准化生产的企业有更高水平的产品和流程创新。Aggarwal（1987）认为由于技术和文化模式的国际传递而导致世界的快速变化，形成了生产和营销的全球化。他指出这一现象不只是发生在创新性的技术行业，如消费电器、计算机、信息加工等行业，而且在一些传统行业如纺织、钢铁、农业设备和汽车等也是如此。

总体来看，标准化的观点认为通信和交通的巨大进步已经使世界出现同质化的趋势，世界上不同国家的消费者对相同产品表现出相同的偏好和需求倾向。因此，生产大量高质量和低价的产品成为在全球市场上获取竞争优势的主要源泉。具体而言，实施标准化战略所侧重的营销要素也不尽相同，既可以是生产标准化的产品，也可以是就价格、促销、渠道结构等因素实施标准化，还可以在营销计划等管理程序上实行全球统一标准。

2. 适应化观点

Levitt 的观点在营销界引起了关于标准化和适应化的争论。Douglas 和 Wind（1987）检验了标准化战略的前提假设条件，提出了该战略的三个主要缺陷。第一，他们认为世界市场的顾客需求和利益并没有变得越来越同质化，相反，特有的带有国别特点的市场非常普遍，并且有大量的证据表明在国家内部也越来越表现出行为的多样化。第二，在许多例子中，顾客并不想为了低价格而牺牲产品的特点和质量。第三，在某些行业规模经济也许并不重要，而在另外一些行业，由于工厂弹性生产自动化的应用，使得规模经济可以在较低产出水平的条件下达到，并且能在不提高产品成本的前提下生产高度适应化的产品。

经验研究国际市场适应性问题主要分为三个流派。第一个流派探索是否标准化（适应化）正在发生并跨越不同市场，以及什么样的公司特征和环境要素会影响适应性程度。该流派是早期的代表经典权变范式的流派（Lawrence and Lorsch，1967；Hofer，1975；Venkatraman，1989）。此流派认为，公司特征包括公司规模、国际经验的程度，环境要素包括市场之间的文化差距、市场竞争的性质以及产品生命周期的阶段。该流派虽然有其可取之处，但缺少以绩效为基础来测度变量。第二个流派与第一个流派刚好相对，没有考查公司特征和环境要素对适应性的影响，仅仅考查公司绩效与适应性的关系。这一流派的研究成果在实施上取决于适应时间的长短。短期内很难发现适应性与绩效有什么关系，但从中长期来看，它们之间有止相关关系。第三个流派开始于20世纪90年代，部分原因是当时结构方程模型越来越受到青睐。一些研究人员开始采用复杂的研究设计（同时包括环境要素、适应–标准化测量和绩效变量）。该流派开始引入绩效变量来测度适应程度与环境之间的匹配问题，而匹配可以有多种途径来建模。

1.4 国际市场营销的发展阶段及哲学观念

1.4.1 国际市场营销的发展阶段

企业进行国际市场营销是以企业资源和能力为基础，分析和预测市场潜力，决定参与市场的程度和准备承担的风险。大多数企业采取试探性国际市场营销，积累经验和人才，不断扩大市场范围，并随着国际化程度改变和调整策略。我国企业部分缺乏国际化经营的经验，因此首先要认识不同的阶段特点以便进行充分的准备。从国际市场营销角度看，进入国际市场的参与程度是与风险成正比的，在仅仅销售产品到直接投资当地化生产，企业预期收益和面临的风险都在增加。按照企业国际市场营销的参与程度，可以将国际市场营销划分为以下五个阶段：

1. 非直接对外营销阶段

非直接对外营销阶段的突出特点是企业并没有积极开展国际市场营销，没有主动地培育国外市场。企业的产品可能会销售到国外市场，但通常都是通过国内贸易公司或主动联系的国外客户，或者通过国内的批发商或分销商将产品销售到国外市场。企业在这一时期全力以赴开拓和发展国内市场，偶尔的国外市场需求会引起企业的注意。

2. 非经常性对外营销阶段

非经常性对外营销阶段的突出特点是进行暂时性或非连续性的国际市场营销，没有将国外市场视为持续性发展的目标市场。企业暂时的产品过剩会导致非经常性对外营销，但企业没有或很少有将海外市场持续维持下去的打算，只有在产量相对于国内市场过剩时，才进行国际市场营销。也就是以满足国内需求为主，为了满足国内增加的需求会减少或放弃国际市场。在此阶段，企业组织结构和产品很少变化，甚至没有变化。

3. 经常性对外营销阶段

经常性对外营销阶段的突出特点是企业拥有固定的生产能力用于生产在海外市场上持续销售所需的产品，并且依靠在海外的销售和利润实现企业的目标。企业可通过在国外的或国内的国际业务中间商，或者在重要的国外市场拥有自己的销售力量或销售子公司进行国际市场营销。生产和经营的中心是服务于国内市场需求。随着海外需求的增加，企业加强针对国外市场的生产能力，并调整产品以满足国外市场的需要。海外利润已成为实现企业经营目标的一部分。

4. 国际营销阶段

国际营销阶段的突出特点是企业全面地开展和参与到国际市场营销之中。企业在全球范围内寻找市场，有计划地将产品销售到许多国家的市场。不仅如此，企业还会通过国际直接投资在国外市场进行当地化生产，企业开始步入跨国公司的行列。

5. 全球营销阶段

全球营销阶段的突出特点是企业将全世界视为一个市场，包括国内市场在内。在全球营销阶段，最深刻的变化是企业的市场导向及其计划。在国际营销阶段，企业把世界看作一系列国家市场，这些国家市场具有各自的特征，需要为每个国家市场制定不同的营销策略；在全球营销阶段则不同，企业制定的战略要反映不同国家共同的市场需求，通过业务活动在全球的标准化（在文化整合上可行的前提下）的基础上使企业收益最大化，整个企业经营、组织机构、资金来源、生产及营销等都从全球角度出发。

随着市场全球化、世界经济相互依赖以及越来越多的来自发达国家和发展中国家的企业加入竞争行列，争夺世界市场的竞争日趋激烈。人们经常使用"全球公司"和"全球营销"这两个术语来描述此阶段公司经营范围和营销管理导向。

尽管国际市场营销阶段按照参与程度划分为五个顺序排列的阶段，但是需要注意的是：第一，五个阶段之间可能存在重叠区域；第二，某一企业可能同时处于不同阶段，因为其不同产品或事业部处于不同的阶段；第三，企业进行国际市场营销并非一定要按部就班，从第一阶段逐步发展到第五阶段，而是可以从任何阶段起步；第四，各阶段本身没有绝对的优劣之分，企业拥有的资源及其国际化历史决定了企业国际市场营销适用的阶段。

1.4.2 国际市场营销观念

国际市场营销观念是指导企业开展国际经营活动的方向和理念，其内容反映了与企业国际经营演变过程有关的经营思想。国际市场营销管理导向决定了企业营销活动的复杂性。根据国际市场营销管理导向的差异和对国际市场理念的不同理解，国际市场营销观念可以概括为国内市场延伸观念（Domestic Market Ex-tension Concept）、国别市场观念（Multi-domestic Market Concept）、全球营销观念（Global Marketing Concept）三种。

1. 国内市场延伸观念

国内市场延伸观念是指企业力图把面对国内市场生产的产品销售到国外市场去，将国际市场营销看作国内市场营销的延伸，其主要动机是解决生产能力过剩问题。在这种观念下，企业优先考虑国内市场，国外市场处于一种附属或补充的地位。它对国际市场营销的观点是如果产品在母国市场畅销，就一定在其他国家或地区畅销。企业很少针对国外市场调整市场营销策略组合，其导向是用与国内市场营销同样的方式将产品销售给国外客户。它试图寻找与国内市场需求相似的市场，这种市场延伸策略可能会带来很多利润。出口型企业基本都采取这种做法，即使企业在国际市场营销中投入大量的资源，这种做法也属于国内市场的延伸观念。这一观念是以 EPRG 框架中的种族中心定位为基础的。

2. 国别市场观念

国别市场观念是指企业高度意识到各国市场之间的差异，需要对每一个国家制定几乎独立的市场营销策略组合，才有可能取得销售成功。以此为导向的企业是以国别为基础进行销售，对于每一个国家，分别采取不同的市场营销策略。各子公司独立制订营销计划和目标，针对国内市场和每个国家市场都有单独的市场营销策略组合，针对每个市场调整产品、定价、渠道及促销策略，各个市场之间几乎没有相互影响。这一观念相信各个国家市场的特殊性需要本土化，强调适应每一个国家市场，而不考虑或极少考虑各个国家市场之间的协调问题。这一观念是以 EPRG 框架中的多重中心定位为基础的。

3. 全球营销观念

全球营销观念是指企业将整个世界视为一个市场，制定企业全球营销策略，试图尽可能在全球范围实施标准化，确定的市场营销策略组合一部分在全球范围内普遍适用，而另外一部分则根据本地化要求进行修正。全球营销观念的重要前提是世界市场趋同，消费者以近乎相同的方式满足其需求和欲望，因而在世界范围构成对同一产品具有相似需求的细分市场。不管是母国市场还是任何一个国外市场都是这一细分市场的一部分，共同构成一个具有相似需求的潜在购买者群体的全球细分市场。全球营销观念是寻求市场共性，实行跨区域或跨国家标准化的方式。

以全球营销观念为指导的企业进行的市场营销活动是全球营销，所选择的目标市场范围涵盖整个世界。企业开发具有可靠质量的标准化产品，以适中的价格销往全球市场，实施全球市场营销策略以追求规模效益。只要市场营销策略组合在文化整合上可行，企业就能寻求标准化效益；一旦不同国家、不同文化的独特性要求进行了调整，则企业要对市场营销策略进行相应的修正。这一观念是以 EPRG 框架中的区域中心或全球中心定位为基础的。

营销聚焦

全聚德是中华老字号，创建于 1864 年（清朝同治三年）农历六月初六。全聚德在前门大街开了第一家烤鸭铺子，历经几代创业拼搏获得了长足发展。1999 年 1 月，"全聚德"被国家工商总局认定为"驰名商标"，是中国第一例服务类中国驰名商标。

全聚德菜品经过不断创新发展，形成了以独具特色的全聚德烤鸭为龙头，集"全鸭席"和 400 多道特色菜品于一体的全聚德菜系，备受各国元首、政府官员、社会各界人士及国内外游客喜爱，被誉为"中华第一吃"。

中国北京全聚德集团自 1993 年成立以来，秉承"全而无缺，聚而不散，仁德至上"的理念，发扬"想事干事干成事，创业创新创一流"的企业精神，扎扎实实地开展了体制、机制、营销、管理、科技、企业文化、精神文明建设七大创新活动，确立了充分发挥全聚德的品牌优势，走规模化、现代化和连锁化经营道路的发展战略。十几年来，集团以独具特色的饮食文化塑造品牌形象，积极开拓海内外市场，加快连锁经营的拓展步伐。目前已经形成拥有 70 余家全聚德品牌成员企业，上万人员工，年销售烤鸭 500 余万只，接待宾客 500 多万人次，品牌价值近 110 亿元的餐饮集团。

2021 年 7 月 15 日（农历六月初六），全聚德迎来品牌创建 157 周年。全聚德已经成为遍布全球、拥有百余家门店的上市企业。守正创新，让传统经典在新的市场环境和消费偏好下历久弥新。全聚德全新推出了"萌宝鸭"IP 形象。这一 IP 形象一经推广便广受好评，最引人注目的便是它金元宝般的鸭子嘴巴，寓意招财进宝。

资料来源：百度百科。

思考：全聚德走向国际进行全球营销给我们什么启示？

1.4.3　国际管理定位、国际市场营销观念及国际市场营销阶段的关系

尽管世界并没有成为一个大同市场，但是确实有证据表明存在跨越国界、价值观、需求和行为方式相似的消费者群体（细分市场），因此全球营销观念是一个非常适应经济全球化背景的经营导向。企业将经营范围内的所有国家市场（包括母国市场）构成一个可以进入的全球市场，只要成本合理、文化整合上可行，就采用标准化营销组合。然而，这并不意味着盲目地只坚持这一导向，而应该根据企业的资源、国际化经验、产品、市场等进行选择，全球市场复杂多变，不能采用绝对一成不变的指导思想。事实上，现实中企业大多数采用的是三种观念的复合。

国际管理定位、国际市场营销观念及国际市场营销阶段之间存在着内在的联系。国际管理定位的 EPRG 框架奠定了国际市场营销观念的基础，框架的理念有助于阐释决策者内在思想演变为指导观念的关系；国际市场营销观念决定了决策者对于国际市场营销的态度和做法，换言之，决定了决策者对于国际市场营销阶段的选择；当然，一个企业所处的国际市场营销阶段并不是决策者能够完全选择的，因此，反过来看，企业处于不同的国际市场营销阶段，则需要不同的国际市场营销观念及与之相适应的国际管理定位。

随着经济全球化的发展和中国对外开放的深化，中国越来越多的企业开始"走出去"，进行国际市场营销，开拓国际市场。企业处于国际市场营销的五个不同阶段，参与国际市场的程度和投入不同，对于国外经营业务有着不同的定位和观念，并且这种定位和观念会随着企业从一个阶段演变到另一个阶段而发生变化。从非直接对外营销阶段、非经常性对外营销阶段、经常性对外营销阶段、国际营销阶段到全球营销阶段，国际市场营销活动的复杂性不断增加，管理者走向国际化的决心不断增强，国际市场营销的定位和观念也会随之发生根本性变化。

1.5　国际市场营销驱动力与约束力

对于越来越多的企业来说，国际市场营销思维不再是可有可无的问题，而是企业必备的素质。对于企业来说，要避开经济国际化、世界市场全球化和新兴大市场的影响已越来越不可能了。世界经济取得巨大发展的原因从驱动力与约束力之间的平衡向驱动力方向发生了显著转移。了解和界定这些因素有利于深入洞察当今或者未来 10 年的国际经济与国际市场。

1.5.1　驱动力

不同的企业走向国际市场的具体原因千差万别，出于各自不同的考虑，受到各种不同因素的驱使。但是，无论出于何种原因，企业的国际化经营从根本上说都是出于整体战略的考虑，即为了寻求更大范围的竞争优势。企业国际化的动因包括以下几个方面。

1. 寻找新的市场

一般认为，文化既有共性也有差别。不同文化中的人的本性与心理中的共同特征是形成、开创和服务国际市场的重要基础。大多数国际市场并非自然形成，它们必须通过营销行动来"开创"。一些优秀的全球企业发现，成功的全球战略必须建立在实施全球化功能和满足全球化需求的基础上，任何满足这些共性的行业都可能成为全球化的行业。在选择产品市场时，与上述元素相应的基本需求可以通过某种全球化的行动来满足。为全球性产品所做的广告一般具有某种普遍的吸引力，适用于各国文化。全球性产品的广告方案可以是统一的。统一的广告方案之所以可行，是因为存在一些普遍的需求和能够引起普遍兴趣的诱饵。可以看出，如果发掘需求是一种共性，那么广告和市场定位的基本着眼点和着手点能够放之四海而皆准。

2. 宏观环境驱使

今天，世界各国正以前所未有的开放度彼此融合在一起，使得具有共性的文化样式逐渐普及推广成为全球通行的标准。此外，共同的绿色环保哲学，共同的打黑、扫黄、扫毒和反腐败，致力于和平与发展等人类共同的文化价值观，使得文化走向融合，成为全球化进程的重要基础和动力源泉。

第二次世界大战后，第三次科技革命首先在西方发达国家促进了生产力的空前提高和生产社会化的迅速发展，客观上要求在经济上打破国界和地域限制，扩大市场，发展大市场经济。第二次世界大战后出现的民族独立国家，也通过"南南合作"和"南北对话"，积极寻求国际合作，争取实现维护民族经济主权与发展民族经济的双重目标。冷战的结束为经济全球化创造了有利的国际环境。冷战之后，世界形势总体上趋向于缓和与稳定，和平与发展成为时代的主题。各国均利用难得的和平年代大力发展经济，以增强综合国力作为战略重点，经济因素在国家关系中的作用日益突出。许多国家把经济安全提到了战略高度，商业竞争手段也不断创新，国家之间正形成一种新的互动机制，在竞争中合作，在合作中竞争。

市场机制的广泛建立，为经济全球化疏通了商品流通渠道。随着更多的国家逐步与国际接轨，出现了世界各国均广泛参与国际分工和交换的局面。同时，在世界贸易组织的积极推动下，各成员的关税和非关税壁垒大幅下降，为商品在全球范围内的自由流通创造了更为有利的条件，越来越多的国际金融机构、保险机构等服务性机构参与国际贸易活动，极大地促进了国际贸易的发展。

科技进步和生产力水平的提高是经济全球化的根本动力。科技发展历来是人类社会进步和世界经济发展的源泉。近年来，科技的不断发展不仅成为世界经济新的增长领域，也为经济全球化的发展提供了快捷、便利的现代化手段。随着信息技术的高速发展和大规模应用，经济信息得以广泛传播，资本的跨国流动速度大大加快，商品交易日益网络化、全球化。以微电子学理论为基础、微电子技术和现代通信技术为主体、全球信息互联网的形成为标志的信息技术革命，使全球结合为一个紧密的信息整体，纵使远在天涯海角，也能即时掌握信息。

国际金融的发展是经济全球化深入发展的催化剂。随着科技的进步，国际金融机构更加现代化，相互联系更为紧密，国际资金融通速度随之加快，国际金融市场的相互依存度空前加强。近年来，世界经济区域化、集团化开始呈现出"开放的地区主义"的新特点，而且区域、集团之间的相互协调与合作的关系，正逐渐代替相互竞争与对抗的关系而成为发展的主流。

国际协调机制不断加强，成为经济全球化发展的必要条件。近年来，在世界范围内，国际货币基金组织、世界银行、世界贸易组织等国际经济协调机制日趋完善。越来越多的国家形成了区域性和跨地区国家元首或政府首脑定期或不定期会晤机制，就共同感兴趣的政治、经济和社会问题进行磋商，协调政策立场，制订行动计划等，进一步促进世界各国经济的相互依存关系，推动了世界经济全球化的发展。21 世纪，各国的跨国公司为获取超额利润，在全球范围内进行企业内部分工，形成国际生产和营销网络，使一国的生产与多国的生产紧密相连。跨国公司的全球性经济活动，带动了贸易、资本、科技等各个领域的进一步国际化，推动了企业开拓国际市场的活动，也推动了经济全球化的发展。

3. 成本

经济全球化可以降低企业业务中工程化、制造、营销和管理等功能的研究、设计、创造和生产的成本，这在新产品需要大量投资且开发期较长时表现得尤为深切。一个比较典型的例子是制药业，其新产品一般开发期为 6~10 年，需投入 5 000 万美元至几亿美元。巨大的开发成本和风险只有在国际市场上才能得到弥补，仅凭一个国家的市场无疑无法支撑如此巨额的投资。

4. 质量

企业进行全球生产能提高产量，可以创造更大的营业收入和利润来支持产品设计和制造的质量。同样是将销售收入的 5% 投入研究和开发，全球性企业因此所获得的总营业收入可能是地方企业的两倍、三倍甚至十倍。虽然投入比例一样，但投入金额总量却相差甚大。在制造和营销方面也同样存在着这种情况。统一的营销战略相对于在各国自立门户发展其营销的效率和效益都较高，所产生的消费者价值也较大。

5. 缩短产品生命周期

现代消费者不但要求产品多样化，其需求的变化也非常快。为了适应现实需要，不但流通末端需要尽量减少库存产品，生产端也要实现多品种少量生产。从国际产品生命周期理论的角度出发，在国内饱和的产品，或者是落后和淘汰的产品仍然有可能在国际市场上成功销售，从而延长产品的生命周期，增加销量，减少库存和降低成本。

6. 杠杆作用

全球公司的一项无可比拟的优势就是能够有机会发挥"杠杆"（Leverage）效应，也就是同时运作于不同国家而产生的优势。它所产生的杠杆效应有以下类型。

（1）经验的移植

全球性公司可以在国际任何市场上利用自身已有的经验。这种经验可以来自经营的各个方面，如战略、产品、有吸引力的广告宣传、销售管理实践、促销点子等，凡经国际市场实践检验过的，都可以运用于相似的市场环境中。这种潜在的可利用的世界性经验仍然不失为全球性公司"杠杆"优势的一部分。同时，管理模式也可能成为经验移植的对象。全球性的公司也可以根据经验不断修正计划、分析、调研控制和其他系统，然后推广至全世界。系统改进的推广使得公司成员能够彼此沟通，但切莫机械照搬，在不相关的市场之间错误运用"经验"的情形时有发生。

（2）规模经济

规模经济是企业追求的目标之一，全球性的公司可以通过整体上生产量的增大来获得以前单个工厂所寻求的那种规模优势；也可以按产业链在不同国家的分布实施高效大规模零部件生产的办法；还能在全球范围内通过集聚效应而获得规模经济。较大规模的全球性公司甚至因此创造出提高竞争力水平和公司职员素质的良机，而不仅止于传统意义上规模经济的收获。

（3）资源利用

全球性公司的主要优势之一是它有能力在全世界范围搜索闲置劳动力、资金和原材料，从而能在国际市场竞争中占据有利地位。对全球性公司来说，运用国际金融体系的特殊性可使母国货币突然大幅升值而不造成较大危害，因为对它们而言实际上并不存在所谓"本币"。在世界所有主要的金融市场上都有重要的投资时，全球性公司在融资时自然会选择最有利的条件，并将所获资金用于盈利机会最大的市场。

（4）全球性战略

全球性战略建立在了解整个世界经营环境，并确定其中的机会、威胁、趋势和资源的基础上。全球性公司最重要的一项优势是其全球性的战略。全球性公司进行世界性搜索的目的是寻找能让其运用自身的技能和资源，创造出较其竞争者更高的顾客价值的市场。全球性战略是为在全球范围内创造出必胜"竞价"而进行的设计，需要严格的原则、极大的创造力和持续的努力。

1.5.2 约束力

国际市场营销的约束力包括以下几个方面。

1. 市场差异

在每一种产品类别中，国家、文化之间的差别仍然较大，所以企业至少需要修改其营销组合中产品、定价、促销、渠道的部分元素。一些企业就是因为忽视了这些差别，在实施其全球品牌战略时遇到了麻烦。国际市场营销并不能脱离各个能使产品适应本地条件的强有力的当地特性。事实上，外国产品若不修改以适应当地的环境，肯定无法成功。例如，派克制笔（Parker Pen）公司曾试图实施一种倒置的全球营销战略，完全不考虑当地市场的输入信息，最后全盘失败，不得不将公司出卖给原属其英国子公司的经理们。

即使产品本身很适合实行全球化，不需多做修改即可用于全球市场，品牌的历史可能也会要求在每一个国家使用区别于他国的差异化市场战略和定位，甚至以形象驱动的品牌这类具有高潜质的产品也是如此。一种品牌如果在国内市场上已经建立起某种独特的形象，也许就无法再实行单一的全球定位和战略。

2. 组织文化与管理短视

全球性公司在组织文化上采取不同策略会产生不同的国际化结果，如完全将管理权利下放到各子公司里，高层影响力会明显减弱，而在完全集权管理的企业里，来自各地的关于当地需求及条件的原始材料和深层信息则会被排斥在外。成功的全球化公司营销者都已经学会怎样将全球的眼光与各地的具体市场情况相结合。在一些最成功的全球营销公司中，最有趣的一点是这些公司的总部经理和各地经理对相互信息和意见的尊重。在很多情况下，许多企业的产品与类别都适用于全球化，只是因为管理的因素而失去了开展国际市场营销的机遇。管理短视是导致企业市场失败的直接原因。某些行业出现了衰退或停滞的状况，其原因不是市场饱和了，而是管理失败了。

3. 国家控制和进入壁垒

当今世界各国都通过对市场参与和准入加以控制来达到保护当地企业和利益的目的。控制范围五花八门，从低技术含量的烟草市场，到信息、机电设备和数据传输市场等高技术领域。今天大多数国家的关税壁垒已经得到大幅削减，那些使外国公司难以进入国内市场的所谓"非关税壁垒"变得重要起来。一些国家通过政府和企业分离以减弱管制，是封闭的市场走向开放的一个世界性的趋势。例如，一些处于国家垄断状态的企业或部门，鼓励或者要求它采用国产货要容易得多，而一家独立的私营企业则可能更倾向于寻找最好的供货来源，而不去理会供应商的国籍。

本章小结

经济的发展、全球化使企业面对一个日趋融合的世界市场，不管是发达国家的企业还是发展中国家的企业都必须学会开拓国际市场的知识和技能。本章主要介绍了国际市场营销的概念与特点，国际市场营销与国内市场营销、国际贸易的区别和联系，国际市场营销的产生与发展，国际市场营销理念、国际市场营销驱动力与约束力等内容，为大家学习本课程做一个引入性的介绍。

主要的名词术语

市场营销 Marketing
国际市场营销 International Marketing
国际市场营销观念 International Marketing Concept
大市场营销理论 Big Marketing Theory
交叉文化 Cross Culture
经济全球化 Economic Globalization
国际营销过程 International Marketing Process

知识应用

◆ 练习题

1. 以下哪项不属于国际市场营销管理观念？(　　)
   A. 全球营销观念　　　　　　　　B. 对外贸易观念
   C. 国别市场观念　　　　　　　　D. 国内市场延伸观念

2. 国际市场营销与国内市场营销的相似点不包含哪一项？(　　)
   A. 渠道的多样性　　　　　　　　B. 理论基础相同
   C. 经营的延伸性　　　　　　　　D. 观念性的一致性

3. 国际市场营销比国内市场营销面临更多不可控因素，其中不包含哪一项？(　　)
   A. 国际贸易体系　　　　　　　　B. 政治法律环境
   C. 员工福利体系　　　　　　　　D. 经济环境

4. 以下哪一项不属于国际市场营销与国际贸易的区别？(　　)
   A. 理论立足点不同　　　　　　　B. 交换主体不同
   C. 流通的形态不同　　　　　　　D. 组织方式不同

5. 国际管理定位理论不包含下列哪一项？(　　)
   A. 种族中心　　　　　　　　　　B. 国家中心
   C. 多重中心　　　　　　　　　　D. 区域中心

6. 国际市场营销发展阶段不包含下列哪一项？(　　)
   A. 非直接对外营销阶段　　　　　B. 直接对外营销阶段
   C. 非经常性对外营销阶段　　　　D. 经常性对外营销阶段

7. 经常性对外营销阶段的突出特点是(　　)。
   A. 企业拥有固定的生产能力用于生产在海外市场上持续销售所需的产品，并且依靠在海外的销售和利润实现企业的目标
   B. 企业全面开展并参与国际市场营销之中
   C. 企业将全世界视为一个市场，包括国内市场在内
   D. 进行暂时性或非连续性的国际市场营销，没有将国外市场视为持续性发展的目标市场

8. 以下哪一项不属于产品标准化的优势？（　　）
   A. 降低产品的设计和修改的成本　　B. 生产和购买的规模经济
   C. 扩大品牌影响力　　D. 学习经验的更快积累
9. 企业面向国内市场开展营销活动，企业的经营方针、经营战略、营销组合策略等，都是以满足（　　）需求为导向的。
   A. 消费者　　B. 经济规律
   C. 国际市场　　D. 国内市场
10. 国际市场营销的任务是（　　）。
    A. 通过调整市场营销组合策略适应环境不可控因素，以实现企业的经营目标
    B. 在标准化与本土化之间的一种抉择
    C. 在市场不可控因素环境框架下调整企业可控因素，实现营销目标
    D. 将资源集中于全球市场所带来的机会和威胁，面对一个范围更大的营销空间

◆ **思考题**

1. 企业国际市场营销经历了哪几个阶段？
2. 企业国际市场营销建立在哪些理论基础之上？
3. 国际市场营销与国内市场营销有哪些区别与联系？
4. 国际市场营销与国际贸易有哪些区别与联系？
5. 企业为什么要进军国际市场？
6. 企业进军国际市场可能会遇到什么困难？

◆ **实务分析**

用两三个例子分析说明以下问题。

（1）中国企业在走向国际市场的过程中，选定的目标市场有何特点？企业采取了哪些营销策略？有何优缺点？

（2）在跨国公司大举进入中国之际，其进入中国市场的方式是怎样的？在中国市场上使用的营销组合策略有何可借鉴之处？

案例讨论

"品牌+技术"助力中国自主品牌汽车开拓国际市场

中国自主品牌汽车围绕"走出去"采取过不少办法，从整车出口到CKD（全散装件）出口，乃至收购国外汽车品牌、在海外独立建厂等。与这些做法相对应，自主品牌汽车开拓海外市场的步伐明显加快。但与我国2009年便已跃升为汽车产销量第一大国的身份相比，中国汽车"走出去"依然还有很大的提升空间。数据显示，德国2011年汽车出口量占总产量的75%，日本为65%，韩国则为50%，甚至连巴西都占20%以上，而中国汽车的出口量，即便在达到64万辆峰值的2008年，也不到总产量的7%，2010年更是停留在3%左右。

分析其中原因，除了与中国汽车产业起点较低、企业规模普遍较小、自主品牌在国际市场上认知度不高有关外，中国汽车企业技术自主开发能力有限、国际化经营经验不

足恐怕是影响中国汽车"走出去"的关键因素。与欧洲、美国、日本等发达国家和地区相比，国产轿车的核心部件相对缺乏自主知识产权，打入国际市场主要依靠的是劳动力成本优势。在"走出去"的策略选择上，大部分汽车企业亦简单停留在整车和零部件出口的一般贸易阶段，并主要借助于国外商销售网络进行销售。由此带来的不利后果是：一方面，销售、利润控制容易受制于人，并难以建设起方便、快捷的售后服务网络；另一方面，导致中国汽车企业在出口市场上"各自为战"，甚至为争夺订单竞相压价，不仅影响企业自身利益，也使"中国制造"的整体形象受损。

不难看出，中国汽车要在"走出去"的基础上真正实现"走进"并扎根于国际市场，就必须在提升产品品牌质量、提升国际化经营策略两个方面有所突破。

资料来源：刘志奇，"品牌＋技术"助力汽车开拓国际市场，经济日报，2011年11月2日。

问题：

1. 目前中国自主品牌汽车"走出去"的方式有哪些？
2. 中国汽车企业国际市场营销的发展到了哪个阶段？
3. 你认为一个企业想要成功开拓国际市场应该具备什么条件？
4. 中国汽车企业作为国际市场的后进入者，应该采取什么营销策略？

第 2 章
国际市场营销的经济和人口环境分析

凡有地牧民者,务在四时,守在仓廪。国多财则远者来,地辟举则民留处,仓廪实则知礼节,衣食足则知荣辱。

——《管子·牧民》

本章学习要求

1. 正确认识经济环境的内涵
2. 经济体制的分类
3. 经济发展阶段
4. 人口环境的基本构成要素
5. 各国人口因素对国际市场营销的影响

引导案例

我国某汽车生产企业大规模开拓国际市场,但是它在进入世界市场的顺序上却引起其管理人员的激烈争论。有的人主张应该先进入一些经济发达的国家,因为这些国家的消费者购买力较强,对汽车的需求大;有的人则主张应该先进入一些中等发达国家,因为企业生产的汽车市场定位与这些国家的消费水平相当;也有人建议进入一些发展中国家,因为那里竞争对手相对较少。最后,该企业联系实际情况,初步决定先进入中等发达国家,然后逐步向高低两头延伸。

此时,企业领导拿出一张世界地图交给你,委托你所领导的部门在一个月之内初步明确各国经济发达程度,并在地图上详细标示出企业市场战略推进图。你该如何判定各国经济发达程度与市场规模,为企业有效选择目标市场提供可靠的依据?

资料来源:作者根据资料改编。

2.1 国际市场营销的经济环境分析

经济环境（Economic Environment）是企业在进行国际市场营销活动中，确定目标市场和制定营销决策首先要考虑的因素，也是影响企业不同国际市场营销决策之间差异性的重要因素。

国际营销本质上是一种经济活动，一国的经济和技术水平决定了该国的市场规模和消费水平，也在很大程度上决定了企业在该国的营销战略和方式。深入了解和掌握东道国与国际经济和技术的发展现状和趋势，对于制定企业的生产和营销战略有着至关重要的作用。因此，企业开展国际营销时必须对国际经济环境进行细致的调查研究，以做出适应各国经济环境的营销决策。

国际营销的经济环境十分复杂，涉及的因素很多，主要有各国的经济体制、经济规模、经济发展阶段等，这些因素都会对国际营销决策产生影响。

2.1.1 东道国的经济体制分析

经济体制是指在一定的历史发展阶段，国家采用何种方式来管理企业的具体规程。世界各国的经济体制如果根据财产的所有权来划分，可以分为私有制经济和公有制经济。根据资源分配和控制方法来划分，经济体制又可以分为计划经济和市场经济。随着经济的发展，世界上还出现了一种新的经济形态即混合经济，它介于市场经济与计划经济之间。事实上，一个国家的经济体制是比较复杂的，某种纯粹的经济体制几乎是不存在的。比如，在私有制经济下，对资源的分配可以是市场调节，也可以是计划分配，还可以是市场调节与计划分配相结合。因此，一国的经济往往是多种经济体制相互交叉、相互制约、相互补充。不同的经济体制对国际营销的影响是不同的。在市场经济条件下，价格调节着市场供求关系，市场供求又自发地调节生产、调节资源的分配，企业完全根据自身的经济目标及条件来制定营销策略，企业的产品也容易进入市场。在计划经济体制下，由国家下达指令性计划，资源的分配、产品的生产都由计划部门统筹计划、安排和分配，进而调节市场的供给，各个企业的营销策略、营销活动都必须服从国家计划，因此，市场开拓就比较困难。此外，一个国家一定时期的经济政策如国家关税、配额外汇管制以及有关的管理制度，对企业国际营销活动也有较大的影响。因此，在进行国际市场营销的时候要首先弄清楚东道国的经济体制类型。

1. 资本主义市场经济

在资本主义市场经济中，经济资源归私人所有，配置及运营方式依靠市场的供求关系和价格机制。消费者的需求决定了企业的产出，而政府的作用体现为：维护国家安全；保护和促进市场主体之间的公平竞争；保护自然环境；维护消费者权益。新加坡、澳大利亚、美国等采用的是典型的资本主义市场经济模式，以自由竞争为核心内容，倡导经济活动的自行运转与市场价格的自发调节，从而达到社会资源的优化配置。在这种经济体制下，市场的进入壁垒相对较低，市场竞争也更为激烈。

2. 社会主义计划经济

与资本主义市场经济相对，在社会主义计划经济制度下，政府掌控着国家的大量经济资源，经济活动通过"自上而下"的经济规划和计划做出指令性的安排。由于几乎所有计划经济体制都依赖于指令性计划，因此计划经济也称为指令性经济。生产和消费的主体缺乏自主性和灵活性，政府部门、国有企业负责执行经济计划，而公民的消费活动则主要依靠政府的配给。社会主义计划经济基本上是生产经济，贸易处在无足轻重的地位。苏联的经济发展模式是典型的社会主义计划经济。在特殊的历史背景下，中国也曾效仿这种经济体制，但自1978年党的十一届三中全会之后，中国实行了改革开放政策，开始由计划经济向社会主义市场经济转变。目前，世界上仍实行社会主义计划经济体制的国家有朝鲜等。

3. 资本主义计划经济

在现实中，绝对的资本主义市场经济与社会主义计划经济非常罕见，大多数国家在不同程度上结合了市场与指令化的资源配置方式，以及私有和国有化的资源归属原则。其中，资源私有化而资源配置指令化的经济体制，称为资本主义计划经济，瑞典就是采用这种经济体制的国家之一。在瑞典，财产私有制是其主要的所有制制度，而资源的配置则主要依靠政府的经济计划以及税收、福利与收入政策。

4. 社会主义市场经济

社会主义市场经济是一种在整体资源国有的环境中采取市场配置的经济体制。中国已经从计划经济体制向社会主义市场经济体制转变，但包括土地在内的核心经济资源仍归国家或集体所有。特别是加入WTO以来，中国进一步加速了经济体制改革的步伐。政府努力削减国有经济成分，国有企业的数量大幅减少，但保留下来的国有企业已初步完成了现代企业制度的改造。2010年，国务院出台了《关于鼓励和引导民间投资健康发展的若干意见》（简称"新36条"），鼓励民间资本进入传统的国营垄断行业。在对外经济政策领域，中国向民营企业大举下放了对外贸易自主经营权，并依照入世承诺的时间表，先后开放了金融、电信、建筑、分销、法律、旅游和交通等诸多服务领域。立法和行政部门连续制定、修订、废止了3 000余部法律、行政法规和部门规章，加强了知识产权保护，并进一步完善了投资环境。我国作为WTO成员方，市场经济地位（Market Economy Status）也已得到多个国家的承认。

2.1.2 东道国经济规模分析

经济规模衡量的是一国的潜在市场。市场就是拥有购买力的公众，一个潜在的市场必须有足够的可以购买商品的能力。要估计某一市场的潜力，就需要了解有关的经济因素及其变化速度。这些经济因素包括宏观经济总量、人均收入和收入分配、个人消费模式等有关购买力的变量。

1. 宏观经济总量

对一个国家的经济总量可以从国内生产总值（GDP）和国民生产总值（GNP）两个角度进行评价和衡量。国内生产总值是指一国或地区范围内的所有常住单位在一年内用货币表示的所有最终产品和服务价值的总和，是按国土原则核算的生产经营的最终成果。国民生产总值是指一个国家或地区的所有国民在一定时期内新生产的产品和服务价值的总和，是按国民原则核算的，只要是本国（或地区）居民，无论是否在本国境内（或地区内）居住，其生产或经营活动新创造的增加值都应计算在内。无论是 GDP 还是 GNP 都是一国经济发展水平的常用指标，从国际营销的角度看，它们也可以反映一国的总需求规模。但是，仅仅看国内生产总值指标或国民生产总值指标是片面的，要把握一国或地区的购买力，还要注意收入的分配。

2. 人均收入和收入分配

人均收入是指一国或地区的国内或国民生产总值在该国或地区常住居民每人名下的平均数。人均收入与消费者的购买习惯、消费能力密切相关。从国际上看，收入差距已成为不同国家消费商品购买差异的主要原因。按照世界银行 2022 年 7 月更新的标准，世界上 193 个联合国会员国共有 69 个高收入国家和 22 个高收入地区，瑞士人均 GNI（国民总收入）最高，超过 9 万美元。33 个国家在欧洲，几乎占到全部数量的一半，除保加利亚以外的所有欧盟国家都是高收入国家，波罗的海三国属于高收入国家；亚洲国家 12 个，新加坡人均 GNI 最高，为 6.4 万美元；非洲只有 1 个——塞舌尔；大洋洲有 3 个国家，分别是澳大利亚、新西兰和瑙鲁；北美洲有 8 个高收入国家；南美洲只有 2 个高收入国家——智利和乌拉圭。

一国消费者收入的多少，直接影响其购买力的大小，从而决定了市场容量和消费者支出模式。人均收入高的国家，其个人消费水平也高，因而高档商品在收入高的国家有较大的潜在市场；而在贫穷国家，大多数人还停留在追求满足基本生活需要的消费模式。"恩格尔定律"揭示了收入水平对消费模式的影响：家庭收入越少，用于饮食的支出占家庭收入的比重（即恩格尔系数，R_1）就越大；随着家庭收入的增加，用于饮食的支出占家庭收入的比重下降，而用于文化、娱乐等方面的支出比重上升。另外，联合国还根据恩格尔系数制定了一个划分贫富的标准，见表 2-1。

表 2-1 联合国关于贫富程度的划分

恩格尔系数	$R_1 \geq 60\%$	$50\% \leq R_1 < 60\%$	$40\% \leq R_1 < 50\%$	$30\% \leq R_1 < 40\%$	$R_1 < 30\%$
贫富水平	绝对贫困	勉强度日	小康水平	富裕水平	最富裕

因此，企业在国际市场营销时可以根据世界各国的恩格尔系数，根据各国的人均收入水平分析其对商品的需求结构，以便选择最有希望的目标市场。

另外，人均收入水平仅意味着实际收入分配的均等情况。各国收入的分配方式不同，收入的均等程度也就不同，所以，用人均收入分析一国的市场规模和需求结构，还应注意该国的贫富差别。在有些国家，一小部分人的收入水平可能远远高于国内平均水平，而大部分人的收入水平则在平均水平以下，在这类国家中只有穷人和富人之分，中产阶级人数较少。在此情况下，人均国内生产总值并不能反映这些国家真实的市场购买力。例如，法国的人均国民生产总值虽然很高，但其贫富两极相差较远。印度人均收入水平很低，尽管大多数人生活贫困，却也有相当一部分收入很高的富裕户。认识到这种分配不平衡的现象，可以帮助我们消除某种错觉，比如认为凡是收入水平低的国家就很少有对高档产品的需求，而收入水平高的国家就没有价廉、低档的产品市场。所以，我们既要看到一般情况下的规律性，又要看到在一定条件下的变异。例如，瑞典的人均国内生产总值高于法国，但该国的贫富差别不大，因此，该国的奢侈品市场规模并不比法国大。可见，不能简单地按一个国家的人均收入水平推断该国对某种商品的需求，还要看到它的收入平衡状况。这可以通过一国的基尼系数水平（G）的高低来判断。这个指数的取值在 0 到 1 之间，数值越低，表明财富在社会成员之间的分配越均匀；反之则说明财富分配越不平均。通常把 0.4 作为收入分配差距的"警戒线"。一般发达国家的基尼指数在 0.24 到 0.36 之间，美国偏高，为 0.4。中国的基尼系数也超过了 0.4。联合国有关组织根据基尼系数对贫富差距程度做出了相关的规定，见表 2-2。

表 2-2 联合国关于贫富差距程度的划分

基尼系数	$G \leq 0.2$	$0.2 < G \leq 0.3$	$0.3 < G \leq 0.4$	$0.4 < G \leq 0.5$	$G > 0.5$
贫富差距水平	绝对平均	比较平均	相对合理	收入差距较大	收入悬殊

通过对收入分配的比较可以看出，尽管发达国家和发展中国家都存在着收入分配的差异，但是一般而言，经济越发达，收入分配越有平等的趋向，而在经济发展的初期，收入分配的不公平程度会加剧。国际营销人员把握人均收入变化趋势就可以大体估计出相关市场的潜力。

3. 个人消费

以国内生产总值、人均国内生产总值和收入分配为基础的计算，可以判断某一国市场是否有前途，如果证明了这个市场是有前途的，则还需要进一步分析个人消费。国际营销人员需要了解目标市场消费者如何分配他们的可支配收入及其消费模式。消费者个人收入一般包括工资、红利、租金、退休金和赠予等方面收入。可支配收入是指扣除消费者个人缴纳的各项税款后可用于个人消费和储蓄的那部分收入。个人储蓄增加，意味着现实购买力的减少，潜在购买力的增加。消费信贷则可以刺激现实购买力的增长。

收入的变化会引起消费者支出模式的变化。恩格尔定律指出，随着收入水平上升，必需品消费所占比例会逐渐下降。因此，随着整个世界的收入水平上升，奢侈品或耐用消费品的贸易会呈增加趋势，生活必需品的贸易在整个贸易中的比例会逐渐下降，该类产品的价格也会降低。此外，消费者家庭所处的生命周期阶段（即青年人家庭、中年人家庭或老年人家庭)、消费者家庭的居住环境等因素，也会影响消费者的消费模式。

2.1.3 东道国经济发展阶段分析

对于处在不同经济发展阶段的国家，其居民收入、消费者需求、购买习惯等均存在差异，这些都会直接或间接地影响企业的营销活动。

第二次世界大战后，美国经济学家华尔特·惠特曼·罗斯托（Walt Whitman Rostow）在 1960 年出版了《经济成长的阶段——非共产党宣言》，提出世界各国经济发展要经历的五个阶段，1971 年他在《政治和成长阶段》中增加了第六阶段。

1. 第一阶段：传统社会阶段

传统社会是在生产功能有限的情况下发展起来的，是围绕生存而展开的经济，而且通常都是封闭或者孤立的经济，生产活动中采用的技术是牛顿时代以前的技术，现代科学技术尚未产生，社会生产主要依靠手工劳动，因而农业居于首要地位。生产能力、消费水平、国民素质的低下严重制约着其社会结构的优化，家族和氏族关系在社会组织中发挥着巨大的作用。中国历史上的各个朝代、中东和地中海文明、中世纪的欧洲都属于传统社会阶段，非洲撒哈拉沙漠地区的一些国家至今还处在这一发展阶段。

2. 第二阶段：准备起飞阶段

准备起飞阶段是摆脱贫穷落后走向繁荣富强的准备阶段，在此阶段，近代的科学技术知识开始运用于工农业生产。它的特征是社会开始考虑经济改革的问题，希望通过现代化来增强国力并改善人民的生活。这一阶段的一个重要任务是经济体制改革，为发展创造条件。这一阶段的主导产业则通常是第一产业或者劳动密集型的制造业，这一阶段要解决的关键难题是获得发展所需要的资金。

3. 第三阶段：起飞阶段

起飞阶段是经济由落后阶段向先进阶段过渡的时期。罗斯托认为，经济起飞必须具备 4 个条件：①生产性投资率提高，占国民收入的比例提高到 10% 以上；②经济中出现一个或几个具有很高成长率的领先部门；③发明和革新十分活跃，生产过程吸收了技术所蕴藏的力量；④适宜的政治、社会以及文化风俗环境。

在起飞阶段，随着农业劳动生产率的提高，大量的劳动力从第一产业转移到制造业，外国投资明显增加，以一些快速成长的产业为基础，国家出现了若干区域性的增长极。起飞阶段完成的标志是国家在国际贸易中的比较优势从农业出口转向了劳动密集型产品的出口，开始出口大量的服装、鞋、玩具、小工艺品和标准化的家电产品。一些主要资本主义国家经历起飞阶段的时期如下：英国为 1783—1802 年，法国为 1830—1860 年，美国为 1843—1860 年，德国为 1850—1873 年，日本为 1878—1900 年。我国则在 1977—1987 年实现了经济起飞。

4. 第四阶段：走向成熟阶段

在走向成熟阶段，一个社会已把现代化的技术有效地应用到了它的大部分产业之中。国家的产业以及出口的产品开始多样化，高附加值的出口产业不断增多，厂家和消费者热衷新的技术和产品，投资的重点从劳动密集型产业转向了资本密集型产业，国民福利、交通和通信设施显著改善，经济增长惠及整个社会，企业开始向国外投资，一些经济增长极开始转变为技术创新极。几个主要的资本主义国家进入成熟阶段的时间如下：英国为1850年，美国为1900年，德国为1910年，日本为1940年。我国目前也已经进入了这一发展阶段。

5. 第五阶段：大众消费阶段

在大众消费阶段，主要的经济部门从制造业转向服务业，奢侈品消费向上攀升，生产者和消费者都开始大量利用高技术的成果。人们在休闲、教育、保健、国家安全、社会保障项目上的花费增加，而且开始欢迎外国产品的进入。目前主要的发达国家都已进入这一发展阶段。

6. 第六阶段：超越大众消费阶段

罗斯托对超越大众消费阶段以后的社会并没有一个清晰的概念，不过他认为该阶段的主要目标是提高生活质量。随着这个阶段的到来，一些长期困扰社会的问题有望逐步得到解决。

罗斯托对经济发展水平与分销路线之间的关系也做了研究，其结论是：经济发展阶段越高的国家，它的分销途径越复杂和广泛，专门商店、超级市场、百货公司等十分发达，乡间的商店数目也迅速增加；进口代理商的地位随着经济发展水平的提高而下降；制造商、批发商与零售商等的职能随经济发展水平的提高而逐渐独立，不再由某一分销路线上的成员单独承担；批发商的职能随经济发展水平的提高而增加；小型商店数目随经济发展水平的提高而下降，商店的平均规模在增加；零售商的加成随经济发展水平的提高而上升。

2.2 国际市场营销的人口因素分析

在研究国际营销经济环境时，我们必须同时研究人口环境。在人口环境中，人口总量是需要首先考虑的。在一定的条件下，一个国家的人口越多，市场规模就越大。但是，当人口增加过多时（如一些发展中国家），也会影响消费者的购买力和高档产品的生产和销售。此外，人口增长率、人口密度及地理分布、人口年龄及性别结构、家庭结构等也会对市场产生多方面的影响。

2.2.1 人口总量

人口总量同一国的国民收入一样，是决定市场容量的重要因素。往往可以根据一个国家的人口总量来估计市场对产品的需求总量。在人均国民收入相同的情况下，一国的人口越多，市场就越大，对食物、衣着、日用品等生活必需品的需求量也越大。反之，对生活必需品的需求量就越小。

截至 2022 年年底，我国总人口超过 14 亿人，消费市场庞大；新加坡人口绝对数量较少，只有 560 多万人，消费市场较小。根据 2023 年最新人口统计数据来看，全球总人口已超 80 亿人，有一半以上人口集中在 14 个超亿人口的国家，它们是印度、中国、美国、印度尼西亚、巴基斯坦、尼日利亚、巴西、孟加拉国、俄罗斯、墨西哥、日本、埃塞俄比亚、菲律宾和埃及。这 14 个国家人口总数约有 50 亿人，而约有 70 多个国家的人口少于 100 万人。

2.2.2 人口增长率

人口增长率是预测市场规模增长的依据之一。人口增长有三种情况：正增长、负增长和零增长。正增长是指净人口数越来越多；负增长是指净人口数变得少了；零增长则意味着净人口数基本不变。人口增长与国际营销有着密切的关系。如果一个国家的人口总数不少，而增长率较低，甚至负增长，那么从长远来看这个市场的潜力较小。如果一个国家的人口增长较快，它对食品、衣着和住房等消费品的需求量也会迅速增长，这样的市场无疑是一个潜在的大市场。2023 年联合国公布的数据显示，目前世界年人口增长数为 7 600 万，年增长率为 0.8%。值得注意的是，在世界人口的增长中，发达国家人口增长率不到 0.5%，发展中国家人口增长率为 0.96% 与世界平均水平基本持平，而最为贫困的地区人口增长率为 2.6%。因此，发展中国家和贫困地区的消费市场增长潜力更大，很多企业选择将这些国家和地区作为产品营销的方向。

2.2.3 人口密度及地理分布

人口密度是反映人口分布状况的重要指标。人口的地理分布往往不均匀，各区域的人口密度大小不一。人口密度越大，意味着该地区人口越稠密、市场需求越集中。企业在国外生产和销售商品，必须考虑到东道国人口的密度和地理分布，因为人口密度和地理分布直接影响企业的厂址选择、土地使用、仓储方式和营销手段等。

从营销的角度来讲，一般来说，人口密集的地区市场集中，容易促销，市场效益相对较好，否则效益就较差。但在人口密度过大的城市，交通又极为拥挤。人口密度影响着人们的消费和其他生活方式。日本人口密度大，因而人们的住房一般都比较小，家具和家用电器等尺寸也较小。美国过去制造的汽车较大，除了美国人一般身材高大和当时汽油价格便宜等原因，土地广袤、人口稀少、道路宽阔、停车场地充裕等也是导致美国人生产大体积汽车的重要原因。

各国人口分布还有一种情况，就是国土面积大的国家人口分布不均匀。例如，我国人口沿海多、内地少，美国人口则东西部多、中部少。许多国家的人口还往往集中在几个大城区，例如，2021 年法国 6 500 多万人口中的大多集中居住在巴黎、里昂、马赛、图卢兹，2023年加拿大3 800多万人口中的一半以上集中居住在多伦多、渥太华、蒙特利尔、卡尔加里。人口聚居地标志着主要的市场所在地。研究市场人口分布，对于企业制定营销策略，特别是销售渠道策略有重要意义。

2.2.4 人口年龄及性别构成

从事国际营销的企业，特别是经营消费品出口的企业，在了解各国人口数量和增长率的基础上，还需调查和预测人口的构成。从人口构成角度来看，主要应该研究年龄构成和性别构成两个方面。

年龄构成会对市场需求产生直接的影响，因为不同年龄段的人有不同的生理特点、兴趣爱好、生活习惯和价值观念。因此，根据不同年龄段人们的特点，可以把整个市场分为许多独具特色的消费者市场。目前，世界人口年龄结构正出现两个明显的趋势：一是许多国家的人口趋于老龄化，老年人市场正在明显扩大；二是西方国家出生率下降，婴幼儿减少。这两个趋势已促使有关企业转移经营目标，改行经营其他产品。

人口构成的另一个重要方面是性别构成。性别构成会使市场消费的需求内容、购买习惯、购买行为有显著差异。许多商品和劳务都有男性市场和女性市场之分。例如，日常生活用品、化妆品、服装等一般属于女性市场中的重要商品；大件商品、技术性能高的商品一般属于男性市场中的重要商品。2021年世界各国的性别比例显示，卡塔尔、阿联酋、阿曼、巴林、马尔代夫和科威特的男性比例超过了60%，女性比例较高的国家和地区有中国香港、库索拉、尼泊尔、拉脱维亚、立陶宛、乌克兰、俄罗斯、白俄罗斯、萨尔瓦多等，女性占比均超过了53%。性别比例对市场供应商品的影响是显而易见的，因为女性市场和家庭用品市场的容量及发展前途与性别构成密切相关。

2.2.5 家庭结构

一个国家或地区，其家庭单位的多少、家庭成员平均数量以及家庭成员结构，对市场需求及购买方式的影响较大。近20年来，西方发达国家和一些发展中国家，家庭总量正在增加，而单位家庭成员的数量正在减少，每个家庭的平均人数在4人以下。日本总务省公布的2020年人口普查数据显示，东京家庭平均人数仅为1.95人，为全日本最低，也是第一个家庭平均人数跌破2人的日本城市。全日本平均单个家庭的成员人数近年持续下滑。我国的人口普查数据显示，家庭户规模1990年为3.96人、2000年为3.44人、2010年降至3.1人，直至2020年的2.62，这个数据意味着传统家庭结构已被颠覆。同时，非家庭住户（如单身住户、大学生等集体住户）也在迅速增加。他们对商品需求呈现出不同的特点，这需要引起国际市场营销人员的足够重视。这种家庭结构的变化对家电等家庭用品的消费带来了挑战。

在某些非洲国家家庭规模相对较大，2020年非洲平均家庭规模为4.7，是我国和欧美的近两倍。由于许多产品（如家用电器）是以家庭为单位、以家庭规模为标准进行购买和消费的，因此一个与发达国家人口数量相近而具有大家庭特征的发展中国家，商品的需求量与购买量通常会小于发达国家，同时对产品的性能也提出了新的要求。

> **营销聚焦**
>
> **进博会助力海外客商加速进入中国市场**
>
> 2021年7月29日，第三届进博会在上海隆重开幕。在上海南京路上的进博会上集合了40个国家和地区的超过5 000款进博同款及国别特色商品，成了市民游客"沉浸式"体验进博商品和国别文化的"网红打卡点"。在节假日等高峰时段，进博集市热门商品"按秒销售"，海外客商一天要补三四次货。
>
> 三届进博会以来，上海不断推动交易服务平台建设，贸易升级取得成效。上海累计搭建56个进博"6天+365天"交易服务平台，引入进博会展品近18万种，涉及展商共1 390家，累计进口商品1 464.7亿元。
>
> 绿地全球商品贸易港（简称"绿地贸易港"）打造的中国国际进口博览会常年交易服务平台，已吸引来自76个国家和地区的180家组织和企业入驻，累计带动上下游交易超过500亿元，带动绿地自身贸易增长超过100亿元。单单2021年上半年，绿地贸易港就引进了来自爱尔兰、保加利亚、巴基斯坦、柬埔寨、秘鲁、古巴等15个国家馆。同时，绿地贸易港与阿根廷、智利、拉脱维亚、哥斯达黎加使领馆合作，举办商贸发布会；组织50余家海外客商近500个品牌在上海、浙江、山东、湖北、内蒙古、四川等省市开展采购对接，上半年累计带动上下游交易超过85亿元。
>
> 不仅如此，"贸易港模式"也正加快全国拓展，目前已在天津、哈尔滨、济南、西安、贵阳、成都、昆明、宁波、兰州等国内13个区域核心城市落子布局。
>
> 第五届中国国际进口博览会在2022年11月10日闭幕。本届进博会实现了成功、精彩、富有成效的预期目标，按一年计，累计意向成交735.2亿美元，比上届增长3.9%。企业商业展共有284家世界500强和行业龙头企业参展，数量超过上届，回头率近90%，高于上届水平。目前，第六届进博会企业招展工作已全面启动，企业签约报名展览面积超过10万平方米。
>
> 资料来源：根据近三年进博会新闻报道整理。

本章小结

国际市场营销的经济环境是指各种直接或间接影响和制约国际营销的经济因素的集合。国际营销经济环境对国际营销的影响至关重要。国际营销经济环境分析的重点研究对象是潜在的营销东道国，东道国所采取的经济体制，当前的经济发展阶段和状况都将对企业的营销活动和营销策略的制定产生深远的影响，不得不引起营销人员的重视。

除了要关注经济环境，还要注重营销东道国的人口因素，其中主要包括人口总量、人口增长率、人口密度及地理分布、人口年龄及性别构成和家庭结构等多个方面，充分掌握营销对象的基本情况。

主要的名词术语

政治环境 Political Environment
法律环境 Legal Environment
金融外汇环境 Financial Foreign Exchange Environment
经济环境 Economy Environment
文化环境 Cultural Environment

知识应用

◆ 练习题

1. 国际营销本质上是一种（　　　），一国的经济和技术水平决定了该国的市场规模和消费水平，也在很大程度上决定了企业在该国的营销战略和方式。
   A. 市场活动　　　　B. 经济活动　　　　C. 综合活动　　　　D. 国际活动
2. 经济体制包括哪些类型？（　　　）
   A. 资本主义市场经济　　　　　　　B. 社会主义计划经济
   C. 资本主义计划经济　　　　　　　D. 社会主义市场经济
3. 在资本主义市场经济中，经济资源归私人所有，配置及运营方式依靠市场的供求关系和（　　　）。
   A. 政策机制　　　　B. 调控机制　　　　C. 成本机制　　　　D. 价格机制
4. 资源私有化而资源配置指令化的经济体制，称作（　　　）。
   A. 资本主义市场经济　　　　　　　B. 社会主义计划经济
   C. 资本主义计划经济　　　　　　　D. 社会主义市场经济
5. （　　　）是一种在整体资源国有的环境中采取市场配置的经济体制。
   A. 资本主义市场经济　　　　　　　B. 社会主义计划经济
   C. 资本主义计划经济　　　　　　　D. 社会主义市场经济
6. 经济规模衡量的是一国的（　　　）。
   A. 消费能力　　　　　　　　　　　B. 制造能力
   C. 潜在市场　　　　　　　　　　　D. 供求能力
7. （　　　）是在生产功能有限的情况下发展起来的，是围绕生存而展开的经济，而且通常都是封闭或者孤立的经济，生产活动中采用的技术是牛顿时代以前的技术，现代科学技术尚未产生，社会生产主要依靠手工劳动，因而农业居于首要地位。
   A. 准备起飞阶段　　　　　　　　　B. 传统社会阶段
   C. 走向成熟阶段　　　　　　　　　D. 起飞阶段
8. （　　　）特征是社会开始考虑经济改革的问题，希望通过现代化来增强国力并改善人民的生活。
   A. 准备起飞阶段　　　　　　　　　B. 起飞阶段
   C. 走向成熟阶段　　　　　　　　　D. 超越大众消费阶段

9. ( )的经济部门从制造业转向服务业,奢侈品消费向上攀升,生产者和消费者都开始大量利用高技术的成果。
   A. 走向成熟阶段　　　　　　　　B. 大众消费阶段
   C. 超越大众消费阶段　　　　　　D. 起飞阶段
10. ( )同一国的国民收入一样,是决定市场容量的重要因素。
    A. 人口总量　　　　　　　　　　B. 人口增长率
    C. 人口密度　　　　　　　　　　D. 人口年龄及性别结构

◆ 思考题

1. 什么是国际市场营销的经济环境?
2. 国家市场营销人员为什么要重视国际营销的经济环境?
3. 国际市场营销的经济环境包括哪些?
4. 按照罗斯托理论,一国经济发展主要分为哪几个阶段?不同阶段具有哪些特征?
5. 什么是国际市场营销的人口环境因素?
6. 人口环境因素主要包括哪些方面?对国际市场营销会产生什么影响?

◆ 实务题

我国啤酒企业在进入越南市场时,应该重点进行哪几个方面的环境分析?

案例讨论

非洲人口激增加重资源压力

联合国发布的《世界人口展望2022》报告显示,到2050年,全球新增人口中超过一半将集中在刚果(金)、埃及、埃塞俄比亚、印度、尼日利亚、巴基斯坦、菲律宾和坦桑尼亚8个国家,这其中有5个国家位于非洲。

非洲正扛起全球人口增长"大旗",成为名副其实的生力军。但人口激增给非洲可持续发展带来了不小的挑战,非洲国家只有推动人口、资源与环境协调发展,才能从不断增长的人口中获益。

据联合国估计,非洲大陆人口超过14亿,约占世界总人口的1/6。从20世纪80年代开始,非洲就是世界上人口增速最快的区域。当前非洲人口增速高达2.5%,是全球平均增速的3倍多。2022—2050年,非洲许多国家的人口或将翻一番,尼日利亚预计将一跃成为世界上第四人口大国,仅次于中国、印度和美国。

经济社会发展相对落后是非洲人口增速较快的大背景,也是人口红利无法充分释放的主要限制因素,导致非洲陷入了"越穷越生、越生越穷"的怪圈。

研究数据表明,每1 000名15~19岁非洲女孩中,有98名已经成为母亲,是全球早育水平的2倍多;尼日利亚36%的已婚妇女生活在一夫多妻制的家庭,坦桑尼亚农村地区25%的已婚妇女也是如此。此外,女性受教育水平与生育率密切相关,在坦桑尼亚,没有受过正规教育的妇女比受过中高等教育的妇女平均多生育3.3个孩子。

我们熟悉的"人口红利"在当前的非洲并没有显现。大部分非洲国家发展水平相对较低,失业率、贫困率高企,粮食危机、基础设施薄弱等问题亟待改善,而人口激增将给本已紧张的资源带来额外压力，使这些问题进一步恶化。尼日利亚城市规划和发展顾问戴利奥普表示，"住房、道路、医院、学校都在超负荷工作，我们拥有的一切都捉襟见肘了"。

非洲是世界上最年轻的大陆，刚果（金）、坦桑尼亚、尼日利亚等国人口的年龄中位数都在17～19岁，这意味着处于工作年龄的人远远少于需要照顾的"一老一小"。"上班族"养家糊口压力大，且自身受教育水平低，缺乏安身立命的专业技能，这不仅对子女健康和教育产生负面影响，也将限制经济社会健康发展。

面对人口增长带来的机遇和挑战，有专家建议，非洲国家政府需要推行计划生育，对本国人口增长加以干预，确保人口与资源和环境协调发展；国际合作伙伴也应在非洲加大投资基础设施、教育和医疗，为妇女和青年创造更多更体面的就业机会，帮助非洲从不断增长的人口中获益。正如联合国人口基金执行主任娜塔莉亚·卡奈姆所说，"人是解决方案，而不是问题所在，80亿人口的世界孕育着无限的可能"。

资料来源：经济日报，2022年11月21日。

问题：

结合材料，谈谈非洲人口发展形势给国际市场营销带来的机遇与挑战。

第3章
国际市场营销的社会文化要素

天为先天之智，经商之本；地为后天修为，靠诚信立身；人为仁义，懂取舍，讲究君子爱财，取之有道。

——陶朱公商训

本章学习要求

1. 理解文化的含义与特征
2. 理解社会文化差异对国际市场营销的影响
3. 掌握社会文化因素的构成
4. 能够应对社会文化差异的国际营销挑战

引导案例

肯德基的跨文化营销

肯德基之所以能够在我国快餐业激烈的市场竞争中独占鳌头，与其文化创新是分不开的。肯德基在进入我国市场几十年的实践中，在产品研发、品牌形象、广告策略等方面均在不断尝试融入中国文化。

产品本土化。我国地域广阔，市场跨度大，范围内差异显著，不同地区有不同的饮食文化和习惯，若要同时满足，难度并不小。但是，肯德基先在北京推出类似北京烤鸭吃法的"老北京鸡肉卷"，又在上海推出各种"枸杞南瓜粥""海鲜蛋花粥"等粥类，接着又针对全国市场推出油条、豆浆、K记饭桶、小龙虾汉堡，还上市了麻辣香锅风味汉堡等产品，这些在品牌原产地都没见过的"中式产品"促使肯德基迅速在国内站稳脚跟。在核心产品不变的同时，肯德基融合国内食品，逐步实现产品本土化创新，深受消费者喜爱，从而占据了大量的中国市场。

品牌定位与形象本土化。当诸多国外餐饮品牌在我国致力于打造"洋"形象、不断输出"洋文化"时，肯德基却另辟蹊径，着重打造自身品牌的本土化形象。肯德基在我国发展时迅速转变品牌定位，在广告宣传中集中凸显家长与孩子在肯德基用餐时的美好亲子时光，结合孩子们喜欢的动画 IP 设计玩具并与儿童套餐进行捆绑销售，此外，有的门店内甚至专门开设了儿童专区。因此，在几年前，肯德基就收获了广大的消费群体。如今，随着年轻人不断增长的个性化需求以及"健康养生"的诉求，肯德基继续进行品牌定位转变，塑造青春洋溢、阳光健康的品牌形象。一方面，肯德基先后签约多位青年明星偶像吸引年轻人；另一方面，肯德基 2004 年发布了第一版《中国肯德基健康食品政策白皮书》，截至 2009 年已经发布 3 版，以此来创建新的健康品牌定位——"均衡营养、健康生活倡导者"，把健康运动的精神融入品牌形象中。

促销本土化。肯德基在广告方面也深谙"入乡随俗"之道，无论是广告内容还是明星代言，均以我国主要消费群体的喜好为主。2020 年春节期间，在众多"春节档"广告之中，肯德基的视频广告格外引人注目。广告聚焦"中国女排精神"，短片整体解读了新时代女排精神的意义，最后以一个肯德基全家桶特写镜头收尾，诠释其广告立意——"祖国是支撑郎平重新开始的力量，肯德基全家桶也可以帮你找到开始的力量"。这段广告结合了人们熟知的中国故事，再加上新年新的开始，给观众带来了亲切感，提升品牌在消费者心中的形象。

除了广告内容，2004 年起，肯德基也开始在我国采用明星代言，借助我国本土明星或我国受众喜爱的明星，利用他们极强的感染力和号召力，形成"粉丝"效应，吸引年轻消费群体。此外，肯德基的促销活动也紧贴我国传统节日，甚至传统节气也能成为其促销活动的理由，借着节气的美好意义适时将众多单品组合销售。

跨界营销本土化。作为一个餐饮品牌，肯德基在选择联名或跨界对象上的眼光很独到。2019 年新春时期，肯德基继续拓展我国市场，它再次找到了代表一代人记忆的上海美术电影制片厂开展合作，与其部分经典的国漫 IP 形象进行深度绑定。这一跨界联动营销，瞬间勾起了众多"80 后""90 后"消费群体的集体记忆，让消费者对国漫的情感顺势转嫁到品牌身上，吸引了大众目光，取得良好传播效果，加深了大众对于产品的印象。

因此，可以说，肯德基在我国快餐业的快速扩张，是其餐饮文化创新的成功。

资料来源：NewMedialab，从肯德基的中国特色本土化，窥探跨文化营销如何破局新市场，2021 年 3 月 27 日。

企业在本土开展营销业务时，感觉得心应手，丝毫意识不到社会文化环境的压力。可是一旦离开本土开展国际营销活动时，就会意识到对其他社会文化的不适应。这是因为企业离开了原有的社会文化环境，进入另一种新的社会文化环境中。世界各地消费者的消费方式和需求满足的侧重点是以社会文化为基础的。各国的社会文化背景不同，风俗习惯、教育水平、语言文字、宗教信仰、价值观念、艺术和美学观念、生活习惯等方面差异很大。不同的国家，不同的文化，对同一产品可能会产生不同的态度。这直接影响产品的设计、产品被接受的程度、信息传递的方法及分销和推广的措施等。企业在开展国际营销时，企业必须认真分析东道国的社会和文化环境，并在营销计划的制订和实施过程中充分考虑不同文化的差异，而且对于由社会文化因素形成的不同消费习惯和消费心理，只有加以适应，投其所好，避其所忌，才能将国际营销搞活。

3.1 社会文化因素概述

3.1.1 文化的含义与特征

1. 文化的含义

文化是一种沟通体系，是生活方式的总和，提供了许多标准和规则，促进了社会成员的生存和发展。"人类学之父"爱德华·B. 泰勒（Edward B. Tylor）指出，文化是一个包含知识、信仰、艺术、道德、法规、风俗习惯，以及人类作为一个社会成员所必需的各种能力和习惯的综合的整体。它涉及人类生活的各个方面，从食物到服装，从家务劳动到工业技术，从礼仪形式到大众传媒，从工作节奏到常规习俗，等等，其基本因素包括物质文化、语言、教育、宗教、价值观念、风俗习惯和社会组织等。

2. 文化的特征

1）文化并非与生俱来，而是通过后天学习得到的。我们从小就从社会环境中获得了一系列的信念、价值观和风俗，也正是这些信念、价值观和风俗构成了我们的文化。一个民族或一个人类群体共同享有的东西不一定属于文化的范畴。比如，一个民族中所有的人都有同样颜色的头发和肤色，但这不能称为文化，因为头发的颜色和肤色是由遗传决定的。人对吃、穿、住的需要也不属于文化范畴，而吃什么、穿什么、住什么和怎样吃、穿、住却是通过后天学习得到的，因此，不同的民族和群体就会有不同的饮食文化、服饰文化、民居文化。例如，在饮食文化方面，中国人吃饭大多数用筷子，欧美国家的人往往用刀叉，世界上还有人吃饭用手抓，等等。

2）文化有一种无形的力量，规范和制约人的行为。文化是我们身外的东西，但它对每个人施加着强大的力量。平时我们往往感觉不到文化的强制力量，这主要是因为我们通常总是与文化所要求的行为和思维模式保持一致。然而，当我们真正试图反抗或改变文化强制时，它的力量才会明显地体现出来。

3）存在的文化有其合理性。任何民族的文化必然要适应该民族生存的自然和社会环境。一种有损于民族和社会生存的习俗不大可能长时期持续存在，若人们固守这种习俗，则最后有可能会与这种习俗同归于尽。当我们发现某一民族和社会具有某种特殊习俗时，就应该想一想，从适应社会特定环境的角度看，这种习俗是否合乎情理。有许多看起来不可理解的文化现象，如果将其视为对环境的适应就变得可以理解了。

4）文化是人类适应客观环境的一种手段。当客观环境改变时，文化自然也会随之改变。文化的变化是经常可以被感觉到的，例如，老年人在将自己的生活习惯和方式与青年一代相比较的时候就会明显地感觉到"时代变了"。实际上，世界上没有一成不变的文化模式，文化的变迁是一个永恒的社会现象。文化只能在不断变迁中才能获得发展和进步，这是一个不以人的意志为转移的客观规律。

3.1.2 社会文化差异对国际营销的影响

不同国家的文化环境是通过影响消费者的生活方式和行为模式,进而影响消费者对不同产品的态度,从而对企业的国际市场营销产生影响(见图 3-1)。在国际营销中,每个国外的市场都存在与本国市场不同的社会文化和习惯行为。每个国家和地区不仅有自身独特的社会文化,而且大多数国家和地区还存在着亚文化,譬如不同的道德、宗教等。要想在国际市场营销中成功,企业就必须能够适应这一变幻莫测的社会文化环境。

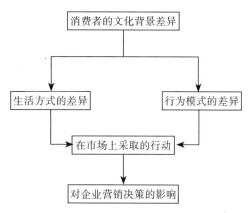

图 3-1 社会文化差异对国际营销的影响

社会文化环境之所以如此重要,主要是因为以下几点。

1)文化渗透于营销活动的各个方面。产品要根据目标国的文化特点与要求进行设计,价格要根据目标国消费者的价值观念及支付能力确定,分销要根据目标国的文化习惯选择分销渠道,促销则要根据目标国的文化特点设计广告。

2)国际市场营销者的活动构成了文化的组成部分,推动着文化的发展。其活动既适应了文化,又创造了新文化,如新的需求、新的生活方式等。

3)国际市场营销成果的好坏受文化的裁判。例如,消费者对产品接受与否,是其文化意识的反映。

可见,文化因素对国际市场营销有多么重要。适应一国的文化,说起来容易,做起来却非常困难。当我们进入异域文化时,自我参照标准就会发生作用。尤其要注意的是,种族优越、种族歧视和种族隔离等种族中心主义是阻碍文化联系的内在根源。每一种文化都是独一无二的。在国际市场营销中应该记住一句话:文化没有对与错、好与坏之分,只有差异。

营销聚焦　　　　福耀车间里的文化冲突

2014 年,我国汽车玻璃生产公司——福耀决定收购美国俄亥俄州原通用汽车旧工厂,改建成新工厂,雇用当地失业工人,使得当地经济有了极大改善。福耀的到来,解决了大批美国失业工人再就业问题。

> 但是让人没想到的是，福耀在美国却有一些"水土不服"。在福耀的车间里，已经出现了很大的文化冲突，一些工人质疑该公司是否真正想按照美式监督和美国标准来经营。他们不愿意加班、对薪资要求也高，因为加班他们不停地抱怨。正是因为这些不满，工会对福耀工厂展开了调查。
>
> 其实很多美国本土或者外资企业都在工会出现了问题。这些工会鼓励工人罢工，导致很多企业被拖垮。集团公司创始人、董事长曹德旺坚决顶住了工会的压力，通过宽松的薪资待遇，选择辞退一些不认真工作、喜欢闹事的工人，最终很好地解决了来自美国的文化挑战。
>
> 资料来源：李志军，当福耀玻璃撞上"文化墙"，2017年7月28日。

3.2 影响国际市场营销的主要社会文化因素

从文化的含义中，我们了解到文化覆盖了很多方面，其基本因素包括物质文化、风俗习惯、宗教信仰、教育水平、语言文字和社会组织等。

3.2.1 物质文化

物质文化是人类发明创造的技术和物质产品的现实存在和组合，用以满足人们衣、食、住、行需要的产品，以及生产这些产品的工具、设备和机器，还有生产这些产品的方式、工艺和技术等。

物质文化状态可以反映出一个国家的经济发展阶段以及人们物质生活的发展水平。该国的居民消费什么、如何消费，在很大程度上取决于该国的物质文化水平。一个国家是工业国家还是农业国家，是发达国家还是不发达国家，其判断依据就是该国的物质义化状态。物质文化不单单指"物质"，更重要的是强调一种文化或文明状态。

世界各国的物质文化差异，导致了各国需求水平和需求结构的极大差别。在进入国际市场之前，国际营销人员必须首先了解目标地的物质文化的现状和特点，评估该国的各种物质文化因素，如交通运输状况、通信系统、动力系统、住房、保健条件等，得出营销何种产品才能最佳地适应东道国的物质文化环境和产业结构要求的结论，最后选择确定合理的营销方案。

产品能否为当地市场所接受，这一点常常受东道国物质文化要素的限制。例如，在电力供应不足的地区，家用电器可能就没有市场。巴西和巴基斯坦虽然都是发展中国家，但通过对其物质文化进行调查研究表明，两国的需求还是很不一样的：巴西比较发达一些，对电视机等产品的需求量比较大；巴基斯坦由于农业占很大比重，因此对农具的需求量较大。电动牙刷、电动切肉刀在美国很畅销，但在一些发展中国家却卖不掉，因为人们将其视为高级消费品，在现有的物质文化条件下，他们宁愿将可支配的有限收入用在一些更有实际意义的项目上，如改善住房、吃饭、穿衣等。20世纪90年代初，意大利一家体育用品公司带了一批昂贵的体育器材来参加我国上海举行的体育器材和用品博览会。以当时的物质文化水平和人们的消费水平来说，这是一种奢侈品，自然无人购买。

除了产品策略外，企业的其他营销策略也受物质文化的影响。在广告宣传方面，企业必须了解东道国传播媒介的方式和完善程度，掌握该国电视、广播、报纸、杂志等传媒的普及率和有效性；在渠道方面，东道国商业基础设施和机构的完善程度不同，批发与零售的网络各异，要合理利用当地营销机构做好分销，也必须对这方面的物质文化状况进行全面了解。因此，国际企业若想在国际市场上取得成功，前提条件是要了解其物质文化水平。

3.2.2 风俗习惯

风俗习惯是指个人或集体的传统风尚、礼节、习性，是特定社会文化区域内历代人们共同遵守的行为模式或规范。它对社会成员有一种非常强烈的行为制约作用。风俗习惯主要体现在人们的饮食、服饰、居住、婚丧、节日、道德伦理、心理、行为方式和生活习惯等方面。我国有句古语——"入境而问禁，入国而问俗，入门而问讳"，了解目标市场消费者的禁忌、习俗、避讳、信仰、伦理观念等，是企业进行国际营销的重要前提。

在不同国家或地区，人们的时间观念往往不同。与欧美人约会，必须按时赴约，否则，他们会觉得受到了侮辱；非洲人认为时间是有伸缩性的，严格地限定时间就会引起他们的猜疑。

各国或地区的饮食习惯不同，相应地对一些商品的需要就不同。中国人制作米饭、馒头一般用蒸锅、电饭锅等，而西方人制作主食则主要用电烤箱、微波炉等。饮食习惯的差别，决定了购买商品的品种结构不同。

图案和颜色的使用也要注意不同国家或地区的习惯。例如，在罗马尼亚三角形和环形的图案会吸引消费者，在柏林方形比圆形"吃香"，带六角形的包装不能向中东地区出口，凡是猪或猪形状的图案对伊斯兰教国家都不适宜。龙在中国和很多中东国家都有着较为美好的象征意义，但是在西方国家却被视为邪恶的化身。再如，中国人喜欢荷花，认为它出淤泥而不染，但日本人只是在丧事上使用它。颜色上也要注意，有的国家认为红色是吉祥之兆，有的国家则认为红色是妖魔或者死亡的代表；希腊人和泰国人视黄色为吉祥色，而中东人则视黄色为死亡之意。

除数字本身的意义以外，不同国家或地区的人们对于某些数字往往有喜好和禁忌之分。例如有的认为某些数字吉利：我国和非洲许多国家传统上喜欢双数；日本人喜用三或五为一套；西方人习惯以"打"（Dozen）为计数单位；我国不少地区认为"8"是幸运数字。特别值得注意的是，不同地区对某些数字的禁忌：在我国、日本、韩国等一些东方国家，不少人把"4"视为预示厄运的数字；由于宗教的原因，很多印度教教徒不喜欢"8"，在印度的占星术里，第8宫代表着死亡，因此在日常的交际中，印度人通常会避讳使用"8"这个数字；"13"这个数字在信奉基督教的国家里最让人们忌讳，在这些国家，很多宾馆、办公大厦没有第13层，12层上面就是14层。开展国际市场营销时，经常要与数字打交道，比如商品计价、商品编配、宴请人数等，要警惕不能忽视这些细节。

3.2.3 宗教信仰

宗教是文化的一个重要方面，它影响着人们的消费行为、社交方式、穿着举止、经商风格、价值观、在社会中处理冲突的方式，以及人们对时间、财富、变化、风险的态度。据统计：2022年世界上信仰人数最多的宗教是基督教，共有23.82亿信徒，占世界总人口数的31.11%；第二大宗教是伊斯兰教，有19.07亿信徒，占世界总人口数的24.9%；第三大宗教是印度教，拥有11.61亿信徒，占世界总人口数的15.16%；佛教是世界第四大宗教，拥有5.06亿信徒。佛教立国的虽说只有泰国、缅甸、柬埔寨等国，但佛教在南亚、日本和我国均有广泛影响。企业要在其国际市场营销活动中充分认识到宗教信仰对企业营销的影响，尊重东道国的宗教信仰和观念，充分利用营销契机，巧妙规避风险。具体来说，宗教信仰对企业国际市场营销的影响主要体现在如下几个方面。

（1）宗教节日是消费品销售的最好时机

各个宗教有着各具特色的宗教节日，在这些节日上人们往往要进行一些庆祝活动，准备各种与庆典相关的食品、装饰、服装等。相关企业如果能够充分了解当地的宗教习俗，就可以抓住商品的旺销季节。比如，基督教的盛大节日是圣诞节，在西方的大多数国家，圣诞节前夕是消费者的购买高峰。印度每到洒红节时，颜料都会热销。在东方，中国、朝鲜、越南等在春节前也习惯于大量购买各种商品。在中东国家，朝圣季节是消费品生意最好的时期，因为当地人习惯于在前往麦加参拜时，购买家庭用品或衣服等。

（2）宗教戒律和文化倾向影响着人们的消费行为

每个宗教及教派都有与自身相关的戒律规定和禁忌事项。例如，印度教视牛为神明，其教徒不仅不吃牛肉，而且忌讳用牛皮制成的皮鞋、皮带等与牛相关的产品；犹太教则禁食猪肉和水生贝壳类动物；伊斯兰教禁食猪肉、禁饮酒，所以猪肉食品和烈性酒的制造厂家在开拓国际市场时，不能选择伊斯兰教国家。因此，企业在国际市场营销中，特别是在宗教色彩较强的国家或地区，如果不注意回避当地的宗教禁忌，将会遭遇失败。比如，2001年印度教徒将麦当劳告上法庭，原因是麦当劳的炸薯条中含有牛油。在印度教的经典中，牛是湿婆大神的坐骑，神圣无比，杀牛、吃牛肉都是对印度教的亵渎。相反，如果企业能够尊重当地的宗教习俗，并依此进行产品的设计和推销，将会事半功倍。例如，日本精工公司适应伊斯兰教教徒的需求，发明了一种新式、新功能的"穆斯林"手表。这种手表能把世界各地140个城市的时间，自动地转换成伊斯兰教圣地——麦加的时间，还能每天鸣叫5次，提醒手表佩戴者按时祈祷，并确保他们在世界的任何角落都能面朝圣地。这种手表一问世，立即受到伊斯兰教教徒的欢迎。

（3）宗教分裂导致的政治风险将会影响企业营销

宗教分裂是最常见的政治风险之一。不同宗教之间的对立以及同一宗教不同教派之间的对立，都会给国际市场营销带来诸多困难。不同的教派可能会把市场分成几个层面，企业要占领东道国市场，就不得不根据产品特点，迎合不同教派的要求，制定不同的国际营销策略。

3.2.4 教育水平

教育是社会文化的一个重要因素。从宏观层面看，各国教育与经济发展水平之间存在显著的正相关关系，教育为经济发展提供高水平的人力资本和生产技术，而经济发展又为教育经费投入提供了保障条件。国民接受教育的程度、教育水平的高低在很大程度上决定了国民的知识技能、价值观念和生活方式，进而在一定程度上决定了一个国家经济的发展状况及潜力。衡量一国教育水平高低的主要指标是识字率和入学率等。

（1）识字率

从传统意义上来说，识字是指读书和写字的能力水平达到可以沟通的能力。识字率为一个国家当中，15岁以上成年人能读写文字的人的比率，就目前而言，全球平均识字率正在增长，但是世界上依然有不少失学的人口。识字率能反映出一个国家教育普及的程度，也可以反映出一个国家的发展水平。另外，识字率的增长和国民义务教育的实施以及印刷术的普及等也有着关联。一般来说，经济越发达，识字率越高。在发展中国家，识字率呈现上升趋势，发达国家的识字率基本上保持稳定，但是近年来，许多发达国家反倒开始出现识字率倒退的现象。按照世界银行公布的2021年度15岁以上人口各个国家和地区的识字率，世界平均水平为87%，乌克兰的识字率达100%，美国、日本、德国、法国等大部分发达国家的识字率达95%以上，我国的识字率为97%，而乍得等世界上较贫穷的国家，识字率不到30%。

（2）入学率

根据发达国家教育现代化进程的历史经验和联合国在近些年发布的《全球人类发展报告》中提出的教育指标，教育水平最重要的数量指标是"教育综合入学率"（指初等、中等和高等教育三级综合入学率）和"劳动年龄人口平均受教育年限"。《全球教育监测报告》显示，从初等教育入学率的角度看，2020年，全球平均水平为76.5%，高收入国家为97.4%，中高收入国家为88.5%，中低收入国家为75.2%，低收入国家为34.1%。从高等教育入学率的角度看，2020年世界平均水平为40%，高收入国家为78%，中高收入国家为54%，中等收入国家为36%，中低收入国家为34%，综上，近一半的国家在50%左右，低收入国家在9%左右。我国城乡免费九年义务教育全面实现，确保了所有义务教育阶段适龄儿童、少年都能有学上。义务教育普及巩固水平进一步提高，2021年全国义务教育巩固率达95.4%。高等教育毛入学率从2012年的30%，提高至2021年的57.8%，高等教育进入普及化发展阶段。

结合对营销目标国当地教育水平的调查了解，企业在国际市场营销中应该注意以下事项。

1）在产品细分方面。一般来说，在教育水平高的国家，市场需要的商品一般具有先进、精密、复杂、多功能等方面的特点，消费者看重产品的质量和品牌，并且还有个性化要求。在教育水平低的国家，对产品质量要求相对较低，高技术、高性能的产品因缺乏一定的知识基础而难以掌握，因此市场需要的商品应具有操作使用简便、保养维修容易、功能单一等方面的特点。

2）在企业营销方面。在受教育程度较高的目标国，企业的营销方案和广告宣传要有一定的文化品位，知识含量应尽量符合营销目标国人们的文化欣赏习惯和审美要求；相反，对教育水平较低的营销目标国，其广告等营销手段要尽可能清楚、明白、形象化而不至于造成歧义性理解，广告信息方面应多偏向于图案、颜色和声响。

3）从拓展国外市场的角度看，如果营销目标国的教育程度低，企业就要派较多的人员到该国发展业务，不能过分倚重该国的人才。此外，在市场调研方面也会遭遇不同的情况。在受教育程度较低的国家，首先，由于该国的统计工作往往较差，可供利用的二手资料少，使得企业在收集市场信息方面的成本增加，工作量加大；其次，企业难以在当地找到合适的调研机构和调研人员；最后，由于当地的识字率普遍较低，企业无法通过问卷调查获取所需要的信息，并且在与被调查者沟通时的难度也增大，影响调研的进度，这样会影响企业对当地市场的研判，不利于做出正确的营销决策。

3.2.5 语言文字

语言文字是文化的载体，也是文化的要素之一。企业在开展国际市场营销活动时，应充分重视对语言文字的研究。人类的思想几乎都要通过所使用的文字、说话方式或非口头形式的身体语言（眼神、姿态等）来进行交流。世界各国的语言非常复杂，联合国教科文组织2009年发布的世界语言图谱表示，全世界尚存的6 900种语言当中，大约有2 500种语言处于濒危局面。另外，有些国家还使用几种语言文字，如加拿大主要使用英、法两种语言；瑞士主要使用三种语言；南美国家虽通行西班牙语，但土著语言有十几种；卢森堡人口虽然只有30多万，使用的官方语言却有卢森堡语、法语和德语三种。英语是世界最流行的商业文字，但法国、德国却提倡使用法文和德文以示民族尊严。日本商人不喜欢用日语草拟合同，因为日语太含混，不能精确地表达意思，他们宁可用英语草拟合同，因为英语词汇具有具体、确切的意义。表3-1中列出了目前世界上使用人数最多的六种语言。

表3-1 世界上使用人数最多的六种语言

语种	汉语	英语	西班牙语	阿拉伯语	俄罗斯语	法语
使用人数（亿人）	12.84	10	4.75	4.4	3	2.85

资料来源：https://www.163.com/dy/article/EGDP6IAJ05376UU8.html。

（1）了解当地的语言习惯

在营销活动中，营销人员要依赖语言来和供应商、中间商、消费者和其他关系者进行有效的沟通。在语言的使用中，不同文化习惯各异。有些民族在语言交流时不直接表明其意，而往往话中有话，并依靠大量身体语言，十分含蓄；有些民族使用语言直截了当，表意清楚。前者如日本文化，后者如美国文化。所以，当日本人对你所提出的问题回答"是"时，别高兴得太早，因为这可能表示他同意、理解，也可能仅仅表明在注意听你说话，或干脆是在搪塞、敷衍你而已；而美国经理毫不客气的"NO"往往让其东方的合作伙伴感到不留情面。所以，在进行国际市场营销时营销人员不仅要能听懂当地的语言，还要熟悉当地人的语言习惯，才能既懂话中意，又能听清话外音。

（2）弄清各国语言的准确含义，以免错用错翻

同一种语言在不同的文化环境中适用情况也可能不同。例如，英美两国都使用英语，但有时同一个词语却表达不同的意思，或者表示某一意思时却存在着一定的差异。只有准确了解当地的语言才能更准确掌握市场信息，否则，语言文化的差异会使国际市场营销者的努力付诸东流。例如，日本有家生产蜡笔（Crayon）的公司，委托法国一家调查公司在法国做市场调查，可没想到，Crayon的法语意思是色笔，该调查公司误以色笔为调查标的，结果，大笔的调研费用花出去了，日本公司却没有得到自己想要的数据信息。

除此之外，语言也是产品本身的构成要素之一，例如商标、标签和使用说明等。营销中还应注意语言文字的翻译问题。翻译实际上是两种文化的交流，稍有不慎便可能出现错误。例如，美国通用汽车公司生产的"Nova"牌汽车在美国很畅销，但是销往拉丁美洲国家时却无人问津，原因是拉丁美洲许多国家都讲西班牙语，而"Nova"一词在西班牙语中意为"不动"。试想一下，谁愿意买"不动"牌汽车呢？百事可乐一则英语广告"Come Alive With Pepsi"在美国国内很受欢迎，其意为"百事可乐使您充满活力"，然而，换到了德国销售宣传时，这句受欢迎的广告语却变成了"喝了百事可乐，从坟墓中爬出来"，令人难以接受。可口可乐公司也闹出过类似的笑话，其最早进入我国时，将产品名称直译成"蚵蚵啃蜡"，让人迷惑，甚至反胃，以至于无人问津。后来，将产品名称翻译为"可口可乐"，表示可乐不仅好喝，而且喝了开心，因此在我国市场大受欢迎。我国企业在外销产品的文字翻译中也常出现错误，例如某一企业把"芳芳"牌唇膏产品直译为"Fang Fang Lipstick"向美国出口，而"Fang Fang"在英文中有"毒牙"的含义。我国企业又常常以"价廉物美"为自己商品的优势特征进行宣传，但如果把"价廉"直接翻译成英文"Cheap"的话，外国消费者就会理解为"劣等货"。以上这些情况都难以唤起甚至会败坏消费者的购买欲望。

（3）身体语言也不可忽视

除了嘴上说的、纸上写的，有时候我们还需要注意营销对象的身体语言，来更好地理解他们的意愿。身体语言作为非文字语言的沟通手段，可补充文字语言的未尽之意，也能流露出说话者的真实心意。有专家估计，人类交流中文字语言仅占30%左右。尽管一个人可以停止说话，但他会不经意地通过身体的习惯动作表达出内心真实的想法。各民族在其长期的发展过程中，往往形成独特的身体语言，有很强的区域性。了解身体语言，避免在直接接触中冒犯对方，更能有效地通过"察言观色"来发现对方的真实意图。例如，在伊斯兰国家不能用左手吃饭，在远东地区递交东西给对方时宜用双手。在世界上大部分地方，左右摆头表示"不"，但在印度则相反。美国经理在谈判成功后无意中用手指做出的象征"OK"的动作，在法国南部却表示这个买卖没什么价值，在日本这个动作则表示要一点贿赂，而在巴西则是粗野的表示。

3.2.6 社会组织

社会组织是指人们彼此之间、社会团体之间、人与社会团体之间的联系方式。在对社会组织的考察中，分析社会阶层、家庭规模和特点、妇女的角色和地位、群体行为等对国际市场营销活动的开展都意义重大。

家庭是社会生活的基本单位，一个社会是由无数的家庭所组成的。家庭的含义和规模在不同国家有较大差别。家庭规模的大小对那些以家庭为消费单位的产品的购买影响较大。在一国人口总数一定的条件下，如果家庭规模小，则家庭数量相对较多，以家庭为购买和消费对象的产品（如洗衣机、电冰箱、电视机、汽车、空调等）的市场需求量较大。相反，若人口一定，家庭规模较大，则家庭数量减少，市场对这种家庭耐用消费品及家饰用品等的需求量就相应较少，市场销售必然受到影响。产品的大小和包装也要适应不同的情况。例如，供应意大利市场的洗衣机、洗碗机、冰箱等体积都要比较大，因为他们的家庭规模比较大。

一个人在社会组织中的作用和地位在不同的国家也是不一样的，因而对消费也会产生不同影响。在许多国家，女性往往身兼数职，她可能是妻子、母亲、企业领导人或雇员，其中哪一个角色是主要的因国家而异。大多数瑞士妇女认为整理房间、洗衣服等家务劳动是妇女的本分，所以不愿使用那些减轻家务劳动的电器设备；而当代许多美国妇女却不愿被家务劳动所束缚，更热衷于请钟点工，使用各种先进的家用电器来减少做家务的时间，从而将时间用于参加社会活动。

营销聚焦　　　　　重要的不是礼物本身，而是如何送礼

如何在另一个国家得体地赠送礼物需要特别谨慎，以下建议仅供参考。

1）日本：除非应送礼者请求，否则千万不要当面打开礼物。日本人一般也不会当面打开你所送的礼物。礼物包扎应避免使用丝带和蝴蝶结，因为日本人不喜欢蝴蝶结，而丝带则因为颜色不同而有不同含义。此外，不能送与狐狸或与獾有关的礼物，因为它们被认为是贪婪狡诈的。

2）欧洲：不要赠送红玫瑰和白花。避免使用数字5或13，也不要用纸包扎鲜花。不要送贵重礼物，以免有行贿之嫌。

3）阿拉伯国家：初次见面时一般不要送礼，否则有行贿之嫌。除非熟知对方，否则不要私下向对方送礼，以免形成不好的印象。在公开场合应当着他人的面送礼。

4）拉美国家：除非是为了表达对主人好客的谢意，否则送礼应当是在私人交往有了一定的发展之后才能进行。送礼应在社交场合进行，而不要在工作时间进行。礼物应避免黑色或紫色，因为这两种颜色与天主教的一些仪式有关。

5）中国：公开场合不要提及送礼。除了宴会上的正式集体礼物以外，送礼一般应在私下进行。

6）俄罗斯：通常俄罗斯人喜欢送礼，收到礼物也会很高兴，因此，要多带上一些礼物。最好的办法是带些礼物给孩子。应邀到访俄罗斯人家时，最好带巧克力或者红酒，但不要带伏特加，带上一束鲜花也很不错。特别需要注意的是数量要凑单，双数用于葬礼。

7）美国：太夸张的礼物就算了，会引起不必要的误会和问题。

资料来源：涂永式、李青主编，《国际市场营销》，广州：广东高等教育出版社，2006。

本章小结

文化是人类社会不断进步探索过程中所创造和累积的物质财富和精神财富的总和。文化并非与生俱来，而是通过在一定的环境中不断学习而来，它对人们的行为有一定的约束性和限制性。各国社会文化存在的差异主要体现在物质文化、风俗习惯、宗教信仰、教育水平、语言文字和社会组织等多个方面。这些要素各自又包含很多具体的因素，各种文化要素都对国际市场营销活动产生相应的影响。因此，在国际市场营销中，营销主体一定要了解和熟悉东道国的社会文化，以免在营销过程中出现一些与当地文化相冲突违背的行为。适应当地的文化，投其所好，营销工作也能事半功倍，提高效率。

主要的名词术语

自我参照标准 Self-reference Standard
社会文化环境 Socio-cultural Environment
宗教 Religion
价值观 Values
风俗习惯 Customs

知识应用

◆ 练习题

1.（　　）是一种沟通体系，是生活方式的总和，提供了许多标准和规则，促进了社会成员的生存和发展。

A. 文明　　　　　　　　　　　　B. 规则
C. 文化　　　　　　　　　　　　D. 法律

2. 以下哪一项不属于文化的特征?（   ）
   A. 文化并非与生俱来,而是通过后天学习而得到的
   B. 文化有一种无形的力量,规范和制约人的行为
   C. 存在的文化必然是合理的文化
   D. 文化是人类适应主观环境的一种手段
3. 以下哪一项不是影响国际市场营销的主要社会文化因素?（   ）
   A. 物质文化   B. 价值观念   C. 政府政策   D. 社会组织
4. （   ）指个人或集体的传统风尚、礼节、习性,是特定社会文化区域内历代人们共同遵守的行为模式或规范。
   A. 物质文化   B. 价值观念   C. 风俗习惯   D. 社会组织
5. 宗教对企业国际营销的影响主要体现在哪些方面?（   ）
   A. 宗教节日是消费品销售的最好时机
   B. 宗教节日不是当地信教者聚会的时机
   C. 宗教戒律和文化倾向影响着人们的消费行为
   D. 宗教分裂导致的政治风险将会影响企业营销
6. 衡量一国教育水平高低的主要指标是识字率和（   ）。
   A. 入学率   B. 就业率   C. 出生率   D. 老龄化率
7. （   ）为一个国家当中,15岁以上成年人能读写文字的人的比率,就目前而言,全球平均识字率正在增加当中,但是世界上依然有不少失学的人口。
   A. 入学率   B. 识字率   C. 文盲率   D. 出生率
8. 从拓展国外市场的角度看,如果东道国的教育程度低,则（   ）。
   A. 企业就要派较多的人员到该国发展业务
   B. 企业就要派较少的人员到该国发展业务
   C. 企业在收集市场信息方面的成本增加
   D. 企业在收集市场信息方面的成本减少
9. 企业在开展国际市场营销活动时,在语言文字方面应该注意哪些方面?（   ）
   A. 了解当地的语言习惯
   B. 强化本国语言文字的植入
   C. 弄清各国语言的准确含义,以免错用错翻
   D. 身体语言也不可忽视
10. （   ）指人们彼此之间、社会团体之间、人与社会团体之间的联系方式。
    A. 家庭   B. 公司   C. 社会组织   D. 政府

◆ 思考题

1. 文化的含义是什么?文化有何特征?
2. 文化对国际市场营销的意义是什么?
3. 简述影响国际市场营销的社会文化因素的构成。
4. 物质文化因素对国际市场营销的影响主要表现在哪些方面?
5. 风俗习惯对国际市场营销的影响主要表现在哪些方面?

6. 宗教信仰因素对国际市场营销的影响主要表现在哪些方面？
7. 教育水平对国际市场营销的影响主要表现在哪些方面？
8. 语言文字对国际市场营销的影响主要表现在哪些方面？
9. 社会组织对国际市场营销的影响主要表现在哪些方面？

◆ **实务题**

中东某个国家的医药公司同我国重庆某制药企业签订协议，进口我国的止咳糖1 000箱。该产品质量优良，按时交货，但对方公司最后拒绝履行营销协议，并提出赔偿。中方企业的错误主要在于有某女电影演员作为药品外包装图案。请你根据所学的与营销环境分析相关的知识，说明中方为什么会遭受全部损失。

案例讨论

海底捞美国受挫的原因

在国内火爆异常的火锅连锁品牌海底捞于2013年秋天在美国南加州阿卡迪亚开了一家海外分店。虽然海底捞在新加坡已经有了几家分店，但是远跨大洋开到美国的分店还真是头一家。张勇是海底捞的创始人，虽然他很谨慎地选择了阿卡迪亚这个华人聚集区，但是海底捞的"美国梦"并不如想象中那么顺利。

海底捞创建于1994年，当时创业资本只有1万元。张勇在四川简阳开了第一家海底捞。发展至今，海底捞以它独特的品牌形象和周到贴心的服务成为时尚川味火锅第一家。除去火锅店的本质，海底捞的"增值服务"可谓是其品牌的象征：客人在门口等位时可免费享受擦皮鞋、美甲、玩游戏等娱乐项目；入位后，服务员更是无微不至，包括提供保护手机的塑料袋、眼镜布等贴心赠品，更有欢快的甩面舞供客人欣赏。

可是，这一系列的"特殊服务"并不被美国客人接受。我国的大众点评网上海底捞的评分可高达满分5分，而美国的点评网站Yelp.com上海底捞的评分却只有3分（满分5分）。很多美国顾客反映海底捞的价格偏高，而且觉得店里的服务员并没有训练有素甚至没有能力应对排队人群。还有评价说海底捞在美国应该定价稍低，因为美国的文化中客人是要给小费的。另外，店里的饭后甜点竟然是咸味的，也很难被美国人接受。

事实上，海底捞在美国的麻烦事儿在第一家分店开张前就已经发生。2013年7月，当地一家媒体就报道过海底捞的木工曾在其门店建筑工地上打出"Shame on Haidilao"的示威条幅，原因是海底捞雇用非工会的工人。海底捞一直以员工待遇好而著称，这无疑是对海底捞的巨大挑战。

海底捞的优质食物、顾客至上、服务周到的经营理念似乎不适合美国的文化理念。但究其坎坷的跨国之路的原因主要还是发展战略的错误定位。

首先，海底捞给美国人的印象是便宜、不太讲究、服务态度差，甚至连多要调味料还要收费，让美国人花大价钱吃一顿中式火锅且只是为了体验周到的服务似乎并不是那么有吸引力。

其次，美国人通常不习惯放有太多调味料的东西，而川式火锅底料却含有大量的辣椒、花椒等调味料，突然让美国人改变自己的饮食习惯不是一件容易的事。

再次，海底捞没有英文菜单和英文电话预订服务。要知道火锅在美国可并不陌生，尤其是在加利福尼亚州，各种美食应有尽有，但就是没有哪家店是没有英文菜单的。小肥羊在美国开了12家门店，从开业伊始就是中英文菜单。

最后，在我国，海底捞的员工福利、薪资和待遇普遍被人们认可，丰厚的薪资和免费的食宿吸引了很多来海底捞工作的优秀人才，他们在这里不是寻求打零工的机会，更多的是想要在餐饮业有一个很好的职业发展路线。可是在美国，很多在餐馆打工的人只是为了挣一些零用钱，也没有一个稳定的职业规划，自然也不会对企业有忠诚感和上进心，因此海底捞的美国门店的服务质量也就大打折扣。

其实，海底捞的选址还是值得称赞的，阿卡迪亚在洛杉矶地区是富人区，亚洲人占将近50%，鼎泰丰、卢记火锅、北京烤鸭店都开在这里。海底捞还选择落户在城市的商业中心，自然不缺人流量。但每位约40美元的价格也是吃过的食客抱怨的另一个大问题。相比美国当地人的其他生活费用，吃的东西最便宜，在普通餐馆人均消费20美元可以吃得很不错。小肥羊、卢记火锅这样的火锅店，人均消费水平也不过如此，而且在午餐的时候都会推出"午餐特价"。海底捞人均消费40美元，同样价格在美国可以吃牛排套餐、龙虾套餐，还赠送餐前小菜或甜品。

虽然海底捞的"美国梦"并不是一帆风顺，但是张勇与其团队仍在努力地开拓海外市场，海底捞的故事并不会就此结束。

资料来源：中国企业家，海底捞美国受挫的三大原因，2014年3月26日。

问题：

1. 海底捞为什么会在美国受挫？
2. 海底捞能够通过哪些方式改善其在美国的状况？
3. 结合案例，谈谈开拓海外市场时需要注意的问题。

第4章
影响国际市场营销的其他环境要素

夏有乱政,而作《禹刑》;商有乱政,而作《汤刑》,周有乱政,而作《九刑》,三辟之兴,皆叔世也。

——《左传》

本章学习要求

1. 认识国际市场营销与政治环境之间的关系
2. 理解国际政治环境各要素及其对企业国际市场营销活动的影响
3. 理解降低东道国政治风险对国际市场营销企业影响的策略
4. 认识国际市场营销与法律环境之间的关系
5. 了解基本的国际条约和国际惯例的内涵
6. 认识东道国的相关法律对于企业国际市场营销策略组合方面的影响
7. 掌握国际商务争端的解决途径
8. 掌握科学技术环境的含义
9. 认识科学技术环境同国际市场营销之间的关系

引导案例

20世纪60年代,日本、美国之间开始发生经济摩擦。70年代以后,这种摩擦日益升级,不断爆发商业大战。面对日货对美国市场的冲击,美国采取了种种限制措施,但仍抵挡不住日货的侵入,进入美国市场的日货有增无减。这在汽车行业表现最为突出。1973年,日本汽车出口量超过了美国,居世界首位。1979年,有1/5的日本汽车出口到美国。1984年,在美国的日产汽车超过180万辆,而在日本的美国汽车只有2400辆,美国汽车大王亨利·福特不禁惊呼:"美国正面临经济上的珍珠港!"

日货大量涌入美国的原因很多,其中一个重要原因是日本企业及政府重视"公关"的作用。它们为了获取美国的重要情报,不惜重金聘请美国要人充当日本的"公关先生"。

除了美国的新闻工作者、学者专家、政府顾问和宣传活动家外，被聘者还有离职的美国政府高级官员。这些官员熟悉官场渠道，了解现任官员的情况，办事能力强，成功率极高。1986年，有76名前联邦官员注册登记为"外国利益走廊客"，其中有8人曾担任过美国总统的特别助理，专门为日本政府及企业奔走在国会两院和政府之间。这种做法是美国法律允许的。1990年，日本雇请了92名美国有影响的人物开展公关活动。他们的工作极有成效，为日本企业谋取了巨大利益。

1981年，经日美首脑会谈达成协议，允许日本每年向美国出口168万辆汽车，不得超过这个总量。但在这些汽车中，由于类别不同，关税也不一样，轿车关税率为2.5%，卡车则高达25%。从经济情报中得知，美国家庭兴起将轻型卡车当作家用车使用，并且市场需求日益增加，比轿车好销得多。如果轻型卡车能按照轿车的关税率出口，将会获得更为惊人的利润。在美国关税法中没有明确规定轻型卡车是属于卡车类还是轿车类。不过，按照常规，它应该属于卡车类。1988年，日本的汽车厂家为向美国多出口轻型卡车，同时少缴纳关税，就聘用了一些有实力的"走廊客"展开公关活动。其中，铃木汽车公司聘用了前白宫贸易谈判代表团顾问约翰·莱姆向国会两院展开攻势。1988年夏天，美国海关总署署长威廉·邦·拉布收到30名众议员和11名参议员共同签名的信件，内容是反对海关总署把轻型卡车分类为卡车，理由是这样分类不符合关税法。随后，共和党议员英霍夫将拉布邀请到自己办事处商谈，在场的还有约翰·莱姆，但拉布立即拒绝了这一要求。1989年1月4日，美国海关总署做出不能将轻型卡车作为轿车类的决定。日本政府闻讯后，立即在当月召开的西方七国财长和银行行长会议上要求美国财政部长重新考虑海关总署的决定。在日本政府的压力和"走廊客"的斡旋下，美国财政部搁置了海关总署的决定。日本汽车公司和政府乘胜活动，发动大批"走廊客"和新闻记者频繁会见白宫、美国贸易代表局和财政部有关官员，并向消费者制造舆论：若按海关总署的决定，将会抬高轻型卡车的价格，从而损害消费者的利益，日本还发动全美汽车进口业者向国会递交抗议信和陈情书。日政府及时向美政府非正式表示：美国政府不受欢迎的决定将大大损害日美关系。虽然美国三大汽车公司董事长联手向布什总统和议员递交了信件，要求维护海关总署的决定，但日本人重金聘用大批代理人大肆游说美国政府，对其造成内外夹攻之势，导致美国财政部终于取消了海关总署的决定，同意轻型卡车按轿车分类。

资料来源：申万宏源宏观，回望1981年贸易代表东京会谈，可以说不吗？2018年5月5日。

4.1 国际市场营销的政治环境

国际市场营销的政治环境是指各种直接或间接影响和制约国际市场营销的政治因素的集合。企业从事国际市场营销活动所面临的政治环境可以划分为两个不同的层次：一是从全球层面考察的国际政治环境；二是从国别层面考察的东道国政治环境。

当今国际政治风云变幻，政治气候瞬息万变，如巴以冲突等，都使国际政治处于不稳定之中。总体来说，不稳定的国际政治环境不利于国际市场营销活动的进行。国际市场营销企业在开拓海外市场、从事国际市场营销活动时，必须充分了解国际政治大气候，事先尽量预测国际政治环境可能发生的变化，以捕捉机会、避免风险、实现企业的营销目标。

当今世界不仅是一个相互融合影响的整体，也是一个个独立的主权国家所组成，每个国家有着各具特色的政治环境。在国际市场营销中，我们不仅要了解国际政治环境的大气候，还需要对营销目标国（即东道国）的政治环境和政治风险有充分了解。东道国政府对于外国产品、企业与投资的政策与态度和对外国企业营销活动的控制或限制程度，都会对国际市场营销活动产生直接或间接的影响。东道国政府甚至会对外国企业采取极端的政治干预形式，如没收和征用，这对于企业来说是灾难性的。

4.1.1 政治体制

政治体制一般是指一个国家政府的组织结构和管理体制及相关法律和制度，简称政体。它在很大程度上决定了一个国家政府的性质与行为特征。根据政治体制的不同，政府类型可以分为专制政治和民主政治。不同政治体制的国家，其国家管理方式也不一样，从而对国际营销活动产生不同的影响，因此在进入一国市场之前，势必要了解清楚当地的政治体制。

专制政治包括君主专制和独裁专制。仍然保留并实行君主专制的国家已经不多，在全世界范围内仅有6个，分别是文莱、沙特阿拉伯、卡塔尔、阿曼、斯威士兰和梵蒂冈。

民主政治又可分为君主立宪制和民主共和制两种。目前世界上绝大部分国家实行的是民主共和制。

1）在君主立宪制国家，君主的权力受到宪法的限制。君主立宪制又可分为议会制和二元制。英国、荷兰、西班牙等国是议会制，君主只具有象征意义，不直接行使国家最高权力，而由内阁掌握行政权力并对议会负责。约旦、摩洛哥等国是二元制，政府和议会分掌权力，但君主是最高统治者，享有全部的执行权，君主任命政府部长，部长只对君主负责。

2）资本主义民主共和制可分为议会共和制和总统共和制。在议会共和制国家，议会行使国家最高权力，政府对议会负责。意大利及北欧诸国都属此类国家。在总统共和制国家，国家最高权力属于总统，总统既是国家元首，也是政府首脑，由总统任命的政府只对总统负责。美国就是总统共和制国家的典型例子。

4.1.2 政府在经济中所扮演的角色

不同国家的政府在经济中所扮演的角色也存在一些差别，总体来说，政府要么作为参与者出现，要么作为政策制定者发挥作用。

1）参与者。政府作为国家经济的参与者，其参与程度与该国市场的开放程度有关。在一些市场开放程度低的国家，由于缺乏私人部门和企业，政府拥有大多数企业的所有权，政企不分，企业的生产经营权都掌握在政府手中，政府参与国家经济的程度较高；在市场开放程度高的国家，如西方发达国家，政府很少拥有企业所有权，私营企业多，政府参与国家经济的程度低。

政府参与国家经济的形式主要有两种：一是政府拥有企业的所有权，可以独享或拥有部分所有权，由此直接参与企业经营活动；二是政府以消费者的形式出现，成为企业产品和劳务的购买者。比如，2021年，日本政府支出约占GDP的22%，美国政府支出约占34%，瑞典政府支出约占33%。

2）政策制定者。各国政府往往通过其制定的经济政策、贸易法令、条例规章和税则税率等来实现其一国的经济目标，对此企业应有足够的了解和估计，否则就会影响企业营销的成效。例如，美国和欧盟的贸易方针政策中的纺织品配额限制、非关税壁垒等，对我国企业开展国际市场营销影响较大。

开展国际市场营销活动的企业关注政府在经济活动中的作用大小，以便寻找市场和机会。比如，某些特定的事业由政府独家经营，被政府垄断，外国企业就没有机会；反之，没有被政府垄断的事业，给外国企业提供了机会。

4.1.3　政党制度

政党制度是一个国家的政党行使政权或干预政治的各种形式的统称。政党在国家经济中担当着十分重要的角色，有些国家的政党甚至会决定政府对内对外的各项政策。目前，全球范围内主要存在三种基本的政党制度形式：两党制、多党制和一党制。

两党制是指势均力敌的两个政党相互轮流控制政府的体制。执政党通过竞选获得执政的权力，落选的政党则成为在野党。英国和美国就是两党制国家。由于两党的指导思想、国民基础的特点、代表的利益集团等不同，两党的政治主张也各不相同，因此它们之间的轮流执政对外国企业营销活动的影响要比对本国企业的影响大得多。比如，英国的工党主张对外国企业采取限制的政策，而保守党则主张自由贸易政策，对外国企业的进入持积极欢迎态度。当然，各党的政治主张及执政政策并非一成不变，如执政党为了与在野党达成某种妥协而对政策做些调整，执政党也会根据本国经济的发展状况调整其贸易政策等。

多党制是指由几个政党联合执政的政党体制。在多党制国家，没有一个政党强大到足以独立控制政府，政府是由各党相互妥协联合而形成的。与两党制相比，多党制政府的更换和联合变化更为频繁，因为各政党的主张互不相同，政策也就难以统一。意大利、比利时、荷兰、法国、以色列等都属于多党制国家。

一党制是指一个国家只有一个政党占支配地位并控制政府的政党体制。在一党制国家，虽有若干个政党，但能够控制政府执政的政党只有一个，其他政党没有执政的机会。在一党制国家，执政党的指导思想和主张直接决定着政府的政策，但非执政党的某些主张也可能为政府所采用。一般来说，一党制国家的政策稳定性比较高。

国际市场营销人员必须了解东道国的政党体制，了解各政党的主张，因为执政党为了求得政局的安定与社会的稳定，会在不同程度上采纳其他党派的政策主张，这样每个政党的主张都会对政府政策的制定产生影响。这有利于企业开展国际市场营销活动，避免政治障碍，实现预期的营销目标。

4.1.4 政治的稳定性

在分析某个国家的政治气候时,企业不仅要考虑现有政府的现行政策,还应考虑到较长时间内可能发生的政治变化,以及由于这种变化所带来的经济政策的变化,尤其是对外国政府、企业和产品政策的变化,以便能及时调整策略和采取相应的对策。

对于从事国际营销活动的企业来说,东道国政府政策的稳定与否关系重大,因为企业制定的国际策略、战略及其实施,是以东道国政府政策的相对稳定为前提的。为了适应国内外环境的变化,一国政府的政策始终处于变化和发展过程中,如果这种变化是渐进的,而且是可以预见的,企业就有足够的时间进行策略调整,那么该国政府政策是稳定的。倘若这种变化具有突发性,变化剧烈而又无法预料,那么我们把这种政策的根本性剧变定义为不稳定性。国际市场营销过程中,政府政策的不稳定性存在下列几种情况。

(1)政权的频繁更替

如果国家政权频频易手,政变时起,就极易引起政策的不稳定。在政府政策变化中,有时可能会将外国企业当作替罪羊。不管哪个政府执政,国际市场营销者关心的是法规或行为准则的连续性,以及依法治国的延续性。政府的更换虽然并不一定意味着发生了政治风险,但始终是将企业的经营活动置于一种不稳定的因素之中,极可能影响企业利益。例如1965年,印度尼西亚发生军事政变,把威名赫赫的苏加诺赶下台。印度尼西亚的经济政策发生重大变化,一些与印度尼西亚有贸易往来的国家和地区遭受了巨大的损失,唯独日本在印度尼西亚政变前半个月,通过其发达的政治经济情报得知了这个绝密的消息,采取了紧急措施。因此,政变发生后,日本在印度尼西亚的经济损失最小。

(2)治安混乱、频繁发生暴力事件和游行示威等

即使目前没有发生暴力事件,只要东道国存在严重的社会问题,潜在的动荡也在所难免。例如,1979年以前的伊朗曾被认为是中东地区最稳定的国家,但由于潜藏着严重的社会不平等问题和尖锐的宗教矛盾,最终导致宗教革命爆发,建立了新的政权。2011年利比亚局势变动对其他国家在该国的投资产生了负面影响。

(3)文化分裂

如果一国之内存在着文化不同的地区,关系处理不好,就会成为动乱之源。例如,比利时、加拿大等国就曾出现过不同语言使用者之间的矛盾和冲突。当然,也有处理得较好的范例,如瑞士和新加坡。这种矛盾在发展中国家往往表现得更为尖锐一些,如印度、巴基斯坦等国都为这种不同语言集团之间的冲突所困扰。

4.1.5 政府的干预

政府的干预涉及以下6个方面。

1. 国有化

所谓国有化，就是政府将外国人投资的企业收归国有，包括给予补偿的征用和不给予补偿的没收两种。按照国际法的规定，东道国政府在征用外国企业的资产时，应给予及时而足够的补偿，补偿金必须是可以兑换的货币。但在通常情况下，补偿金的额度要小于国外企业资产的总额，有些补偿甚至只具有象征性。东道国政府之所以采取这些措施，是认为该行业对国家的国防、国家主权、国民福利、经济增长至关重要，不能掌握在外国企业的手中。一般来说，最容易国有化的行业包括公共事业和某些自然资源的开采业，如交通运输、煤炭、石油等。

在历史上东道国政府采取这种措施的事例颇多。著名的有墨西哥政府于1937年接管外资控制的铁路业，1938年又将其境内的外国石油公司全部收归国有。危地马拉于1953年没收外国拥有的香蕉园。1951年伊朗政府将英伊石油公司收归国有。1962年，巴西政府接收美国国讯电信公司及另一电力公司在当地的投资事业。1969年，秘鲁政府没收了美国标准石油公司在该国的资产。古巴更为激烈，于1960年宣布将美国公民在古巴的产业都收归国有。

不过，近年来，东道国对外国企业资产的没收与征用出现减少的趋势。究其原因，一是没收和征用打击了外国企业的信心，使它们不敢贸然投资，而外国投资对于发展东道国经济是有利的，甚至是必需的；二是被没收和征用的企业的国家会施加经济压力和采取对应的制裁措施；三是外国企业积极改善与东道国的关系。尽管没收和征用的危险性减小，但威胁依然存在，并仍然是国际市场营销的首要政治风险。

2. 外汇管制

外汇管制是指一国政府对外汇买卖、外汇汇率、外汇汇出及国际结算等进行管理和限制。外汇管制的主要目的是促进国际收支平衡，防止资金外流，加强外汇储备与维持货币信用的稳定。这一行为对国际市场营销企业造成的影响主要表现在：一是企业所得全部或部分利润、资本不能从进口国汇回母国公司；二是进口国实行差别汇率或汇率发生变动，使国际企业的利润有可能遭受损失；三是企业生产所需的原料、设备和零部件不能自由地从国外进口，因为市场国政府限制企业自由买进外汇。因此，企业在开展国际营销之前，必须了解市场国外汇管制的各项措施，搞清楚该国是否实行差别汇率制，并预测汇率可能发生的变动，以避免外汇管制带来的风险。通常情况下，经济比较发达的国家对外汇管制的程度较松；发展中国家则较多采取比较严格的外汇管制措施。

3. 进口限制

进口限制是指一个国家或地区出于某些原因而做出的不准某些外国产品进入本国，或对进入本国市场的产品做出的质量、数量、品种、规格等方面的限制。具体的手段包括进口许可证制，进口配额，复杂的海关手续，过严的卫生、安全、技术质量标准，特定的包装装潢条例，等等，名目繁多，不胜枚举。

东道国对原料、机器和零部件的进口有选择地实行限制，可以迫使设在本国的外国公司多购买本国产品，从而为本国工业开辟市场，这也是一种常用的策略。例如，巴西政府就曾采用这一方法，规定进口商品若想取得进口巴西的许可证，就必须在进口之前360天内缴纳进口抵押款。这项规定的直接结果是使进口成本至少提高50%。虽然这样做可以扶植本国工业的发展，但往往削弱或者中断了成熟工业部门的正常生产。当国内无足够可靠货源时，问题变得更为尖锐。此外，在一些发达国家，为了限制其他国家商品过多地进入本国，经常采用修改商品卫生检疫、包装要求等手段。

4. 税收管制

税收是一国政府凭借其政治权力，强制性、无偿性地参与社会产品分配的一种手段。当税收被用作一种手段来控制国际市场营销企业时，它便成为一种政治风险。东道国政府对国际市场营销企业征收超额的赋税，主要有两个目的：一是通过税收增加政府的财政收入；二是通过差别税收来限制国际市场营销企业的发展。从国际税收来看，境外很多国家在进行税制改革，加强和提升征管手段，国际反避税合作是大势所趋。特别是在后疫情时代，各国财政收入压力增大，我国"走出去"企业大多成了东道国当地的重点税源，相关税务检查和稽查频繁，我国"走出去"企业所面临的税务风险日益凸显。有些"走出去"企业在项目投标前期，或由于调研期间经费不足，或出于节省费用的考虑，往往以免费获得财税资讯为参考，并没有深入了解和把握东道国（项目所在国）的详细税法规定。有的尽管在当地做了一些调研，但是没有随着东道国税法的修订和改变进行及时更新。由于很多东道国的税收法规与实操存在较大的差异，因此"走出去"企业仍需要投入人力和财力进行实地调研。

5. 价格控制

价格控制是指一个国家或地区的政府出于某种原因，对某些产品的价格水平做出强制性的规定。一个国家由于面临通货膨胀危机，政府往往会对重要物资、重要产品，尤其是日常生活用品，例如食品、药品、汽油、橡胶等，实行价格管制。政府实行价格管制的目的通常是维护本国公众的利益，保障公众的基本生活，但这种价格控制直接干预了企业的定价决策。不少国家对进口商品实行最高限价，减少进口商的利润以达到减少进口的目的；有的国家又对进口商品实行最低价格的限制，减小进口商品的市场竞争力或达到减少进口的目的。因此，价格管制也是保护政策的一种方式，在实行价格管制的国家开展国际市场营销就会遇到较大的困难。

有时东道国政府还会专门针对国外企业所提供的有价格优势的商品进行反倾销调查，用反倾销的相关法律和法规来保护本国的某种商品的优势或平等地位，使国外商品不能继续廉价销售。近几年，我国的棉纺织品、机电产品、家用电器、鞋类在美国、西欧国家先后多次遭到反倾销调查，并受到重罚，使我国对外营销遭受重大损失。我国也曾对外国的纸浆、木材等进行反倾销调查，对国内市场的本国产品给予及时保护。

6. 劳工限制

许多国家的政府对于劳动用工问题十分关注，对于国际市场营销企业，这一问题就变得更加敏感和易于触发。世界上很多国家工会的力量比较强大，有一定的政治影响力，往往能使政府制定严格的法规来限制外资企业的人事政策，例如不许任意解雇工人、共同分享利润、不许关闭工厂、限制聘用非东道国的技术工人等，从而构成了对劳动力使用的限制。在法国，人们认为社会必须充分就业，若失业人数稍有增加，尤其是遭到外资企业解雇而造成短期失业的人数增加，就会认为是国家危机。美国通用汽车在法国的分厂，曾欲解雇当地员工，被法国工业部长斥责为不负责的举措，并认为此举乃是对"社会契约"的悖逆。墨西哥的限制更为严格，该国不但不准外资企业临时解雇当地员工，更有一个由政府代表和劳工组织组成的国家委员会为本地劳工撑腰，制定法令，使劳工有权分享外资企业的利润。在美国，对外资企业工人的劳动时间有严格的规定，如果外资企业要延长劳动时间，必须先征得工人的同意，还要报当地劳工组织备案监督。因此，在国际市场营销中也要考虑东道国的劳动力使用问题。

综上所述，影响国际市场营销的政治因素包罗万象，牵涉面广。其各个方面都深刻地影响着企业的国际市场营销活动。因此，相关企业必须对相关国家的政治形势进行调查研究和分析，才能争取主动，避免损失。

4.1.6 减少政治风险的策略

除了力求与东道国的社会、经济目标相协调以及努力做一个优秀的企业公民外，跨国公司还可以通过利用其他策略，将政治脆弱性与政治风险降至最低。

1. 联合投资

国际市场营销企业要兼顾自身和东道国的利益，应把东道国经济发展的需要与自身企业的营销目标结合为一体。实力雄厚的企业，可以通过赞助等形式消除东道国的敌意和无根据的惧怕心理，主动与当地政府或代理商、合作商协调，取得东道国的理解与合作，合作的最好形式是联合投资。联合投资有三种方式。

一是与当地合伙人建立合资企业。这样可以与东道国企业建立依存关系，减少东道国对外国投资的疑惧和不满，同时东道国在对这些企业进行限制的时候也会有所顾虑。

二是与其他多国公司联合投资。这样可以增加公司向东道国讨价还价的力量。

三是联合几家银行对投资项目提供资金。其优点是一旦遭受政治风险，银行就会从自身利益出发，与东道国政府进行交涉，特别是银行有借款给东道国时，这种交涉的力量会更为有效。

2. 与东道国的企业形成相互依存关系

除了和东道国当地的企业进行合资经营之外，国际市场营销企业也可以选择与东道国的企业进行长期合作，建立紧密的相互依存关系。例如，美国西尔斯公司在拉丁美洲开拓业务的过程中就贯彻了这一方针,即在经销的产品中,至少有20%的产品是当地厂商制造的。现在,西尔斯公司经销的产品中,当地厂商制造的产品已占90%,大约1 000家当地厂商向西尔斯公司供货,它们的生存与发展完全依赖西尔斯公司的存在。

3. 保险

保险是一种转移风险的常用手段。尽管保险需要付出代价,但是保费支出与风险造成的可能损失相比还是相当有限的。所以,当企业面对具有诱惑力的市场机会,且预计存在着政治风险时,选择保险是明智之举。

事实上,国际上保险业的迅速发展几乎与市场经济的发展同步,采用保险来规避风险已被广泛认同。在大多数发达的工业化国家,都有一些为本国公司提供国外政治风险的政府或私人保险机构,例如著名的美国海外私人投资公司(The Oversea's Private Investment Corporation),世界银行于1988年正式成立的多边投资担保公司(Mutilateral Investment Guarantee Agency)等。这些保险机构可以承担由于东道国的没收、征用、外汇管制、战争等特定政治风险给国际市场营销企业造成的经济损失。

4. 建立并发展同东道国政府的良好关系

国际市场营销企业要明确自己的客人地位,主动与东道国政府进行沟通与协商,尊重和配合东道国的国家目标,以便取得东道国政府的理解与合作,减少不必要的摩擦和阻挠。

营销聚焦 — **澳大利亚禁止华为和中兴供应5G网络设备**

澳大利亚政府于2018年8月以担忧国家安全为由,禁止华为等企业参与澳大利亚5G网络建设。

华为是全球领先的信息与通信基础设施和智能终端提供商,截至2022年年底,已经在世界170多个国家开展业务。据澳媒报道,华为是澳大利亚4G网络的主要供应商,满足了澳大利亚全国超过55%的4G需求。包括澳大利亚本国业界人士在内的全球信息通信技术界公认,华为具有技术领先和成本优势,将华为排除在外,澳大利亚相关企业和消费者将不得不为这种不理智举动买单。

澳大利亚政府利用各种借口人为设置障碍,采取歧视性做法,显然是将商业行为政治化,带着浓厚的意识形态偏见。

澳大利亚政府声称,此举旨在拒绝"可能受制于外国政府法外指令"的公司参与澳大利亚5G网络建设。如果这是在指认或者影射华为等中国公司,只能说是误解或者故意曲解,是"莫须有"的指认。华为方面表示,从未接到任何政府包括中国政府的相关指令。华为进入澳大利亚,与沃达丰等澳大利亚电信供应商建立了成功的合作关系,已安全可靠地提供无线技术近15年,未见任何安全风险。5G技术在安全和隐私保护上比3G和4G

有更完善的保障机制。

即使对于澳方提出的所谓"安全忧虑",也完全可以通过正常的技术手段加以解决。华为曾承诺,澳方可以采取措施监督5G网络,包括基站、信号塔和无线传输设备。在世界其他国家,这方面已有现成合作案例。例如,华为和英国政府就联合成立了英国华为网络安全评估中心,评估研究华为生产的设备是否构成安全威胁。但是对于这种正常的解决途径,澳方却蒙上双眼,无视事实。

澳大利亚要发展5G,与外国公司合作是必要的。如果唯独不信任中国公司,而选择别的外国公司,那将是赤裸裸的双重标准。此外,世界信息通信技术行业早已形成全球产业链,设备部件的生产和加工可能在不同国家进行。禁止某国公司参与就能保护国家安全,从技术层面看也是荒谬的。以上种种都不难看出,澳方对华为等中国公司的5G禁令是一个政治化决定,是为中澳企业合作设置人为障碍。

动辄把政治因素延伸至经贸领域,以意识形态阻挠正常的经贸合作,势必有损两国关系健康发展,也必将引发更多企业对当事国投资环境的不信任,实为损人不利己之举。

资料来源:https://www.thepaper.cn/newsDetail_forward_2373251。

4.2 国际市场营销的法律环境

国际市场营销的法律环境是指各种直接或间接影响和制约国际市场营销的法律因素的集合。法律环境是由政治环境衍生的。迄今为止,世界范围内还没有一个能够解决国际商事争端的统一的国际司法机构,也没有一个适用于解决一切争端的超国家的法律制度。因此,国际市场营销企业进入多少个国家,就要面临多少种不同的法律环境。企业如果不了解所面临的具体法律环境,不掌握东道国具体的法律内容和规定,那么其国际市场营销活动就会面临较大的困难,甚至遭受巨大的损失。

企业从事国际市场营销活动面临的法律环境可以归结为三种类别:一是从整个世界角度,即全球层面考察的国际法律环境;二是东道国的法律环境;三是企业母国的法律环境。

4.2.1 国际法律环境

国际法律环境是从全球而言的企业从事国际市场营销活动所面临的各种法律因素的总和。它包括国际双边或多边的国际条约、国际组织的协定及决议、国际惯例等。

1. 国际条约、协定

国际条约是指两个或两个以上的国家和国际组织签订的关于确立、变更或终止其相互间国际商务关系的协议、条例、规则等。它赋予了签约国相互的权利与义务。为调整国际经贸关系,世界各国签订了大量双边或多边的条约。国际组织也订立了很多与经济贸易有关的协定。这些协定、条约对于签约国和国际组织的成员方都具有普遍的约束力，即使对于那些不承担约束责任的非签约国、非成员方也有很大影响。目前，在国际上影响较大的多边条约和协定有《马拉喀什建立世界贸易组织协定》《联合国国际货物销售合同公约》《保护工业产权巴黎公约》《联合国海洋公约》《关于解决国家与他国国民间投资争端公约》等。

2. 国际惯例

国际惯例则是在国际经济活动中，经过国际商务主体长期不断地实践和频繁运用，逐渐形成的具有特定内容的不成文的习惯做法和先例。虽然它不具有普遍的法律约束力，但由于长期在国际经济交往中约定俗成并得到公认，因此在国际商务活动中一经援用，对双方当事人也有法律约束力。成文的国际惯例一般由某些国际经济组织或商业团队等非政府间国际组织制定的，并被许多国家所认可。可见，成文的国际惯例虽不是法律，但也具有一定的法律性质。同国际商务活动有关的国际惯例主要有《华沙－牛津规则》《国际贸易术语解释通则》《跟单信用证统一惯例》《托收统一规则》《合同担保统一规则》等。

4.2.2 东道国的法律环境

世界各国的法律体系、法律的具体内容、法律的运用情况等都存在较大的差异。各个国家运用法律来控制在本国从事经济活动的外国企业。有些法律对外国物品和企业带有歧视性；有些是为了本国与其他国家之间的互惠交换；还有些是为了吸引外国投资，如我国改革开放的初期也曾制定对外资企业进入我国投资极为有利的法律。法律是一个国家政治目的和经济目的的集中体现，在国际市场营销企业进入东道国市场时，除要遵守东道国的一般宪法、民法、刑法等法律外，重点还要遵守与贸易和营销有关的法律法规。

1. 各国的法律体系

从世界范围看，尽管各国的法律法规各不相同，但基本上可以归结为英美法系和大陆法系两大法律体系，而且各国具体法律法规的制定主要取决于本国所采用的法律体系。作为国际市场营销企业，在国际经贸活动中难免会遇到一些法律纠纷，企业首先要熟悉当地的法律体系和习惯，才能更好地应对和采取解决措施。

英美法系（Common Law System）又称习惯法系、普通法系，是以英国普通法为基础发展起来的法律的总称。该法是以传统习惯、过去的惯例以及法院通过对成文法和过去的判例的解释为基础的一种法律。倘若没有特殊的、可供参考的判例或法规，英美法往往由法官自行裁定。英美法系起源于英国，后扩大到曾经是英国殖民地、附属国的许多国家和地区，包括美国、加拿大、印度、巴基斯坦、孟加拉国、马来西亚、新加坡、澳大利亚、新西兰以及非洲的个别国家和地区。

大陆法系（Civil Law System）又称成文法系，是指欧洲大陆大部分国家从 19 世纪初以罗马法为基础建立起来的，以 1804 年《法国民法典》和 1896 年《德国民法典》为代表的法律制度，以及其他国家或地区仿效这种制度而建立的法律制度。大陆法系国家一般不存在判例法，对重要的部门法制定了法典，并辅之以单行法规，构成较为完整的成文法体系。因此，在实行成文法的国家，明确的法律条文非常重要。目前，法国、德国、日本、俄罗斯及一些欧洲国家等均属于大陆法系。

除了以上两大主要的法律体系外，还有少数国家和地区采取神权法系（Theocratic Law System）。神权法系也称为宗教法系，是以宗教戒律为基础的一种法律体系，其中穆斯林法就是一个典型的例子。穆斯林法以伊斯兰教的教义为基础。在大多数伊斯兰国家，其法律体系由穆斯林习惯法和成文法混合而成，穆斯林法没有规定的法律，法律问题由法官根据习惯法和成文法进行裁决。

不同的法系有时对于同一个问题的理解和认识不同，国际市场营销企业要格外注意。比如，对于合同中的"不可抗力"，大陆法系国家和英美法系国家的理解就存在差异。英美法系国家认为，合同双方在合理范围内都无法预见的某些自然灾害属于"不可抗力"范畴，如飓风、洪水、地震等。假设我国一家鞋厂与美国一家进出口公司签订合同，合同规定在某日期交割某数量的运动鞋。由于鞋厂的厂房在交货前意外发生大火，整个厂房被烧毁，即将完工的运动鞋也全部被毁。按照英美法系，美国进出口公司认为火灾是可以预防和避免的，不属于"不可抗力"，故而我国鞋厂如不能按时交货，就属于违约行为，需要按合同进行赔偿。但大陆法系国家理解的"不可抗力"的范围则更宽泛一些，不仅包括突发的自然灾害，还在更大范围内包括不可预见的影响和结果，如火灾、工人罢工等。前述的我国鞋厂如果适合大陆法系国家，如与法国的企业签订的合同，则其因火灾不能履行合同就不算违约了。

2. 东道国的相关法律

东道国的相关法律是指与国际市场营销活动有关的各项法规与法令。由于各国法律体系极其复杂，与企业国际市场营销有关的法律主要涉及以下几个方面：其一，保护消费者利益的立法；其二，保护企业利益和规范企业行为的立法；其三，保护公平竞争的立法和调整国际经济贸易行为的立法。一般来说，东道国法律对国际市场营销组合的影响主要体现在以下几个方面。

1）对产品策略的影响。在各国的法律条款或案例中，有很多法律条款是针对产品的。为了保护消费者，许多国家都对产品的纯度、安全性及性能等做出了规定。例如，在日本，护发护肤用品禁止含有甲醛，所以洛杉矶的 DEP 公司要进入日本市场，必须对其产品做相应的配方调整，以保证产品不含甲醛。美国对纺织品规定有可燃点，特别是对儿童服装的着火点规定更严，有些国家销往美国的纺织品，因没有达到这一要求，而遭到索赔。各国法律对包装也有不同规定。例如，比利时规定只能用八边形的褐黄色玻璃瓶盛装药剂，以其他容器盛装的药剂不得进入该国市场。有关标签的法律要求更严格。一般来说，标签上须注明的项目包括产品的名称、生产商或分销商的名称、产品的成分或使用说明、重量(净重或毛重)、产地。关于品牌和商标的法律要求也不一致。世界许多主要大国都是巴黎同盟或其他国际商标公约的成员,因此,这方面的要求比较统一。但是,大陆法系国家与英美法系国家关于品牌或商标所有权的法律处理截然不同。前者实行"注册在先",而后者则实行"使用在先"。因此,企业必须了解在什么地方和什么情况下会发生侵权问题。

2)对定价策略的影响。许多国家政府对价格有着较多的控制,即使如美国这样的市场化程度非常高的国家,也颁布了不少对价格进行干涉的法规和法令。只是各国干涉的范围和程度有所不同,一般而言,发展中国家对价格控制和管理较严,而发达国家对企业定价管理较松。

在控制价格的手段上,各国也不相同。有些国家是直接控制价格本身,如日本直接控制大米这一种商品的价格,而法国对许多商品的价格实行限制。此外,有些国家采用控制利润的做法控制价格,例如:加纳政府曾按不同行业把企业的利润率规定在25%～40%;阿根廷政府规定制药公司的标准利润率为11%;比利时政府规定中间商和零售商的药品利润分别是25%和30%;还有的国家规定了商品再销的加成比率;德国政府虽未对利润率做出规定,但要求企业详细地申报其价格和利润方面的资料。

3)对分销渠道的影响。在各国的法律规定中,对营销渠道的限制相对较少。在一般情况下,企业可以根据自身情况选择最为合适的分销渠道。当然,前提条件是渠道的选择必须在法律允许的范围内。比如:法国政府曾严禁上门直接推销的营销方式;中国政府在2006年首次发放了91家直销牌照,直销企业将持照经营。2019年,国家市场监管总局、公安部、民政部等13部门联合发布的《关于开展联合整治"保健"市场乱象百日行动的通知》明确指出,严格直销行业市场准入,暂停办理直销相关审批、备案等事项。

4)对促销策略的影响。在促销手段方面,各国的限制都比较多。例如,法国、奥地利等国禁止减价、现金折扣和赠送商品等,因为这样会造成对消费者的区别对待。在所有促销手段中,受到法律限制最多的是广告,一般主要采取以下几种形式。

首先,对广告信息内容进行管制。例如:德国法律规定,广告用语中禁止使用"比……好"或"较好、最好"一类比较性词汇;在阿根廷,企业在做药品广告之前,须经政府卫生部审查、批准;法国法律规定,如果企业传播的广告信息与事实不符,法庭可以令其自费更改广告内容,对社会造成损害的要追究法律责任。

其次,对某些产品的广告进行管制。例如:美、英等国的法律禁止烟、酒类商品在电视上做广告;芬兰的法律更为严格,禁止在报刊上和电视上做政治团体广告、宗教性广告、酒精饮料广告、殡仪广告、减肥药品广告及不道德的文学作品广告等。

再次,对广告媒体进行限制。有些国家的法律规定不允许将电视和广播作为广告媒体,英国就是如此。德国建筑法禁止设置以下户外广告:安装在灌木上或旁边、桥边、河边、电线杆旁边和树旁的广告设施;危害交通安全的广告设施;设立在具有代表性或具有城市建筑特色的公共建筑物上的广告设施(简易的公司招牌除外);堆积且给他人造成干扰的广告设施。

最后，对广告课税。为了控制广告，缩小出口国产品在本国的影响，一些国家采取征收广告税的办法对外来产品进行限制，如秘鲁对涉外广告征收 8% 的税款。

4.2.3　企业母国的法律环境

对于国际市场营销企业而言，母国的法律中对其国际贸易影响较大的主要是出口管制，分为市场管制、产品管制、价格管制三个方面。

市场管制主要是限定产品出口的目标市场。例如，美国的《与敌对国贸易法案》规定，美国公司向海外市场销售时，目标市场国不得是其敌对国。

从短期看，产品管制主要是针对国内市场需求大的消费品和生产所需的原材料、中间产品等实行管制，以满足国内生活和生产方面的需要。从长期看，主要是管制那些被认为具有战略性或敏感性的产品出口，或国家稀缺的资源，如通信设备、宇航技术、武器等军用设备及其相关产品。此外，对于一些古董文物、艺术品等也实行出口管制。在某些特定情况下，甚至会对一般生活必需品进行出口管制，即出于某些政治目的的所谓"经济制裁"。

价格管制是对出口产品定价的约束。许多国家的政府要求企业将出口产品的价格上报备案或接受审批。例如，美国的国内收入局有权审查出口产品价格，并在跨国公司给国外子公司的出口产品定价权上拥有发言权。

4.2.4　对国际贸易争端的解决

面对复杂多变的国际营销法律环境，企业在进入外国市场前必须全面了解当地关于专利、商标、包装、竞争、合同、票据以及消费者权益和生态环境保护等诸多方面的法律与法规，以避免不必要的损失。但近年来，我国企业在国际市场营销的实践过程中仍然遭遇了许多商业争端，这时企业就需要通过调解（Conciliation）、仲裁（Arbitration），甚至诉讼（Litigation）的方式予以解决。

1. 调解

调解是指在中立的第三方的主持、协助、调停下，使各方当事人解除争议的一种方式。第三方即为调解人，可以是仲裁机构、法院，也可以是当事双方信赖的并有能力解决争端的机构和个人。

调解的主要优点在于形式灵活方便，能较快地解决争端，有利于保持和发展当事人的友好关系和信任感，免除当事人因仲裁和诉讼而带来的麻烦和费用。调解是在各方当事人自愿的基础上进行的，任何一方都无权强迫他方接受调解。同时，调解人只具有促使当事人达成协议的职责，不具备促使调解结果执行的法律权力，即调解的结果不具有法律效力。因此，如果一方当事人因某种理由在调解过程中不予以配合，调解即以失败而终止。

2. 仲裁

如果不进行调解或者调解失败,就会采用仲裁手段。仲裁是双方当事人在发生争端后达成书面协议,自愿将争端交由双方认可的仲裁机构按照一定的程序进行审理并做出裁决,从而消除争端的一种方式。

正式仲裁组织所采用的程序基本上是一致的。在接到仲裁申请后,仲裁组织首先尝试对争端双方进行调解。在调解失败后,才会启用仲裁的程序。原告与被告各从所认可的仲裁人中挑选一人为自己辩护,再由仲裁组织法庭指定第三名仲裁人,该仲裁人通常从众多杰出的律师、法学家或教授中挑选。

同调解相比较,仲裁有以下主要特点。

1)仲裁人是以裁判者的身份对商务争端做出裁决。仲裁所采用的第三方是指仲裁机构经过严格的程序加以裁决,它起到的是裁判员而非调解员的作用。

2)仲裁裁决具有法律效力。仲裁裁决的结果是经过严格的程序进行审理并做出裁决的,其结果对双方当事人都具有法律约束力,具有终局性质。如果一方当事人不自觉执行裁决,另一方当事人可以向法院申请,要求强制执行。

3)仲裁速度快。一旦选定了双方的仲裁员,立即组织仲裁庭,对有关争端问题通过调查,就可以仲裁。相对于调解,甚至是后面提到的诉讼,仲裁速度快,花费也不高。

在国际商务仲裁中,有三种形式的仲裁机构。

1)常设仲裁机构。常设仲裁机构有国际性的和区域性的,有全国性的,还有附设在特定行业内的专业性仲裁机构。它们都有一套机构和人员,负责组织和管理有关仲裁事务,可为仲裁的进行提供各种方便。大多数仲裁案件都被提交在常设仲裁机构进行审理。著名的常设仲裁机构有国际商会仲裁院、英国伦敦国际仲裁院、瑞士苏黎世商会仲裁院、日本商事仲裁协会、美国仲裁协会、瑞典斯德哥尔摩商会仲裁院等。

2)临时仲裁机构。它是由双方当事人指定仲裁员自行组成的一种仲裁庭,案件处理完毕即自动解散。

3)专业性仲裁机构。附设在特定行业内的专业性仲裁机构有伦敦羊毛协会、伦敦黄麻协会、伦敦油籽协会、伦敦谷物商业协会等。

营销聚焦

知识产权经典案例——"王致和"注册商标跨国维权案

作为"中华老字号","王致和"以其产品的细、腻、松、软、香五大特点倍受广大消费者的喜爱。正是由于受到广大消费者的热爱,以及品牌得到越来越多消费者的认可,一些人在利益面前动起了"歪心思"。这便是"王致和"商标在海外遭抢注一案的起因。

2006年7月,王致和集团在德国进行商标注册时发现,"王致和"商标已被一家名为"欧凯"的公司抢注,而抢注的商标与王致和集团出口产品使用的标识一样。在试图私下和平解决未果后,王致和集团向慕尼黑地方法院递交了起诉书。

慕尼黑地方法院一审宣判:禁止欧凯公司在德国擅自使用"王致和"商标,依法撤销欧凯公司抢注的"王致和"商标。而后，欧凯公司上诉，法院提出调解，但双方均未让步。历时一年多，王致和集团最终胜诉。

维权过程看似简单，实则王致和集团花费了一定的人力、物力、财力，而且在宣判前，王致和集团的商标申请进程在德国是停滞的，不可谓没有损失。即使商标维权成功，因有欧凯商标使用在先，也对王致和集团在海外的发展造成一定的影响。

这一中华老字号海外维权的经典案例也为我国众多发展中的中小企业敲响了警钟：随着经济的发展，以及我国越来越多的企业开展国际贸易，稍有不慎，企业的商标就会在国外遭到抢注。关于国际商标注册，晚一天注册就多一分危险。所以，对于我国众多企业尤其是初创企业来说，制定海外发展战略的同时，应该把国际商标注册作为战略的一部分，为以后进军国外市场打下基础。

资料来源：https://www.worldip.cn/index.php?m=content&c=index&a=show&catid=93&id=48。

3. 诉讼

当国际商务争端发生后，如果当事人没有选择调解或仲裁等方式解决纠纷，任何一方当事人都可向有管辖权的法庭起诉，通过司法诉讼来解决他们之间的争端。诉讼最大的特点是强制性。如果双方没有仲裁协定，一方当事人向法院起诉，无须征得对方同意，而法院做出的判决是以国家强制为后盾，因此具有强制性，败诉方必须无条件履行，其判决易于执行。

一般来说，国际市场营销人员在不得已的情况下才会选择诉讼，尤其是在海外地区的诉讼。对于大多数涉及两国公民之间的诉讼，几乎所有的胜诉都是有名无实的，因为诉讼的费用过高，持续时间较长且事态的持续恶化带来的问题远远超过了任何类似的其他事件。这主要是由于以下几个方面。

1）司法诉讼程序复杂，审批周期长，易造成存货的堆积和交易的中断。

2）诉讼会造成重大的成本负担，不但是诉讼费用，而且商誉和公共关系的损失更是无法估计。

3）在外国法院可能会受到不公正的待遇。企业常会担心进行裁决的陪审团或法官对贸易问题以及商业往来不太精通或有偏见，从而导致他们在诉讼中受到不公平的待遇。

4）缺乏保密性。与仲裁和调节程序相反，诉讼采取公开的程序，易导致企业商业机密被泄露。

4.3　国际市场营销的科学技术环境

国际市场营销的科学技术环境是指企业从事国际营销活动过程中所面临的对国际营销产生影响和制约作用的各种科学技术因素的集合。科学技术的发展推动着产业结构与产品结构的升级换代，同时对消费者需求、产业结构和产品结构、产品交易方式、营销观念、企业的竞争战略等都产生着重要的影响。国际营销人员应该密切注意科技环境的发展变化，了解科技环境的发展变化对企业国际市场营销的影响，以便及时采取适当的对策。

4.3.1 科学技术环境对国际市场营销的影响

1. 对消费者需求的影响

技术革命的发展会逐渐对人类的生存和生活方式带来巨大的冲击，从而影响消费者行为的改变，使消费者的需求呈现新的特点。随着技术革命的发展，消费者受教育程度和文化知识水平普遍提高，知识消费成为主导型消费，消费者的需求趋向个性化，对服务水平和产品的品质有了更高的需求。

2. 对产业结构与产品结构的影响

随着科技的发展，一些旧的行业受到冲击甚至被淘汰。白色书写板和 LED 屏幕取代了 50 年前的粉笔技术；"神通广大"的智能手机和数码相机已完全融入现代人类生活，手机中的相机功能日臻完善，拍摄效果非常好，它们让胶片相机变得异常稀少。同时，科技的发展也造就了一些新的产业，如电子信息、生物工程、新型材料、航天技术、果蔬保鲜、遗传工程等，为企业提供了新的市场机会和发展机遇。此外，许多新科技被运用到传统产业，加快了传统产业和传统产品的升级换代，如把微电子技术和机械、电器、仪表技术相结合，形成了数控技术等机械一体化产品。这些产品由于采用了传统产品所不具有的新工艺、新材料和新技术，因此能节省原材料、能源与劳动力，企业通过这些产品还能制造出高品位、高档次的精优产品。还需说明的是，科技发展正在推动高科技风险投资、新技术培训、信息处理、科技服务、计算机教育等第三产业的发展。

3. 对交易方式的影响

技术革命特别是信息技术革命，使得全球经济呈现出网络化、数字化特征，传统的以实物交换为基础的交易方式将被以数字交换为基础的无形交易所代替。知识经济时代的技术革命使企业分销实现网上一对一直接交易，从而使传统的中间商的作用逐渐减弱、淡化。国际互联网的发展，也大大拓宽了市场营销网络，创造了一个全新的网上贸易市场。电子商务的产生改变了传统的商业模式，实现了通过电子通信（包括电话、传真机、信用卡、电视、自动提款机）和基于互联网络而进行的商业贸易。

4. 对营销观念的影响

科学技术的进步与发展带来了产业结构和产品结构的变化，新产品不断涌出。与此同时，消费者的需求也不断地呈现出多样化、个性化的特征，对于产品和服务的品质要求也越来越高。为了更好地适应这种变化，企业也必须不断地更新营销观念，进行营销方式的创新。营销不能仅仅停留在满足消费者需求上，而是应该提前一步，采用创造需求的营销观念。创造需求是在满足消费者需求的基础上的进一步延伸，它必须以技术进步为契机，开发挖掘消费者尚未意识到的消费需求，引导消费者消费，并进一步形成企业特定的市场。创造需求的营销观念认为：消费者对产品的期望、对品牌的看法和偏爱是学习的结果，通过学习，消费者能够知道自己想要什么，并形成某种感觉和期望，据此去识别产品；营销者可以以此为突破口，对消费者的目标形成与产品识别的全过程施加影响，从而达到营销的目的。

5. 对竞争战略的影响

科学技术的加速发展，使企业在获取巨大利润的同时，也需要大量的投入并承担巨大的风险，因此，采用高新技术开拓国际市场的企业一般都注重与相关企业建立战略合作联盟，从而使传统的单一竞争形式变成既是竞争对手又是合作伙伴、既相互依赖又相互竞争的形式，如美国的英特尔公司为开拓存储器市场就与日本的富士通公司联合开发研制，共同享受成果。同时，由于知识经济的发展，国际市场的竞争由传统的对资本等低层次资源占有的竞争，转变为对知识生产、占有和利用能力的竞争。

4.3.2 信息技术与国际市场营销

随着经济全球化和互联网的快速发展，电子信息技术已经广泛渗透到经济和社会的各个方面，深刻地改变着人们的工作方式、生活方式和消费方式，从而也要求企业的发展必须以服务为主，以顾客为中心，为顾客提供有效的服务，最大限度地满足顾客的需求。互联网作为跨时空传输的"超导体"媒体，正好克服了国际市场营销过程中的时空限制，可以为国际市场中所有顾客提供及时的服务。同时，通过互联网的交互性可以了解不同市场顾客的特定需求并针对性地提供服务。因此，互联网可以说是国际市场营销中满足顾客需求的最具魅力的营销工具，对企业国际市场营销产生了深刻的影响。

1）以顾客为中心提供产品和服务。在信息时代，顾客依靠功能强大的计算机系统和通信网络，可以方便地向营销企业提供各种产品、服务信息，因而营销企业不再是按照经理人员或生产计划部门的指令进行生产和营销，而是依照消费者发出的指令，即顾客的选择和要求进行生产和营销。消费者的主导作用将真正实现，"顾客是上帝"将真正成为企业市场营销活动必须遵循的准则。利用信息技术优势，以顾客需求为导向，营销企业将对市场需求变化做出快速、及时的反应，同时也会极大地提高营销效率和市场竞争力。

2）以顾客为本进行定价。在当代经济全球化、全球竞争日益激烈的市场格局下，传统的以生产成本为基准的成本导向定价应当转变为以市场为导向的定价方法。企业可以通过互联网了解和掌握顾客所需商品的情况，以及顾客所能接受的成本，并依据这些产品信息和成本信息，为客户提供柔性的产品设计和生产方案供顾客选择，待顾客最终确认后再组织生产和销售。这样，企业在产品定价方面，能够真正具有顾客导向性，以顾客为中心。

3）产品的分销以方便顾客为主。随着信息技术迅速向宽带化、智能化、个人化方向发展，顾客可以在更广阔的领域内实现声、图、像、文一体化的多维信息共享和人机交互的功能。市场的个性化更加鲜明、突出，一对一的分销渠道日益受到顾客的推崇和喜爱，顾客可以跨越时空，随时随地订阅产品和服务。

4）促销方式更加直接、人性化。传统的促销方式是以企业为中心，通过一定的媒体或工具对顾客进行强迫式的促销。在这种促销方式之下，顾客属于被动的接受者，企业缺乏与顾客之间的互动和沟通，使得其在促销过程中，不一定能被顾客"领情"，从而导致促销效果大打折扣。以信息技术为支持的营销活动，可以实现企业与顾客之间的一对一和交互式，顾客可以参与到企业的营销活动中来，可以随时获取和传递产品和服务信息。通过互联网，企业能够加强与顾客的沟通和联系，直接了解顾客的需求，提高营销效率。

本章小结

国际市场营销的政治环境是指各种直接或间接影响和制约国际市场营销的政治因素的总和。政治环境对国际市场营销活动有着重大的影响。稳定的政治环境有助于营销目标的实现，动荡的政治环境不仅阻碍营销目标的实现，甚至可能威胁到企业财产和人员的安全。

一个国家的历史渊源不同，其政治架构也不一样。政治架构主要包括政治体制、行政制度和政党制度。企业若欲进入一国市场，必先熟悉该国的政治运转状况，进而觅得营销机会，避免或降低营销风险，更甚者可以利用当地的政府特性，提高营销的成功率。

政治风险是指企业开展国际市场营销活动的东道国的政治变革或政治变动导致国际营销活动中断或不连续而蒙受损失的可能性。政治风险的主要形式有本国化、进口限制、外汇管制、税收控制、价格控制和劳工限制等。正确认识、评估并采取有效措施规避政治风险，把其不利影响降低到最小，是每一个国际化经营企业和国际营销人员的一项基本任务。减少政治风险的对策很多，如保险、谈判安排，建立并发展同东道国政府的良好关系，协调好企业与东道国两者之间的利益关系，等等。

国际市场营销的法律环境是指各种直接或间接影响和制约国际市场营销的法律因素的集合。它主要包括两大方面：国际法律环境和东道国法律环境。国际法律环境主要考虑国际条约和国际惯例两个因素。东道国法律环境首先应该考虑其法律制度，由于政治、经济、文化等方面存在差异，各国的法律制度也不相同，大致可分为大陆法系和英美法系；其次应该考虑各国的国内具体相关法律，不同国家的国内法律具有差别性，而这些法律对国际市场营销活动都可能产生广泛、深刻的影响。

由于种种原因可能导致国际市场营销活动中产生争端。采取适当的方式，公平合理地解决争端，是国际市场营销活动顺利进行的保证。解决国际商务争端的途径主要有协商、调节、仲裁和诉讼四种，它们各有特点、适用性和优缺点。一般而言，一旦发生争端应当首先通过协商这一途径来解决；然后依次选择调节和仲裁。如果这些途径都不能解决问题，或当事人觉得不是最好的选择，则可以选择诉讼来解决相互之间的争端。诉讼可以分为国际诉讼和国内诉讼两种。选用诉讼解决争端，应该注意司法的管辖权问题。在国际商务实践中，企业一般愿意通过仲裁而非诉讼来解决商务争端，采用司法诉讼解决争端的情况并不多见。

主要的名词术语

没收 Confiscation
国有化 Nationalization
国际公约 International Conventions
国际惯例 International Practice
政治环境 Political Environment
征用 Expropriation
法律环境 Legal Environment

知识应用

◆ 练习题

1. 专制政治包括（　　）。
   A. 君主立宪制　　　　　　　　B. 共和制
   C. 君主专制　　　　　　　　　D. 独裁专制
2. 政府在经济中所扮演的角色有哪些？（　　）
   A. 政策制定者　　　　　　　　B. 干预者
   C. 参与者　　　　　　　　　　D. 领导者
3. 全球范围内主要有哪些政党制度形式？（　　）
   A. 无党制　　　　　　　　　　B. 一党制
   C. 两党制　　　　　　　　　　D. 多党制
4. 英国的（　　）主张对外国企业采取限制的政策，而（　　）则主张自由贸易政策，对外国企业的进入持积极欢迎态度。
   A. 民主党　共和党　　　　　　B. 共和党　民主党
   C. 工党　保守党　　　　　　　D. 保守党　工党
5. 国际市场营销过程中，政府政策的不稳定性包括下列哪些情况？（　　）
   A. 政权的频繁更替
   B. 治安混乱、频繁发生暴力事件和游行示威
   C. 文化分裂
   D. 经济繁荣
6. 所谓（　　），就是政府将外国人投资的企业收归国有，包括给予补偿的征用和不给予补偿的没收两种。
   A. 税收管制　　　　　　　　　B. 国有化
   C. 价格控制　　　　　　　　　D. 劳工限制

7. （　　）是指一国政府对外汇买卖、外汇汇率、外汇汇出及国际结算等进行管理和限制。
   A. 外汇管制　　　　　　　　　　B. 税收管制
   C. 国有化　　　　　　　　　　　D. 价格控制
8. （　　）是指一个国家或地区出于某些原因而做出的不准某些外国产品进入本国，或对进入本国市场的产品做出的质量、数量、品种、规格等方面的限制。
   A. 外汇管制　　　　　　　　　　B. 税收管制
   C. 国有化　　　　　　　　　　　D. 进口限制
9. （　　）是指一个国家或地区的政府出于某种原因，对某些产品的价格水平做出强制性的规定。
   A. 价格控制　　　　　　　　　　B. 税收管制
   C. 国有化　　　　　　　　　　　D. 进口限制
10. 以下哪些措施可以减少政治风险？（　　）
    A. 联合投资　　　　　　　　　　B. 与东道国的企业形成相互依存关系
    C. 保险　　　　　　　　　　　　D. 建立并发展同东道国政府的良好关系

◆ 思考题

1. 什么是国际市场营销的政治环境？为什么企业从事国际市场营销活动必须高度重视政治环境？
2. 分析东道国的政治环境时，应主要考虑哪些内容？
3. 什么是国际市场营销中的政治风险？其具体形式有哪些？
4. 如何防范政治风险？
5. 什么是国际市场营销中的法律环境？它与国际市场营销有何关系？
6. 何谓国际条约？一般分为哪几类？
7. 什么是国际惯例？
8. 法律体系有哪几种类型？各类型之间有何区别？
9. 各国法律环境对国际市场营销有什么影响？
10. 商务争端发生后，通常有哪些途径来解决？

◆ 实务题

我国一家企业要进入政治纷争不断的阿富汗地区，谈谈如何规避国际市场上的政治风险。

案例讨论

肯德基在中国成功的秘诀

在美国本土市场，肯德基步履维艰，不仅与麦当劳分庭抗礼，而且与其加盟店就如何阻止利润下滑争吵不休。在中国许多城市，肯德基快餐店随处可见。

肯德基的母公司百胜餐饮集团（简称百胜）成功的秘诀可以归纳为无论是在管理团队还是食品种类上都使用了本土元素。在中国的经营过程中，百胜雇用中国经理人与当地公司建立关系、拓展业务，同时提供迎合中国人口味的地方特色食品。在中国，西方一些公司苦于打不开局面，而百胜每18小时就新开一家店面。

在管理团队上，其他外国公司进入中国市场时聘用在美国或东南亚出生的华人担任经理，而百胜雇用来自中国本地的中国人，他们更了解中国文化。

在食品种类上，百胜在中国得以成功，一定程度上源于公司能推出结合传统西方快餐与中餐的食品。除肯德基创始人桑德斯上校秘传的炸鸡外，肯德基中国餐厅还供应其他饮食，如老北京鸡肉卷和根据四川菜制作的巧子麻婆鸡肉饭。

此外，百胜还选对了合作伙伴，它们都是国有公司，能为百胜提供在华开展业务不可或缺的关系。

现在，快餐、汽车制造等各个领域的西方公司都面临来自成本更低的中国本土新秀的挑战。百胜也面临来自亚洲连锁店日益激烈的竞争，但眼下百胜品牌在中国仍然一帆风顺。

资料来源：威廉·梅勒，肯德基在中国成功的秘诀：本土化菜单和管理，汪析 译，华盛顿邮报，2011年2月12日。

问题：

1. 分析肯德基在中国发展的经济环境、社会环境、竞争环境、饮食文化。
2. 比较麦当劳与肯德基在中国的发展。
3. 分析肯德基在中国成功的原因。

第 5 章
国际市场营销调研与预测

凡事豫则立，不豫则废。言前定则不跲；事前定则不困；行前定则不疚；道前定则不穷。

——《礼记·中庸》

本章学习要求

1. 了解企业进入国际市场时需考虑的问题
2. 掌握如何制定国际市场营销调研方案
3. 掌握国际市场营销调研方法
4. 描述进行国际市场营销调研时的组织工作和应注意的问题

引导案例

奶酪专营公司让调研结果说话

薇姬·沙夫曼和保罗·沙夫曼夫妇是威斯康星州经营历史最悠久的奶酪厂业主。他们的公司（奶酪专营公司）使用了极具商业头脑的营销调研策略，在这古老而成熟的行业中开创了一片新天地。通过了解美国消费者对奶酪的需求，并确定特定消费者群体的需求，沙夫曼夫妇生产的各种奶酪，不管是产品的理念，还是产品的制造，都体现了市场的需求。成功的关键是维持长期的市场调研，尤其是在基础层面上。沙夫曼夫妇与那些食用和使用奶酪的人（包括消费者和厨师）进行了交谈，了解他们的特定需求。在使用营销调研策略后，保罗和薇姬将奶酪这个生产驱动型、商品型的市场转变成了一个完全不同的市场。在这个新的市场上，生产的奶酪产品在外形、质地、口味上别具一格，反映了市场的不同需求。

国际市场营销涉及众多的国家和地区，各个国家和地区在政治、经济、法律和文化上都存在较大的差异。因此，企业在进行国际市场营销活动之前，必须对国际市场进行深入的调查研究，掌握有关市场的详细信息，这样才能寻找到国际市场的营销机会，并制定出有针对性的营销组合策略，使营销活动获得成功。营销调研是企业获得国际市场信息的重要途径，而国际市场千头万绪，对信息进行系统管理可以使企业更好地开发利用所获得的信息。

资料来源：作者根据网络资料改编。

5.1 国际市场营销调研

5.1.1 国际市场营销调研概述

国际市场营销调研是指运用科学的方法，有目的地、系统地搜集一切与国际市场营销活动有关的信息，并对所收集到的信息进行整理和分析，从而为营销决策提供可靠的科学依据。国际市场营销调研工作应该是有计划、有组织的活动，是围绕企业国际市场营销决策的需要而展开的，因此，所搜集的信息必须与特定的需要或目的相联系，即要求必须有可获得的完成营销调研所需要的信息，必须具有指导企业改善经营与管理的作用，即国际市场营销调研的任务在于通过运用科学方法来搜集、分析数据并评估信息，为国际市场营销决策提供更多的选择机会，减少决策的不确定性，进而减少做出错误决策的风险。通过营销调研，企业可以了解哪些市场已经饱和、哪些市场存在未被满足的需求，从中发现市场营销机会，有助于企业寻找和选择有利的目标市场。通过营销调研，企业可以及时了解国际市场的变化，监测和评价国际市场营销活动的实施效果，并根据调研所得的信息，适时调整企业的营销策略。此外，国际市场营销调研还有助于企业分析和预测国际市场未来的发展趋势，从而掌握国际市场营销活动的规律。

国际市场营销调研与国内市场营销调研相比，两者的程序是一样的。无论是国际市场营销调研还是国内市场营销调研，都要首先确定营销中存在的问题和调研的目标，制订营销调研计划，然后再搜集整理、分析有关的信息，最后撰写营销调研报告，供决策者使用。此外，两者使用的基本原理和分析工具以及对企业的意义、作用也是基本一致的。两者的差异性主要表现如下。

1. 国际市场营销调研与国内市场营销调研的范围不同

与国内市场营销调研相比，国际市场营销调研的范围更广泛。国内市场营销调研只需考虑一国市场环境因素的变化，而且由于企业对一国市场环境熟悉或某些因素如人文地理等变化缓慢，因此有时可以不做调研。国际市场营销调研则需要对企业已进入或打算进入的国家的市场环境进行逐一调查。此外，区域经济一体化和经济全球化的发展，对进行跨国经营的企业的影响也越来越大。例如，区域经济内国家的合作可能使区域外的企业面临不平等竞争的压力。一些全球性因素，如汇率波动、金融危机等，也会给企业国际市场营销活动带来影响。

2. 国际市场营销调研与国内市场营销调研的信息不同

国际市场营销决策所需要的信息不同于国内市场营销决策所需要的信息。例如，企业在选定一国作为目标市场后，首先要选择进入目标市场的方式。为此，企业需要了解东道国的外汇和外资政策，了解东道国的劳动力、原材料、管理人员经验等资源条件，了解东道国的市场结构以及销售渠道等营销环境，而这些信息是国内营销调研中所不需要的。此外，由于各国营销环境存在巨大差异，国际营销决策需要更充分、及时、准确的信息，以避免决策失误。

3. 国际市场营销调研比国内市场营销调研更困难、更复杂

首先，国际市场营销调研成本高，有些资料在国外很难获得或无法获得；其次，由于各国统计方法、统计时间的差异，不同国家的信息必须经过复杂的转换之后，才具备可比性；再次，在国内适用的调研方法和工具有可能在国外不适用，企业需要寻找其他的调研方法和工具；最后，国际市场营销调研的组织工作更加复杂，跨国公司需要协调好本公司与国外各个公司的营销调研工作。

从以上分析可知，国际市场营销调研与国内市场营销调研有很大的差异，企业应充分注意到国际市场营销调研的特殊性，尽量避免失误，有效地为企业国际市场营销决策提供科学、有效的依据。

5.1.2　国际市场营销调研的程序

企业国际市场营销调研程序与国内市场营销调研程序大致相同。一般来讲，它包括5个步骤：确定调研问题和调研目标，制订调研计划，收集信息资料，分析整理信息资料，提交调研报告。

1. 确定调研问题和调研目标

国际市场营销调研的第一步是确定调研问题和调研目标。这一过程看似简单，却是国际市场营销调研过程中最重要同时也是最困难的步骤之一，对整个国际市场营销调研及营销决策都至关重要。影响企业国际市场营销活动的因素很多，各种因素在不同时期的作用不一样，在同一时期各种因素之间也是相互影响、相互制约的。在企业出现营销问题之后，营销人员必须首先找出造成该问题的真正原因，这就是要调研的问题。问题明确了，调研的目标也就可以确定了。例如，一个时期内企业产品在本国的销售额急剧下降，原因可能很多，如目标顾客需求或偏好发生变化、销售渠道不畅、广告策略失当等，这些因素都会引起销售额的下降。如果导致销售额下降的真正原因是目标顾客偏好发生变化，而调研人员却认为是销售渠道不畅，就会使后面的调研工作误入歧途，并可能导致错误的营销决策，给企业带来重大损失。

2. 制订调研计划

明确了调研问题及调研目标之后，企业需要制订一个完善的调研计划，以提高调研

活动的效率和针对性。一份调研计划应包括以下 4 个方面的内容。

(1) 确定需要搜集的信息

明确调研问题以后，随即就要确定调研所需要搜集的信息。例如，确定企业在某国销售额下降是由于消费者偏好发生了变化，企业决定生产一种新产品以满足消费者的需求，那么企业需要的信息可能包括目标消费者的收入水平、市场竞争状况、现有的销售渠道是否适用、竞争对手的营销策略、东道国与该产品相关的法律法规等。

(2) 确定信息来源

确定了所需要搜集的信息，还要进一步确定信息的来源，即取得信息的途径。信息的来源分为两个方面：原始资料和二手资料。原始资料是指调研人员通过实地调查收集到的第一手资料，如调研人员通过问卷调查、面谈、实地观测等方式取得的资料。二手资料是指由别人收集与整理过的资料。这些资料有的可免费获取，如政府公开出版物；有的则需要付费购买，如咨询机构提供的数据。

(3) 选择收集资料的方法

获得信息资料的方法很多，如收集第一手资料就包括问卷调查法、面谈访问法、观察法、实验法等多种方法。营销调研人员应该根据调研目标、资料来源情况、时间限制、调研预算等因素来选择适当的方法收集所需的资料。

(4) 确定抽样方法

大多数的营销调研都是抽样调研，因此，在调研计划中应确定抽样方案，如抽样总体规模大小、如何选择样本单位、使用何种抽样技术等。

3. 收集信息资料

收集信息实际上就是具体执行调研计划的过程。这一步实际上是整个调研活动中花费时间和精力最大的阶段，也是能否获得所需数据资料、完成调研目标要求的关键。参加调研的有关人员必须具备基本的素质，因此，在调研活动前，必须对有关人员进行选拔和培训，使他们熟悉调查的内容及相关的要求。此外，为了保证调研活动的顺利进行和资料质量，还要对调研人员进行严格的监督与管理，如对回收的问卷进行审查、核实，以避免因资料失真而使整个调研结果失去应有的价值。

4. 分析整理信息资料

分析整理信息资料就是对收集到的资料进行检查、核实、整理和统计分析以得到决策需要的研究结果的过程。这一阶段包括以下 3 项内容。

(1) 整理原始资料

收集到的原始资料往往杂乱无章，而且存在很多错误和问题，因此需要在分析前对其进行检查、校订和核实。例如，对存在明显逻辑错误及缺项太多的问卷予以剔除。有时，从不同来源得到的资料是按照不同的统计方法计算的，对这类资料也要进行分析整理。例如，在北欧国家，啤酒被列为酒精饮料，而在地中海沿岸国家，啤酒被算作软饮料，这些国家的酒类统计口径不同，因此数据可比性差。

（2）将资料进行分类汇编

资料分类是根据资料性质、内容或特征的不同进行区别归类，或按照调研目的的要求，提出各种统计指标，并根据这些指标对资料进行分类。在进行资料分类时，不但要根据资料的差异性划分不同类别，还要注意资料的相同性。同一资料只能归于一类，不能重复归类，以免造成统计失误。

（3）资料分析

调研人员要根据调研目的的要求对经过加工处理后的资料进行分析。资料分析可借助于各种统计分析方法。常用的分析方法有频率分析、回归分析、时间序列分析、相关分析等。

5. 提交调研报告

营销调研的最后一步是对调查结果做出解释和说明，得出结论，撰写并提交报告。报告的格式应当合乎规范，内容应当真实可靠，结论应当具有针对性和可行性。调查报告不是数据的简单罗列，一般以汇总表和图表的形式提供简明扼要的结论和依据。报告中不宜发表过多的意见，尤其是无益的和不切实际的结论。报告用语应尽量简单，通俗易懂，切忌使用高深的词汇和术语。调研报告在结构上分为三个部分：第一部分是前言，指出调研的目的，说明调研的方法和步骤等；第二部分是报告主体，叙述调研的内容、调研结果和结论的摘要以及政策性建议；第三部分是附录，包括此次国际市场营销调研的原始调查表、汇总表、统计图表、引用的数据资料及参考文献等。

5.1.3 国际市场营销调研的内容

从广义上讲，国际市场营销调研的内容包括任何与国际市场营销有关的、直接的或间接的信息，远至天文地理、社会人文，近至企业内部的各类管理材料；从狭义上讲，国际市场营销调研的内容是指"商业情报"，或称"商情""行情"，即那些反映国际市场发展变化规律、直接影响企业国际市场营销决策的信息。国际市场营销调研是为企业的国际市场营销决策服务的，营销决策不同，调研内容也有所不同。国际市场营销决策可以分为3个过程：寻找国际市场营销机会、选择目标市场（包括目标市场进入方式的选择）、确定国际市场营销组合策略。

1. 国际市场营销机会调研

企业若想进入国际市场，还要看是否有营销机会，若时机不成熟，企业强行进入，那么往往事倍功半；相反，若企业抓住有利时机，则可收到事半功倍的效果。

（1）国际经济环境

国际总体经济形势对国际营销影响极大。例如，在世界各国普遍经济衰退时进入国际市场，往往是不明智的。

（2）产业发展趋势

国际上该产业的发展状况、各国该产业的发展水平、未来产业的发展趋势等。

（3）产品的世界市场总体需求规模及趋势

它包括需求在世界各国的分布、需求是否得到满足、需求潜在规模大小等。

（4）国际市场竞争情况

它包括产品在国际市场上的价格、竞争对手、它们来自哪些国家、它们在市场中的地位及主要的营销策略。

（5）产品的供应系统能力

如其他企业的总体生产能力及目标的生产水平、生产成本、是否达到规模经济等。

（6）企业自身的内部条件

它主要指企业的人、财、物等资源条件。

2. 目标市场选择调研

（1）目标市场初选

世界上有几百个国家和地区，企业不可能同时选择所有的国家和地区作为目标市场，而是选择一个或一些作为目标市场。因此，企业要搜集资料，对各国市场进行比较分析，选择那些市场潜力大、机会多的国家或地区作为目标市场。

（2）东道国的宏观营销环境

它主要包括该国家的经济、政治、法律、人文地理情况等，如该国的经济发展水平、政局是否稳定、有关的法律规定、风俗习惯、气候条件。

（3）东道国市场目标顾客特征

它包括目标顾客的规模大小、收入水平、年龄、地理位置、资信状况、职业受教育程度、价值观念、审美观点、消费习惯、消费者购买行为等。

（4）东道国的市场规模

它包括现实规模和潜在规模。现实规模可用目前的销售总量来表示，潜在规模则可用统计中的回归分析技术进行预测，同时充分分析现实因素对市场潜量的影响，如进口限制，在回归分析基础上做出准确判断。

（5）目标市场竞争情况

调研人员需要了解该国的主要竞争对手，它们分别来自哪些国家，各自的市场额、营销策略、竞争优势与劣势等。

（6）目标市场进入方式

进入目标市场的方式很多，选择何种方式进入目标市场，对企业的国际市场营销活动至关重要。在确定目标市场进入方式之前，调研人员应掌握以下信息：目标市场国的政策法律情况、外资外贸政策市场潜量、基础设施、资源条件（包括企业自身的资源条件）等。如有的国家给予合资企业较大优惠政策，但进口限制较严，这时企业就应该采取与目标市场国企业合资建厂的方式，而不宜采取直接销售的方式进入该国市场。

3. 营销组合策略调研

企业所确定的目标市场还只是一个潜在的国际市场，要使之成为一个现实的市场必须运用国际市场营销组合策略。最佳的国际市场营销组合的确定和保持只能建立在正确的营销调研的基础之上。

（1）产品调研

产品调研的内容包括：①国外目标市场上产品生命周期所处的阶段、产品线及产品组合的情况；②有关产品生产技术的变化发展，如新技术、新设计、新工艺、替代产品发展、关联产品发展、消费者对产品的改进意见；③国外目标市场上同类产品的效用、形态、大小、规格、使用的方便性和耐用性；④产品的品牌知名度、包装、色彩、款式；⑤东道国在产品质量检验、标准、产品责任方面的法律法规，产品的售前、售后服务要求；等等。

（2）价格调研

价格调研的内容包括：①国外目标市场的供求变化情况及影响产品供求的各种因素；②竞争对手的生产成本；③产品在各个销售环节的市场价格，如进口价、批发价、零售价等；④产品的市场价格弹性及替代品价格高低；⑤不同国家和地区的价格差别；⑥东道国的外汇政策；等等。

（3）销售渠道调研

销售渠道调研的内容包括：①竞争对手产品进入国际市场的方式；②产品在东道国的销售方式，如包销、代理、批发、直销等；③东道国销售渠道特点及其利弊；④主要的中间商有多少家，各自的销售量、规模、地区分布如何，以及中间商在技术服务、促销、资金及信誉方面的情况如何；⑤东道国的运输、仓储、通信等基础设施情况；等等。

（4）促销调研

促销调研的内容包括：①东道国对促销手段的具体规定；②东道国常见的营销方式以及它们的费用和效果；③消费者对促销方式的接受程度；④东道国可供选择的广告媒体，以及它们的覆盖面；⑤东道国的有关中介服务机构，如广告公司、营销策划公司、咨询公司、顾问公司在资金技术、信誉度、经验等方面的综合实力如何。公共关系在现代营销活动中的地位越来越重要，良好的企业形象能大大促进企业的销售，因此，企业应当注意收集当地政府、广播电视、报纸杂志、各种基金会的信息，并与它们保持良好的合作关系。

营销聚焦　　　　　　　　小米的促销运动

2022年2月至3月，普华永道中国针对跨国企业在中国的经营情况进行调研，并在年度跨国公司高管早餐会上开展小组讨论和现场投票。

现场投票显示，中国市场和经济增长是最吸引跨国公司的两大因素，将近70%的投票者使用"市场"和"增长"两个关键词来描述对中国最客观的因素；调研结果显示，接近60%的受访企业表示其有计划在未来1～3年扩大中国业务，其中91%称其主要目的是"扩大市场/客户/服务"。华东和华南是最具吸引力的区域市场；人才、政策和知识产权保护是跨国公司在华投资面临的三大挑战，59%的受访企业将"人才招募和保留"列为最大挑战。同时，报告结合"两会"热点，从对整体环境的判断、主要经济指标和政策、积极的财政政策和稳健的货币政策、进一步扩大开放、数字经济、碳达峰和碳中和这几个方面将《政府工作报告》要点及其对跨国公司的潜在影响做了分析。

尽管跨国企业在中国面临着挑战，在新冠疫情反复、供应链中断和通货膨胀高企的影响下，中国政府采取一系列措施来吸引外国投资和稳定外贸，出台开放促进电信、互联网、教育、文化和医疗领域的诸多政策。中国拥有巨大而分散的市场，在经济走向成熟的过程中，特定领域仍有强大的驱动力。跟随趋势和消费者走向，了解中国市场的增长特质及政府行业政策出台的背景，跨国企业即可找到在华成功经营业务的方法并找到增长机遇。

资料来源：https://www.pwccn.com/zh/services/issues-based/globalisation-services/publications/mncs-in-china-apr2022.html。

5.1.4　国际市场营销调研的类型

根据国际市场营销调研的不同目的和调研对象的不同特点，国际市场营销调研可以分为4种类型。

1. 探测性调研

探测性调研是用试探的方法了解市场行情。当企业对所调研的问题不明确，无法确定所要调研的内容时就需要采用探测性的调研方法。探测性调研的主要目的是发现问题，寻找一些最可能的原因，为进一步调研工作指明方向，至于如何解决问题，则有赖于进一步的调研。探测性调研是一种非正式调研，大多运用第二手数据资料进行分析。

2. 描述性调研

描述性调研是对所要解决的问题做如实的反映和具体的回答，国际市场营销调研多数属于描述性调研。描述性调研是要从市场的诸多因素中找出各种因素之间的相互关系，并为因果分析提供依据。由于描述性调研的目的是对某一问题提供答案，因此，要求有详细的调查计划和提纲，重视资料的收集，并且资料要可靠。

3. 因果关系调研

因果关系调研的目的在于找出营销问题存在的原因，如果说描述性调研回答的是"是什么""怎么样"的问题，那么因果关系调研则要回答"为什么""如何"的问题。因果关系调研是在描述性调研的基础上，找出相互关联的各种因素中何者为"因"、何者为"果"、谁是"主因"、谁是"次因"、它们的作用程度各是多少，也就是要找出哪些是自变量、哪些是因变量。例如，企业的市场占有率下降是因变量，那么因果关系调研就要找出原因是什么，并提出改善措施或决策方案。

4. 预测性调研

预测性调研是以估计未来的市场需求为目的的调研，是在收集、整理大量资料的基础上，运用数理统计方法，对需求或其他变量在未来一段时期内的变化趋势进行估计。企业只有清楚未来的需求规模的大小，才能有计划地安排生产和制定营销组合策略，降低企业将来的风险和损失。预测性调研的结果反映的是长期总体趋势，因此对于企业有重大的参考价值。

5.1.5 国际市场营销调研的方法

根据信息来源的不同，国际市场营销调研的方法可分为文案调研和实地调研两类。

1. 文案调研

文案调研是指通过查找、整理和分析与调研项目有关的数据资料而进行的一种调研方法。由于文案调研的资料是经他人收集、整理、加工过的二手资料，文案调研又称为二手资料调研。

文案调研的关键在于熟悉资料的来源和检索方法，同时，还要对收集到的信息资料的合理性和背景进行正确的评价和分析。国际市场营销文案调研资料来源的渠道主要有：①企业内部资料，包括订货记录、销售记录、运输记录、财务报表库存记录、预算报告等；②政府机构，如政府机构公开发行的各种刊物、政府有关部门在网站上公开发布的各种数据、我国驻外使馆或商务代表机构提供的资料等；③国际组织，如各类国际组织定期发布的专题报告、出版专门刊物提供的有关统计资料和市场数据；④专业调研公司或咨询机构，发达国家有许多专业调研机构或咨询公司为顾客有偿提供各类信息，企业可直接向这些公司或机构购买；⑤行业协会或同业公会，许多国家有各种行业协会或同业公会，它们收集、整理和定期发表或公布本行业的产销信息；⑥一些公共图书馆、高等院校、研究机构、银行提供的调查资料、市场报告；⑦联机检索情报系统、数据库终端检索查到的有关资料，尤其在互联网普及的今天，联机检索情报系统在收集资料中的作用越来越大；⑧其他来源，如国外的经销商、代理商或其他营销中介组织提供的信息。

虽然文案调研具有节省调研费用和缩短调研时间的优点，但是它依赖于市场上的第二手资料，而第二手资料往往在下列方面存在问题：①资料可获性。在发达国家，资料比较容易查找，但在发展中国家，许多二手资料难以找到。②资料的可信性。由于资料收集的目的不同，有些数据和信息被人为篡改，还有些由于抽样技术，导致信息失真。③资料的时效性。有时收集到的二手资料可能已经过时而对企业营销决策失去意义，还有些国家的资料缺乏连续性。④资料的可比性。由于统计口径、统计方法的不同，不同国家的信息资料缺乏可比性。

2. 实地调研

实地调研是指通过派出调研人员到实地搜集原始资料来进行营销调研的一种方法。实地调研的方法主要有询问法、观察法和实验法3种。

（1）询问法

询问法是通过询问方式向具有代表性的被调查者直接了解情况，从而获得原始信息资料。这种方法包括个别访问、电话调查和问卷调查。随着互联网的发展，有些企业还通过网络向调研对象提出调研问题，收集原始资料。其中最常用的是问卷调查。问卷调查的优点是调查面广、询问对象广泛、成本不高、匿名性强、被调查者有充分的时间考虑。它的缺点主要是管理难度大、调查表回收率低、回收时间长、难以选择有代表性的调查对象等。

问卷调查是现代社会市场调查的一种十分重要的方法，而在问卷调查中，问卷设计又是其中的关键，问卷设计的好坏将直接决定能否获得准确可靠的市场信息。按照不同的分类标准，可将调查问卷分为不同的类型。

1）根据市场调查中使用问卷方法的不同，可将调查问卷分为自填式问卷和访问式问卷两大类。

2）根据问卷发放方式的不同，可将调查问卷分为送发式问卷、邮寄式问卷、报刊式问卷、人员访问式问卷、电话访问式问卷和网上访问式问卷六种。其中，前三类大致可以划归到自填式问卷范畴，后三类则属于访问式问卷。

一份完善的问卷调查表应能从形式和内容两个方面同时取胜。从形式上看，要求版面整齐、美观、便于阅读和作答。从内容上看，一份好的问卷调查表至少应该满足以下几个方面的要求：①问题具体、表述清楚、重点突出、整体结构好；②确保问卷能完成调查任务与目的；③调查问卷应该确立正确的政治方向，把握正确的舆论导向，注意对群众可能造成的影响；④便于统计整理。

问卷的基本结构一般包括4个部分，即说明信、调查内容、编码和结束语。其中，调查内容是问卷的核心部分，是每一份问卷都必不可少的内容，而其他部分则根据设计者需要可取可舍。

1）说明信。说明信是调查者向被调查者写的短信，主要说明调查的目的、意义、选择方法以及填答说明等，一般放在问卷的开头。

2）调查内容。问卷的调查内容主要包括各类问题、问题的回答方式及指导语，这是调查问卷的主体，也是问卷设计的主要内容。

问卷中的问答题，从形式上看，可分为开放式、封闭式和混合式三类。开放式问答题只提问题，不给具体答案，要求被调查者根据自己的实际情况自由作答。封闭式问答题则既提问题，又给出若干答案，被调查者只需在选中的答案中打"√"即可。混合式问答题又称半封闭式问答题，是在采用封闭式问答题的同时，最后再附上一项开放式问题。

指导语也就是填答说明，是用来指导被调查者填答问题的各种解释和说明。

3）编码。编码一般应用于大规模的问卷调查中。因为在大规模问卷调查中，调查资料的统计汇总工作十分繁重，借助于编码技术和计算机，则可大大简化这一工作。

编码是将调查问卷中的调查项目以及备选答案给予统一设计的代码。编码既可以在问卷设计的同时就设计好，也可以等调查工作完成以后再进行。前者称为预编码，后者称为后编码。在实际调查中，常采用预编码。

4）结束语。结束语一般放在问卷的最后面，用来简短地对被调查者的合作表示感谢，也可征询被调查者对问卷设计和问卷调查本身的看法和感受。

（2）观察法

观察法是指调查者凭借自己的眼睛或摄像录音器材，在调查现场进行实地考察，记录正在发生的市场行为或状况，以获取各种原始资料的一种非介入调查方法。这种方法的主要特点是，调查者同被调查者不发生直接接触，而是由调查者从侧面直接地或间接地借助仪器把被调查者的活动按实际情况记录下来，避免让被调查者感觉正在被调查，从而提高调查结果的真实性和可靠性，使取得的资料更加贴近实际。在现代市场调查中，观察法常用于消费者购买行为的调查以及对商品的花色、品种、规格、质量、技术服务等方面的调查。

观察法是现代市场调查中一种基本的调查方法，同其他方法相比，一个最为明显、突出的优势就是通过观察法调查，可以获得更加真实、客观的原始资料。观察法除了具有上述优点外，也存在一些缺点。

1）观察法仅是取得表面性资料，无法深入探究原因、态度和动机等问题。另外，由于受时空等条件的限制，观察法只能观察到正在发生的动作和现象，而对将要发生的事情无法得知。

2）调查者必须具备较高的业务能力和敏锐的洞察能力，能及时捕捉到所需资料，同时必须具备良好的记忆力。

3）需要较高的调研费用和较长的观察时间。因此，观察法最好同其他调查方法结合起来使用。

按照不同的分类标准,可将观察法分为许多类:①按照观察时间周期,观察法可以分为连续性观察和非连续性观察;②按照观察所采取的方式,观察法可以分为隐蔽性观察和非隐蔽性观察;③按照调查者扮演的角色,观察法可以分为参与性观察和非参与性观察;④按照调查者对观察环境施加影响的程度,观察法可以分为结构性观察和非结构性观察。

(3) 实验法

实验法是指从影响调研对象的若干个因素中选择一个或几个因素作为实验因素,在控制其他因素不变的条件下,观察实验因素的变化对调研对象的影响程度。实验法在营销调研中的应用,一是解释一定变量之间的关系,二是分析这种关系变化的性质。实验的目的在于寻找变量之间的因果关系。例如,在其他因素不变的条件下,通过改变产品的价格来测试价格变化对销售的影响。实验法的优点是资料客观、调查结果精确、调研人员可主动引导因素变化,而不必被动等待。缺点是成本高、干扰因素多、难以选择符合实验条件的市场。

运用实验法进行市场调查,关键在于实验设计。实验设计有两种:正规设计和非正规设计。其中,正规设计包括完全随机设计、分组随机设计、拉丁方格设计和复因素设计等;非正规设计包括无控制组的事后设计、有控制组的事后设计、无控制组的事前事后设计和有控制组的事前事后设计4种。

每一项实验完成以后都要检测其有效性,既包括检测其内部有效性,又包括检测其外部有效性,只有当内部和外部同时有效时,实验结果才能推广到总体。内部有效性主要是从实验内部考察实验结果是否有效。实验结果是否完全是由自变量变化(实际引入的变化)引起的?有没有外部因素参与影响?如果有,其影响如何?诸如此类的问题都是对内部有效性的评价。有些实验,如实验室实验,从内部考察时其有效性相当高,而其外部有效性却很难确定,原因是在实验室,可以对其内部各种自变量加以有效控制,而对外部因素的变化却显得无能为力。外部有效性则主要是从现实的角度来考察实验结果是否有效,也就是说,实验结果能否应用于现实世界。这才是关键的。如果一个实验结果从实验内部来讲是有效的,但在现实生活中毫无用处,则这样的实验没有必要进行,实验结果更不会得以推广。客观地说,内部有效性和外部有效性很难达到绝对一致,这就需要权衡二者之间的关系,同时检测其有效性程度,从而决定是否推广。

营销聚焦 　　　　　　　　**咖啡杯的实验**

美国某公司准备改进咖啡杯的设计,为此进行了市场实验。首先是咖啡杯的选型调查。他们设计了多种咖啡杯,让500位家庭主妇进行观摩评选,研究主妇们用干手拿杯子时哪种形状好,用湿手拿杯子时哪一种不易滑落。调研结果证明,选用四方长腰果形杯子最为适宜。其次是针对产品名称、图案等进行造型调查。他们利用各种颜色会使人产生不同感觉的特点,通过调查实验,选择了颜色最合适的咖啡杯。他们邀请了30多名志愿者,让每人各喝4杯相同浓度的咖啡,但是咖啡杯的颜色分别为咖啡色、青色、黄色和红色4种。试饮的结果显示,使用咖啡色杯子的人认为"太浓了"的占2/3,使用青色杯子的人都异口同声地说"太淡了",使用黄色杯子的人都说"不浓,正好",而使用红色杯子的10人中,竟有9人说"太浓了"。根据这一调查,该公司决定一律改用红色咖啡杯。

资料来源:作者根据网上资料改编。

与文案调研相比,实地调研所收集到的资料虽然更客观、准确,但花费的时间更多,成本也更高。在国外进行实地调研,因语言环境、风俗习惯等难度更大。例如:由于文字翻译不准确,可能会产生误解;由于风俗习惯的差异,导致问卷设计不合理;由于对环境不熟悉而难以确定抽样样本;等等。在国外进行实地调研,企业应当借助当地营销中介组织的力量,聘请当地调研人员,以便更好地完成实地调研工作。

5.2 国际市场预测

国际市场预测是根据国际市场调研所得到的各种资料,利用各种技术包括定性和定量对其进行分析、计算、推算,对未来国际市场的情况如商品的市场占有率、产品寿命周期、成本趋势、市场未来需求潜量等进行的一种预先的推估与测算,从而为企业的重大国际市场营销战略与策略的制定提供依据。

预测的实质是调研的进一步深化。预测的进行要以调研提供的资料为基础,其正确性、准确性在很大程度上依赖于调研所得到资料的正确性与准确性。调研所得到的信息资料只能反映国际市场目前的状况,要使这些资料更好地为企业经营服务,只有通过预测。

企业之所以能对国际市场未来的发展变化做出预测,原因在于国际市场的变化虽然纷繁复杂,但与任何事物的发展变化一样,总有一定的规律。国际市场的变化从总体上来说,总会遵循一定的经济规律,不同的发展阶段,既有各自的特点,又有相互联系的共同点,每一个变化周期的发展趋势与上一周期的发展紧密相关,未来市场状况必然在一定程度上和过去以及现在的状况存在着联系与相似性。所以,企业可以通过对市场过去与现在资料的分析,发现其变化规律,进而对未来进行预测。

5.2.1 预测的分类

1)按预测所采用的对信息资料处理方式的不同,预测可分为定性预测与定量预测。

定性预测是指对预测对象未来所表现的性质的推断,是建立在预测者的主观经验和逻辑推理的能力之上的。这种预测侧重于分析,预见经济现象的未来性质,一般不做出精确的数量估算,因此很少用复杂的数学模型。当市场信息资料缺乏、市场经济环境多变、预测的时间较长时,定性预测是可供选择的、较好的预测方法。但该种预测很容易受预测者个人知识素养、好恶,以及主观因素的干扰而失之偏颇,故也有较大的局限性。

常用的定性预测方法有德尔菲法、主观概率法、经理人员意见法等。

定量预测主要是对已收集的信息资料进行分析，建立一定的数学模型，以此来揭示经济现象之间的规律性，达到预测未来的目的。定量预测能处理大量的信息资料，适用于原始数据充足、数据来源稳定的预测问题。同时，它采用数学模型作为变换信息的工具，能揭示许多复杂的经济关系，能保证整个预测系统准确地运转，避免一些人为因素的干扰。另外，定量预测所采用的数学模型参数主要由历史数据来确定，由于历史数据有一定的历史性和时间性，因此其时间限制性比较强，只适于近期、中期预测，而不适于长期预测。

在实际预测过程中，以上两种方法往往要交叉运用，定性预测中有定量运算，定量预测中渗透定性分析，两者的有机结合、相互验证往往是提高预测准确性的有效方式。

2）按预测所指未来的时间远近，预测可分为长期预测、中期预测和短期预测。

长期预测一般指预测期在 5 年及以上的预测。长期预测的对象往往是某种产品在国际市场的长期变动趋势、消费心理、消费习惯的变动趋势、原材料价格、供求的变动趋势等。这种预测不大强调预测数据的精确性。它的结果主要用于企业国际市场营销战略的制定，故该种预测往往采取定性预测方法。

中期预测的时间一般在 1～5 年。它是企业在市场预测中采用得比较多的预测，企业对国际市场未来的需求量、某种产品的市场占有率、产品寿命周期等预测，多属于中期预测。这种预测一般采用定性与定量相结合的方法，取长补短，相得益彰。

短期预测多为月度、季度预测，这种预测对工业企业意义不大，但对商业企业的销售至关重要，原因在于商业的销售周期要大大短于工业企业的生产周期。该种预测也是定性与定量相结合，但定量的成分偏大。

5.2.2 预测方法

1. 德尔菲法

德尔菲法也称专家征询法，由美国兰德公司首创。德尔菲法的基本过程是：先由各个专家对所预测事物的未来发展趋势独立提出自己的估计和判断，经公司调研人员对征询所得的专家意见进行汇总和整理，然后把整理的结果以及要求返还给各位专家，专家根据综合的预测结果和其他人的意见，修改自己的预测，如此反复，直到公司调研人员对最终的预测结果满意为止。

德尔菲法是由传统的专家会议法发展而来，它克服了在专家会议上专家相互影响，或由于地位、声誉以及人际关系等因素影响得出正确结论的缺陷。但这种方法进行预测的准确性取决于专家的专业知识以及他们对市场变化的熟悉程度，因此，所选择的专家必须具备较高的水平。选择专家的人数要适当，一般以 10~30 人为宜，同时充分考虑专家的代表性，以便带来不同的观点和看法。

2. 相关预测法

相关预测的方法很多，计量经济学方法是主要的分析方法之一，而我们常用的计量经济学方法是回归分析法。根据大量的统计数据,找出变量之间在数量变化方面的统计规律,这种统计规律叫作回归关系,有关回归关系的计算方法叫作回归分析法。回归分析法分为一元回归法、二元回归法、多元回归法、虚拟变量回归法、非线性回归法等。

本章小结

国际市场营销调研比国内市场营销调研的范围更为广泛,环境更为多变复杂,决策更为困难。可以通过询问法、观察法、实验法以及一些定性调研方法获取国际市场营销决策所需的原始资料。国际二手数据来源广泛,除了众多公开信息外,还可以从固定数据供应商处及网上调研获取。精心设计的调查问卷能有效测量消费者的态度,应同时注意考察其效度和信度以保证调查的准确性。国际调研应选用恰当的抽样方式和调整原有抽样方式以便适用于国外市场。

主要的名词术语

一手资料 Primary Data
二手资料 Secondary Data
实地调研 Field Research
案头调研 Desk Research
国际营销调研 International Marketing Research
营销调研程序 Marketing Research Process
委托调研 Entrust Research
国际市场营销信息系统 International Marketing Information System

知识应用

◆ 练习题

1. 国际市场营销调研与国内市场营销调研的差异性主要表现在(　　)。
   A. 参与调研的人员不同
   B. 调研的信息不同
   C. 国际市场营销调研比国内市场营销调研更困难、更复杂
   D. 调研的范围不同
2. 国际市场营销调研的第一步是(　　)。
   A. 制订调研计划　　　　　　　　　B. 确定调研问题和调研目标
   C. 收集信息资料　　　　　　　　　D. 分析整理信息资料
3. 一份国际市场营销调研计划应包括哪些内容?(　　)
   A. 确定需要搜集的信息　　　　　　B. 确定信息来源
   C. 选择收集资料的方法　　　　　　D. 确定抽样方法

4. 分析整理信息资料包括哪些内容？（　　）
   A. 整理原始资料　　　　　　　　　B. 将资料进行分类汇编
   C. 资料分析　　　　　　　　　　　D. 提交调研报告
5. 调研报告在结构上分为哪些部分？（　　）
   A. 前言　　　　　　　　　　　　　B. 报告主体
   C. 附录　　　　　　　　　　　　　D. 参考文献
6. 营销组合策略调研包括哪些内容？（　　）
   A. 产品调研　　　　　　　　　　　B. 价格调研
   C. 销售渠道调研　　　　　　　　　D. 促销调研
7. 国际市场营销调研分为哪些类型？（　　）
   A. 探测性调研　　　　　　　　　　B. 描述性调研
   C. 因果关系调研　　　　　　　　　D. 预测性调研
8. （　　）是指通过查找、整理和分析与调研项目有关的数据资料而进行的一种调研方法。由于文案调研的资料是经他人收集、整理、加工过的二手资料，又称为二手资料调研。
   A. 询问调研　　B. 观察调研　　C. 文案调研　　D. 实地调研
9. 实地调研的方法主要有（　　）。
   A. 询问法　　　B. 观察法　　　C. 问卷法　　　D. 实验法
10. （　　）是指对预测对象未来所表现的性质的推断，是建立在预测者的主观经验和逻辑推理的能力之上的。
    A. 长期预测　　B. 短期预测　　C. 定性预测　　D. 定量预测

◆ 思考题

1. 国际市场营销调研与国内市场营销调研有何区别？
2. 国际市场营销调研的内容包括哪些？
3. 一个完整的国际市场营销调研过程包括哪些步骤？
4. 搜集国外市场原始数据和二手数据的方法各有哪些？
5. 如何有效地进行网上调研？

◆ 实务题

假如国内某一生产消费品的制造商计划在两年内将产品推广到俄罗斯、法国、巴西、日本、美国、印度和南非。根据这些国家的人口统计数据和其他基本数据确定在每个国家应采用的最优原始资料收集方法。

案例讨论

肯德基在中国的成功营销：市场调研先行

20世纪80年代后期，肯德基开始考虑如何进入人口众多的中国市场，发掘这个巨大市场中蕴含的巨大潜力。虽然前景乐观，但是诸多现实问题也使得肯德基的决策者们倍感头疼，犹豫不决，因为进入中国市场前，肯德基对该市场是完全陌生的。

在情况不明朗时，肯德基对中国市场进行了更全面彻底的调查。地点是饭店经营的首要因素，餐饮连锁经营也是如此。连锁店的正确选址是实现连锁经营标准化、简单化、专业化的前提条件和基础。因此，肯德基对选址是非常重视的。选址决策一般是两级审批制，其选址成功率几乎是百分之百，这是肯德基的核心竞争力之一。肯德基选址按以下步骤进行。

1. 商圈的划分与选择

1）商圈划分。肯德基计划进入某个城市前，会先通过有关部门或调查公司收集这个片区的资料。有些资料是免费的，有些资料需要花钱去买。把资料备齐了，就开始规划商圈。通过打分把商圈分成好几大类。以北京为例，有高级商业型、区级商业型、定点消费型，还有社区型、社区商务两用型、旅游型等。

2）选择商圈。选择商圈即确定目前在哪个商圈开店、主要目标是什么。在商圈选择的标准上，一方面要考虑餐馆自身的市场定位，另一方面要考虑商圈的稳定度和成熟度。餐馆的市场定位不同，吸引的顾客群不一样，决定了商圈的选择也不同。

2. 聚客点的测算与选择

1）要确定这个商圈内最主要的聚客点在哪儿。肯德基开店的原则是努力争取在最聚客的地方及其附近开店。肯德基选址人员采集人流数据，使用专用的技术及软件进行分析，就可以得出在某地投资额的上限，而超过这个上限，开店就将得不偿失。

2）必须考虑人流动线会不会被竞争对手截住。如果竞争对手的选址比肯德基好，在动线的上游截住了人流，那么这个地址就不是最好的。

3）聚客点选择影响商圈选择。聚客点的选择也影响商圈选择，因为一个商圈有没有主要聚客点是这个商圈成熟度的主要标志。

资料来源：作者根据网上资料改编。

问题：

1. 肯德基为什么要花巨资进行市场调研？
2. 肯德基在选址时需要哪些数据支持？
3. 选择距离你较近的两家肯德基，试分析其选址策略的优劣。
4. 选择相邻的肯德基和麦当劳，试比较其选址策略的优劣。

第 6 章
国际市场营销企业战略管理

知彼知己，百战不殆。

不战而屈人之兵，善之善者也。

——《孙子兵法》

本章学习要求

1. 掌握企业介入国际市场营销的程度
2. 熟悉迈克尔·波特教授的国际市场营销竞争战略
3. 熟悉多国本土化与全球化国际市场营销战略的概念与选择
4. 了解国际市场营销战略及其模式

引导案例

大象起舞："代工之王"富士康的转型之路

2019 年，富士康科技集团（简称"富士康"）董事长刘扬伟上任后，宣布进行 F1.0（现况优化）、F2.0（数位转型）、F3.0（产业升级）的集团战略规划。富士康希望通过未来 5～10 年的规划，集团能实现从劳动密集型到技术密集型再到资本密集型企业的跨越。

F1.0 指如何将组织调整得更合理，如何提升运营效率；F2.0 指用数字化的方法进行转型；F3.0 指进入高附加值产业。富士康目前提出了投入"电动车、数字健康、机器人"三大新兴产业以及"人工智能、半导体、新世代通讯"三项新技术领域的"3+3"长期发展策略。

为了实现从 F2.0 到 F3.0 的升级，2020 年，富士康首次设立了首席数字官（CDO），并组建了工业互联网办公室。这一年，在工业智能领域有着资深经验的史喆正式加入富士康，成为集团首任 CDO 和工业互联网办公室主任。在史喆看来，F2.0 是一个承上启下的阶段，既增强了 F1.0 的成果，又为下一个阶段奠定基础，既与生产结合，又与 IT 开发深入结合，支持新产业。

富士康每年承载大量的客户需求，必须要保证产出不出问题、系统稳定、出货稳定、品质保证，还要同时做好系统优化。因此，不论是大的变革还是小的优化，都要仔细论证。像富士康这样的工厂往往是牵一发而动全身的，可能一个决策就会影响整个决策链。正因如此，富士康的数字化转型也是与产业链上下游厂商共建工程的过程。反向来看，作为行业龙头的富士康也能凭借其强大的号召力，带动产业链一起转型。

通过富士康的转型实践，史喆也总结出了一些数字化转型的方法论，希望能够给计划转型或者正在转型路上的传统企业一些启发。

第一是想清楚自己的需求。不论对大型企业、中型企业，还是小微企业，这都是一个非常关键的问题，而且不只是一把手，所有的决策层都要考虑这个问题。规模大小、复杂程度不同的组织如何制定战略、选择方向，选什么样的技术路径，数字化工具怎样适配组织等，这些问题都要在想清楚后再推进，且在应用前做充分的论证。每家企业运营方式不同，解决方案一定不是标准化的，如果想用数字化能力提升自己，则需要符合自身情况的决策行为和决策逻辑。

第二是选择时机。什么时机进行数字化转型最好？尤其是疫情期间，全球企业的运营都受到影响，企业决策也面临不确定性。

第三是权衡转型的"度"。数字化转型是一项长期工程，但会有一个大力推动的节点。还有，达到什么程度才能算是取得了阶段性的成果；还需要投入多大力度，才能做成这件事。

第四是企业高层要有很强的决策心。

第五是有自己的数字化团队。每一家公司要有自己的、真正做数字化的团队，真正将技术能力和思维在企业里落地，寻找最适合自己的方案。

资料来源：行知数字中国：数字化转型案例集锦[R]. 极客邦科技，2021:11-26。

6.1 国际市场营销企业成长战略

企业在对战略业务单位进行投资组合分析并拟订战略业务计划后，还面临拓展业务领域、实现业务成长的战略任务。企业可以采用三种新业务发展战略：密集型成长战略、一体化成长战略、多样化成长战略。

6.1.1 密集型成长战略

密集型成长战略的基本思路是开发那些潜伏在现有市场和现有产品类别中的市场机会。企业在原有业务范围内，增加某个战略业务单位的现有产品或劳务的销售额、利润率及市场占有率，充分利用在产品和市场方面的潜力来求得成长的战略，也称为加强型战略。

美国著名的经营战略学家安索夫（H. I. Ansoff），用产品/市场拓展矩阵（见图6-1）展示了业务成长的思路，令人颇受启发。他认为，企业在寻找有效增长的途径时，不外乎从产品和市场这两个方面着手，这样便构成了四种发展类型。

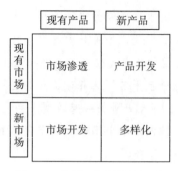

图 6-1　产品/市场拓展矩阵

1. 市场渗透战略

市场渗透战略是指企业采取种种积极的措施力求在现有市场上增加现有产品的销售量。这样就必须充分利用已取得的经营优势或竞争对手的弱点，进一步扩大产品的销售量，努力增加产品的销售收入。企业可以从以下几个方面努力：一是在维持现有消费者的基础上通过各种营销手段，说服和诱发人们的购买行为，提高现有顾客的购买量；二是用各种竞争手段吸引竞争者的客户；三是刺激和促使未曾购买过本企业产品的顾客的购买行动。

2. 市场开发战略

市场开发战略是指企业为现有产品寻找新的市场，满足新市场对产品的需要，以争取新的顾客、增加销售量的一种战略。其主要形式和途径有：一是在当地吸引潜在顾客；二是寻找新的细分市场，即根据新的目标市场需求，改进现有产品的设计，利用新的销售渠道和其他营销组合策略满足新市场尚未满足的需求；三是拓展市场区域，即从一个区域市场扩展到另一个区域市场，或从地区市场扩展到全国市场，从全国市场扩展到全球市场。

市场开发战略是用现有产品开发国外的新市场，企业将面临与国内需求状况不同的问题。尽管产品仍为新市场所需要，但可能开辟国内市场的技术手段在国外新市场已不适用，因此必须对市场销售体系和市场促进工具进行创新，而当新市场的营销费用远远超出生产费用时，就应选择在新市场建立生产体系。这是市场开发战略与其他战略的不同之处。

3. 产品开发战略

产品开发战略是指企业在现有市场领域通过开发、推广新产品或改进产品，来满足现有市场的不同层次需要，从而提高销售额的发展战略。不断开发新产品是提高企业经济效益的重要保证。产品开发要符合顾客的需要，要充分考虑企业自身的资金、技术力量、设备、原材料等条件，要考虑新产品开发和产品改进的经济效益。只有这样，企业的市场发展目的才能实现。

实施产品开发战略，首先要研究和开发全新的换代产品或改进产品满足现有市场的需要；其次是在现有产品的基础上，发展产品差异化，与竞争对手的同类产品稍有区别，更好地吸引顾客。

4. 多样化战略

多样化战略是从与现有的事业领域没有明显关系的产品、市场中寻求成长机会的策略，即企业所开拓的新事业与原有的产品、市场毫无相关之处，所需要的技术、经营方法、销售渠道等必须重新取得。企业采用多样化战略，可以更多地占领市场和开拓新市场，也可以避免单一经营的风险。

6.1.2 一体化成长战略

实行一体化成长战略是解决战略业务单位在成长过程中如何不断向广度和深度发展的一种思路。它是指企业充分利用自己在产品、技术、市场上的优势，在供、产、销等方面开拓现有的业务范围，力图增加某项业务的销售和利润的经营战略。其好处是可以有效地为企业建立较为稳定的营销环境，使企业能对由供、产、销组成的营销链进行有效控制。

1. 纵向一体化战略

纵向一体化战略是指战略业务单位向原生产活动的上游和下游生产阶段扩展。这是一种使用最频繁的战略，多数大型企业均有一定程度的纵向一体化。这种扩张使企业通过内部的组织和交易方式将不同生产阶段联结起来，以实现交易内部化。

纵向一体化战略可以使战略业务单位获得较多利益。①获取一体化的经济利益，如联合经营、内部控制相协调、信息反馈和成本分摊、节约交易成本和稳定关系等的经济利益。②确保供给和需求，规避价格波动。纵向一体化确保业务单位在产品供应紧缺时期得到充足的供给，或在总需求很低的时期能有一个产品输出的渠道。③提高进入和退出壁垒，如较高的价格、较大的成本或较高的风险，从而提高了产业的进入壁垒。当企业在退出某个行业时会遇到一定的困难并付出代价，如原有固定资产的处置损失或者清退劳动工人的补偿较高。④提高差异化能力。纵向一体化可以通过在管理层控制的范围内提供一系列额外价值，来改进本企业区别于其他企业的能力。

纵向一体化战略也有某些不足之处。①提高公司在本产业的投资，增大风险。②可能会迫使公司依赖自己的内部活动而不是外部供应源，时间一长，可能比外部寻源更昂贵，同时降低公司满足顾客产品种类方面需求的灵活性。③导致保持在价值链的各阶段生产能力的平衡问题。④需要拥有完全不同的技能和业务能力。⑤纵向一体化进入零配件的生产可能会使公司降低生产的灵活性，延长公司将新产品推向市场的时间，同时经营方向的调整也比较困难。⑥弱化激励。纵向一体化意味着通过固定的关系来进行购买与销售。上游企业的经营激励可能会因为是在内部销售而不是为生意进行竞争而有所减弱。⑦较高的全面退出壁垒。纵向一体化意味着企业的命运至少部分地由其内部供应者或渠道商的能力来决定。技术上的变化、产品设计，包括零件设计的变化、战略上的失败或者管理问题等都会使内部供应者提供高成本、低质量或者不合适的产品和服务，或者内部顾客或销售渠道失去了它们应有的市场地位。

综上所述，企业在考虑采用纵向一体化战略之前必须对各种有利影响和不利影响进行全面分析和权衡，对哪些业务应该在自己内部展开、哪些可以安全地转给外部企业等做出正确决策。

2. 水平一体化

水平一体化也称横向一体化，是指战略业务单位将生产相似产品的企业置于同一所有权的控制之下，通过购买或兼并同行业中的企业，或者在国内或国外与其他同类行业合资生产经营，以达到扩大规模、降低成本、提高企业实力和竞争优势的目的。例如，百事可乐公司对"七喜"公司的兼并，美国市民商业银行（Citizens Business Bank）对第一沿海银行（First Coastal Bank）的并购就属于此类。采用水平一体化战略的好处是：能够吞并或减少竞争对手；能够形成更大的竞争力量去和竞争对手抗衡；能够取得规模经济效益；能够取得被吞并企业的市场、技术及管理等方面的经验。企业一般在下列情况采用水平一体化战略。

第一，希望在某一地区或市场中减少竞争，获得某种程度的垄断，以提高进入障碍。

第二，企业在一个成长着的行业中竞争。当竞争者是因为整个行业销售量下降而经营不善时，不适于用水平一体化战略对其进行兼并。

第三，需要扩大规模经济效益来获得竞争优势。

第四，企业具有成功管理更大的组织所需要的资本和人力资源，而竞争者则由于缺乏管理经验或特定资源停滞不前。

第五，企业需要从购买对象身上得到某种特别的资源。

6.1.3 多样化成长战略

多样化成长战略是指企业进入目前尚未涉足的经营领域和业务范围，尽量增加经营的产品种类和品种，即企业采取跨行业的多种经营。如果企业在现有业务范围之外发现了具有较大吸引力的市场机会，就可以采取进入新市场、开发新产品并举的多样化成长战略。当然，好机会是指新行业的吸引力很大，企业也具备各种成功的业务实力。一般来讲，如果企业实力雄厚，在现在的经营领域内没有更多或更好的发展机会，或者企业在目前的经营领域内继续扩大业务量会使风险过于集中时，就可以考虑采取多样化发展战略。多样化的目的是使自身的特长得以充分发挥，人、财、物资源得以充分利用，且减少风险，提高整体效益。多样化成长战略有三种类型。

1. 同心多元化

同心多元化又称相关多元化，是指战略业务单位运用原有的技术、特长、专业经验和营销渠道等开发与现有产品和服务相类似的新产品和新的服务项目。它主要从两个方面给企业带来优势：一是产生范围经济；二是增加市场力量。

同心多元化是多样化发展战略中较容易实现的一种战略，因为它不需要企业进行重大的技术开发和建立新的销售渠道，而是从同一圆心逐渐向外扩展经营范围，没有脱离原来的经营范围，能够借助原有经验、特长等优势，发展新的业务，经营风险小，易于成功。

同心多元化战略适用于以下条件：①可以将技术、生产能力从一种业务转向另一种业务；②可以将不同业务的相关活动合并在一起；③在新的业务中可以借用公司品牌的信誉；④能够创建有价值的竞争能力的协作方式实施相关的价值链活动；⑤能够共享销售队伍、广告、品牌和销售机构；⑥有助于增强公司目前经营地位。

2. 水平多元化

水平多元化是指战略业务单位开发的新产品线与现有产品线的顾客有紧密联系或交叉，但在工艺技术、经营方法、销售渠道上则没有联系。也就是说，企业利用原有市场，采取不同的技术来发展新产品，新产品与原产品的基本用途虽然不同，但存在较强的市场关联性，可以利用原来的渠道销售新产品。例如，佳能一开始专营照相机，形成了影像核心技术。在此基础上，佳能将公司经营范围延伸到复印机、打字机、传真机等业务领域，取得了水平多元化经营的巨大成功。水平多元化使企业在技术和生产上进入了一个新的领域，因此有一定的风险性，包括财务风险、决策失误风险、管理质量下降的风险、行业进入风险、行业退出风险和内部经营整合风险等。因此，企业在水平多元化过程中不能盲目求大求全，应该开辟相关领域，把握拓展的节奏，这才是企业获得持续的竞争优势所必须充分注意的。

3. 复合多元化

复合多元化又称不相关多元化，即战略业务单位通过购买、兼并、合资或者内部投资等方式，扩大经营领域，增加与现有业务在技术和顾客方面均无任何联系的新业务领域的策略。国际上许多大型集团采取复合多样化的发展战略。近年来，我国也有不少大企业采取了这种发展战略。一般来讲，当企业所在行业逐渐失去吸引力，企业销售额和利润下降，或者企业具有进入新产业所需的资金和人才，或者企业有机会收购一个良好投资机会的企业时，就可考虑采用复合多元化战略。复合多元化战略的优势有：①有效地分散经营风险，提高企业适应环境变化的能力；②通过投资有最佳利润前景的产业，公司的财力资源可以发挥最大的作用；③公司的获利能力更加稳定；④增加股东财富。

跨行业使企业涉足自己过去毫无经营经验和经营资本的新领域，所以其投资风险一般要比前两种大。复合多元化战略的管理难度远远大于前两种。由于资金的分散，其所能得到的平均利润率是否理想是企业决策时必须认真考虑的。因此，企业应建立一套多元化投资决策管理体系，使多元化经营决策科学化。

综上所述，以上三种战略各有不同：密集型成长战略是在企业现存的行业和现有的基础上更进一步地确认发展机会；一体化成长战略是确认某些市场机会，以建立和寻求与企业目前经营有关的目标；多样化成长战略是确认市场机会后，建立和增加与企业目前经营无关的但有吸引力的经营目标。

营销聚焦　　　　　　　　　　　**海尔集团的成长战略**

海尔集团是世界第四大白色家电制造商，也是我国电子信息百强企业之首。旗下拥有240多家法人单位，在全球30多个国家建立本土化的设计中心、制造基地和贸易公司，全球员工总数超过5万人，重点发展科技、工业、贸易、金融四大支柱产业。作为我国企业中"走出去"战略的领跑者，在企业国际化的战略及管理方面均取得了很大成就，对我国其他企业的国际化道路有着重要的借鉴意义。

海尔集团诞生于1984年，由一个小小的"青岛电冰箱总厂"发展到如今在多国都投资办厂并实现本土化经营的国际性"海尔集团"，海尔的国际化经历了内向型发展、出口、海外投资和本土化四个阶段。

1. 1984—1990年：内向型发展阶段

海尔的国际化并非在企业建立之初就开始的，而是建立在海尔已经在国内处于领先地位的基础之上。在创立之初，海尔就调研了国内消费者的需求，对产品进行创新，甚至为四川地区的农民改进发明了专门用于清洗地瓜的洗衣机。在这个阶段，海尔通过产品创新，在国内的家电行业占领了一席之地，塑造了海尔的品牌形象。

2. 1990—1996年：出口阶段

1990年起，海尔开启了海外业务，海尔冰箱出口的目标市场首先选中了德国与美国。为了进入德国这个在制造产品要求上极其精细的市场，海尔将其冰箱撕掉商标与德国原产的冰箱一起供经销商选择。最终，海尔冰箱以性价比取胜，首战即获得了2万台冰箱的订单，开始了国际化之路。经过多年的努力，海尔的国际化取得了巨大成果，产品逐渐开始销往欧洲、美国、日本、中东等地区。

3. 1996—1998年：海外投资阶段

1996年，海尔首次投资海外市场，在菲律宾成立了海尔CDLKG电器有限公司。之后，海尔又将其冰箱、洗衣机、空调的生产技术出口到印度尼西亚、马来西亚等发展中国家。随着海尔的不断发展，海尔在美国、印度尼西亚等地先后投资设厂。

4. 1999年及以后：本土化阶段

海尔在海外投资设厂之后，就开始了使海外海尔本土化的进程。1999年，海尔在美国建立了首个"三位一体"的本土化公司，设计中心在洛杉矶、营销中心在纽约、生产中心在南卡州。此后，海尔致力于推行本土化战略，根据各国不同的文化与需求，进行产品与技术的创新和团队管理的本土化。

资料来源：百度文库，海尔集团发展战略。

6.2 国际市场营销企业竞争战略

从一般意义上理解,"竞争"即指"竞相争先"。美国《最新经营管理词典》指出:"竞争是为数众多的独立买主和卖主彼此就相同的产品和服务展开竞争,彼此不受限制地做交易并可以自由地进入和退出市场的一种市场状况。"企业竞争力是企业在市场竞争中所表现的一种外在市场力量,是与竞争对手抗争、赢得市场份额、获取利润时所表现出来的力量或能力。它是企业外部资源与内部资源的实力、能力、素质综合作用,最终在市场竞争上所体现的力量。

6.2.1 迈克尔·波特的三种竞争战略

国际市场营销企业竞争战略是指国际市场营销企业向一个以上国家的消费者或顾客提供有效的产品和服务,以获得尽可能最大利益而采用的竞争手段。

美国学者迈克尔·波特在20世纪80年代提出了实现竞争优势的三种基本战略:①采用以低于竞争者的价格提供产品的低成本领先战略;②通过产品的独特性和较高的价格来获取竞争优势的差异化战略;③满足某一特殊顾客群或细分市场的市场聚焦战略。

迈克尔·波特还提出了运用三种竞争战略的条件,见表6-1。

表6-1 迈克尔·波特的三种竞争战略

竞争战略类型	所需的技能和资源	组织要求
低成本领先战略	大量的资本投资和良好的融资能力 大批量生产的技能 对工人严格监督 所设计的产品易制造 低成本的批发系统	严格的成本控制 经常、详细的控制报告 组织严密、责任明确 以定量的目标为基础的奖励
差异化战略	强大的营销能力 产品加工有创造性的鉴别能力 较强的基础研究能力 在质量或技术开拓上声誉卓著 在某产业中有悠久的传统或具有从其他业务活动中得到的独特的经验技术构成 与销售渠道的高度协调合作	在产品研发和市场营销部门之间的协作关系好 重视主观评价和激励,而不是定量 有轻松愉快的气氛,以吸引高技术工人、科学家和创造性人才
市场聚焦战略	针对具体战略目标,由上述各项组合构成	针对具体战略目标,由上述各项组合构成

1. 低成本领先战略

低成本领先战略又称总成本领先战略(Overall Cost Leadership),是指在较长时期内,通过规模化经营,持续保持企业的全部成本低于行业平均水平或主要竞争对手,以获得同行业平均水平以上的利润和赢得竞争优势的竞争战略。低成本领先战略要求企业建立起大规模、高效率的生产设施,在经验的基础上全力以赴降低生产成本,以及最大限度地降低和控制管理、营销、服务等方面的经营成本,使企业产品的总成本减少到最低水平,从而扩大市场份额。低成本领先战略依赖于规模经济效益化和学习经验效益化。

（1）低成本领先战略的优势

实行总成本领先战略，可以使企业抵挡住现有竞争对手的冲击，以较低的价格扩大销售量，提高市场占有率；使企业有较大的降价空间，从而在价格战中仍能获利；面对强劲客户压价时，处于低成本地位的企业在进行交易时仍可获得足够的利润；在大批量采购原材料时有较强的议价优势；企业可以凭借巨大的生产规模和成本优势形成行业进入壁垒，使潜在的新进入者望而却步，并有利于企业采取灵活的定价策略，将竞争对手排挤出市场；在与替代品竞争时，低成本的企业往往比本行业中的其他企业处于更有利的竞争地位。

（2）低成本领先战略的适应条件

企业实施低成本领先战略需要具备一些前提条件，包括外部条件和内部条件。

首先，具备以下外部条件时实施低成本领先战略较容易获得成效：①现有竞争企业之间的价格竞争较激烈。价格是决定客户购买的主要因素，客户转换购买产品基本不需要成本，并且客户有较强的降价谈判能力。②客户不追求性能领先的高端产品，而是要简易便宜的大众产品。产品基本上是同质化的，而且产品差异化的可实现途径较少，多数客户使用产品的方式相同，如钢铁、煤炭、石油、水泥、化肥等行业的产品。

其次，实施低成本领先战略必须满足的企业内部条件：①持续的资本再投资和良好的融资渠道，以维护成本领先地位。②先进的生产设备和工艺。③严格控制费用开支，最大限度地降低生产及经营成本。④产品易于制造，适用于大批量生产企业，产量达到经济规模。⑤要有较高的市场占有率。

营销聚焦　　　　**小米和苹果：企业竞争战略的两种典型案例**

在手机市场，有两家企业是两种与众不同的战略的典型代表。

小米公司从创业初期开始采用的就是成本领先战略。当同配置的智能手机标价都在 3 000 元左右时，小米手机却通过赋能供应链，最终把产品价格定在 1 999 元，这让很多之前买不起智能手机的青年用户大为心动，小米公司成功打开了市场，快速从创业公司成长为一方诸侯。与之对照的是苹果公司，它非常具有创新精神，推出了 iPhone 系列，但 iPhone 的售价并不便宜，一直处在手机行业的金字塔尖。

能让消费者为这么高的价格买单，苹果靠的是对细节的苛求。举个例子，为苹果的 iPod 和 MacBook 产品打磨后盖的合作企业，是一家只有 7 个人的日本"小作坊"——小林研业。小林研业虽然规模很小，但有积累了几十年的手工经验，以及追求极致的工匠精神，因此能将 iPod 和 MacBook 的后盖打磨得毫无瑕疵，且厚度只有 0.5mm 左右。这种苛求体现在苹果产品的每一个零件上，也贯穿苹果企业发展的始终。

这两家企业的例子说明了这两个战略都可行，只是需要企业根据自身的不同情况来做出选择。需要注意的是，这两种战略都是有缺点的。

> 成本领先战略的核心不是低成本，而是成本比别人低。如果一个行业竞争特别激烈，那么毛利率就会很低，为了维持成本领先地位的代价也就会变得高昂。万一这个行业的产品还在不断革新，那么压力就更大了，而手机正是这样的行业。小米公司之前一直受到产能不足的困扰，经常被消费者诟病为"饥饿营销"，其实根源就是低成本战略导致的低利润。
>
> 那么，苹果公司就高枕无忧了吗？当然不是。实行差异化战略的企业需要一直保持产品的优异，才能保住地位。对苹果公司来说，就是要一直保持创新，一直有令人耳目一新的创意。这当然是非常难的。在库克的带领下，苹果公司的业绩和市值一路高涨，但仍有很多反对者说："没了乔布斯的苹果，味道已经变了。"
>
> 资料来源：https://cj.sina.com.cn/articles/view/5170186722/1342ac9e2019012nyw。

（3）低成本领先战略的风险

第一，生产技术的变革或新技术的出现可能使得过去的设备投资或产品研发和生产管理经验变成无效用的资源，企业原先具有的成本优势瞬间消失。

第二，企业的生产和经营缺乏壁垒，行业中新进入者或者追随者通过模仿、总结前者经验或购买更高效的设备以更低的成本起点加入竞争，后来居上。

第三，采用低成本领先战略的企业由于将注意力集中在降低产品成本，忽视了客户的需求变化，一旦未来市场发生变化，企业会受到较大冲击。

第四，需要同竞争对手保持足够大的价格差，一旦这种价格差造成的优势不能抵御竞争对手采用差异化战略带来的差异化优势，这一战略将会失效。

第五，遭遇外部环境的变化如国际反倾销或通货膨胀等。通货膨胀使生产成本上升，削弱了产品成本的价格优势。

2. 差异化战略

差异化战略（Differentiation Strategy）是指为使企业产品、服务、形象等与竞争对手有明显的区别，在整个产业范围中独具特色以获得竞争优势而采取的战略。在竞争激烈、细分市场已成必然的当今时代，差异化战略是提高企业的竞争能力和利润率的有效战略。凡是差异化战略，都把成本和价格放在第二位考虑，首先要重视的是能不能做到独具特色。

成功的差异化战略能够吸引品牌忠诚度高且对价格不敏感的顾客，从而获得超过行业平均水平的收益。总成本领先战略的主要目的是提高市场占有率，而差异化战略瞄准的是获得比总成本领先战略更高的利润率。

（1）差异化战略的优势

实行差异化战略，可以增强企业竞争优势，使企业避免与竞争对手发生尖锐的正面冲突，从竞争对手相对薄弱的环节进行突破，迅速占领市场，是赢得较高利润的有效手段。具体优势如下。

1）差异化本身可以给企业产品制定一个较高的价格，从而使企业获得较高的利润。产品的差异化程度越大，所具有的特性或功能越难以替代和模仿，这是因为客户会认为这种差异化的产品有额外的价值，因此愿意支付这个价钱。

2）有产品差异就会引起垄断。产品差异越大，其垄断程度越高。差异化的产品和服务是竞争对手不能提供的，因而明显地削弱了客户的讨价还价能力，降低了客户对价格的敏感度，使客户不大可能转而购买其他的产品和服务，从而使企业避开价格竞争。

3）采用差异化战略有助于建立起消费者对企业的忠诚。这种忠诚一旦形成，消费者对价格的敏感程度就会下降。

4）差异化战略会形成一定的产业进入壁垒。在产品差异化越显著的行业，因产品差异化所形成的进入壁垒就越高。

（2）差异化战略的适应条件

当今社会信息技术的飞速发展和人员流动的频繁使知识共享变得更加容易，从而不可避免地产生激烈的同质化竞争。为避免同质化，许多企业不顾自身和外围条件，盲目追求实行差异化战略，结果可能会遭遇不同程度的损失。企业实施差异化战略应具备一定的外部条件和内部条件。

外部条件包括以下几方面。

1）企业所创造的产品或服务的差异化优势能够覆盖某一部分市场。

2）企业所创造的产品或服务的差异化优势能够得到客户的接受与认可。

3）企业所创造的产品或服务的差异化优势必须使客户容易识别与区分。

4）企业所创造的产品或服务的差异化优势不易被竞争对手模仿和复制。

内部条件包括以下几个方面。

1）企业具有较强的研究开发能力，研究人员要有创造性思维。

2）企业具有使其产品质量或技术领先的声望。

3）企业在这一行业有悠久的历史或吸取其他企业的技能并自成一体。

4）企业具有较强的市场营销能力。

5）企业研究开发及市场营销等职能部门之间具有较强的协调性。

（3）差异化战略的形式

实现差异化战略可以有许多形式：设计或品牌形象、技术特点、外观特点、客户服务、经销网络及其他产业价值链的任何一个环节都有可能成为差异化的基础。常见的差异化途径有以下几种形式：

1）产品差异化。产品差异化是最常见的差异化方式，是指企业的产品在特征、性能、质量、设计式样等方面明显优于竞争对手。企业通过产品差异化创建特有的优势。

2）服务差异化。服务差异化主要体现在送货、安装、维修等方面。我国家电零售连锁行业同质化激烈竞争，拼货源、拼降价的促销时期，苏宁电器（简称苏宁）却坚定地选择服务差异化战略作为其竞争优势。苏宁每进驻一个城市，都是"店门未开，服务先行"——进入社区为居民免费清洗油烟机、免费检修日用家电,以真诚的服务赢得客户的信赖。

3)渠道差异化。渠道差异化是差异化战略的重要特点,需要公司根据产品不同的特点,采用不同的销售渠道,合理配置资源,从而形成稳步增长格局。安利公司在营养保健食品行业采用直销形式,区别于该行业绝大多数厂商通过中间商进行分销的模式。惠氏公司是世界制药行业的巨头,与各大医院一直保持着良好的战略合作关系。

4)采购差异化。近年来,我国保健品行业非直销领域"汤臣倍健"的成长速度良好,市场销量稳步增长。取自全球的原料采购差异化优势是汤臣倍健的核心竞争优势之一,并奠定了企业高速增长的基础。

5)制造差异化。怡宝的制造差异化是产品经过全程净化与杀菌,其"全球先进的杀菌技术"与独特的产品净化工艺,成为大众选择该产品的重要因素。

6)人员素质差异化。人员素质差异化是指由于公司员工的素质、服务态度和方式等因素而形成的差异。人员素质差异化可以为客户提供特色服务,形成具有差异化特点的营销队伍。例如,阿联酋航空公司的服务人员着装得体、妆容精致、服务亲和,受到用户的欢迎。

7)品牌差异化。品牌差异化是指为品牌在消费者心目中占领一个特殊的位置,以区别于竞争对手品牌的卖点和市场地位。品牌差异化不仅可以引起消费者的共鸣与认同,阻碍竞争者进入,还可以提高消费者的忠诚度,从而建立起稳固的品牌偏好。"2019 年 8 月,华为"鸿蒙操作系统"正式发布,意味着源于美国的苹果系统、安卓系统之外,我国自主研发的手机操作系统成功突围,这也是华为以科技创新为核心的品牌定位的标志性事件。

(4)差异化战略的实施风险

1)与竞争对手的成本差距过大导致丧失部分客户。维持差异化战略的高成本不被买方所接受,过大的价格差距使客户认为不值得而转向采购更便宜的产品以节省费用。

2)客户的差异化需求下降。当客户变得老练而导致忽略差异时,就会不愿意为特色而支付溢出的价格。

3)差异化形成的高额利润会吸引竞争者和潜入者模仿,而大量模仿者的出现会减少产品之间的差异,同时利润降低。随着产业的成熟,这种情况发生概率较大。

4)不能准确把握市场偏好,追求不必要的差异化或创造的差异化太小而被客户忽略。

5)只注重产品差异化,忽视了产品的其他重要方面或忽视整个价值链的作用。在差异化战略实施过程中,企业的各个方面要相互配合,如果存在严重缺陷,就会大大削弱差异化的效果,企业不能长期取得差异化战略的竞争优势。

3. 市场聚焦战略

市场聚焦战略是指企业通过更好地了解狭义市场或细分目标市场的顾客所需,为他们创造更多的价值而获得竞争优势。市场聚焦战略不追求整体市场占有率，而强调集中资源以更好的效果和更高的效率为某一特定的狭窄市场顾客服务，并战胜竞争对手。美国的波特油漆公司（Porter Paint）是市场聚焦战略获得成功的一个著名案例。这家公司的目标细分市场是职业油漆工，而不是那些自己动手的个体客户。公司提供油漆的服务系统灵活、及时，可以迅速将油漆送到工地，哪怕只是 1 USgal[①]。公司同时为职业油漆工提供休息场所，还在工厂车间设计了免费咖啡屋。这一战略使该公司在油漆行业取得了卓著的业绩。

市场聚焦战略可以和低成本领先战略或差异化战略结合起来，在实现市场聚焦战略的同时，向某个细分目标市场的顾客提供低价格，或以高价格为这个细分的目标市场提供具有差异化的产品和服务。

营销聚焦   **品牌差异化定位**

品牌差异化是指品牌在消费者心目中占领一个特殊的位置，以区别于竞争品牌的卖点和市场地位。LV 的包卖得极贵，但我们可能都知道它的成本远没有那么高。这多出来的价格，我们叫作商品溢价。

品牌的成长是一个漫长且艰辛的过程，一个名字和商标并不代表一个品牌。小米从创业到上市只用了 8 年时间。小米股票上市的时候，股价曾一度跌破 3 元。当时几乎所有人都不看好小米。但后来小米手机异军突起，突出重围，一个很关键的因素是小米手机的品牌差异化。

小米手机的品牌差异化主要有以下几个方面。

1）主打高性价比。当时的小米发布会上雷军的 1 999 元定价就征服了一大批人，在当时高端机普遍为四五千元的时候，小米手机一下就震惊了整个行业。通过高性价比将品牌打响。

2）MIUI（米柚）系统的核心优势。小米是先做的系统，然后延伸到手机，它的社区聚集了大批的手机发烧友，在发烧友的参与、讨论、互动下，米柚系统诞生了。小米既是供应方也是接收方，对于这些发烧友来说，小米与其他品牌的差异就在于让他们有了参与感。

3）与用户做朋友。与其他传统的客商致力于为客户服务不同，小米主打的营销方向是与用户做朋友，通过小米社区等模块，更好地与客户进行交互，通过客户反馈来进行手机的研发修改等。

4）社群＋电子商务的营销模式，让消费者第一时间用最便利的方式就可以购买小米手机。除了在官网、主流销售平台，小米连新浪微博、微信、QQ 空间的渠道都打通了，在任何用户可能触达的地方都打通了入口。

资料来源：作者根据网上资料改编。

[①] 1 USgal ≈ 3.785dm^3。

6.2.2 不同市场地位企业的竞争战略

商业社会竞争无处不在。在同一目标市场上竞争的企业，因营销目标和资源实力不同，各自拥有的竞争地位也就不同。每个企业应该根据自己的目标、资源和环境，以及在目标市场上的地位，来制定合适的竞争战略。按不同的竞争地位，竞争者被分为4种类型：市场领导者、市场挑战者、市场追随者、市场补缺者。

1. 市场领导者的竞争战略

国际市场领导者是在相关产品的国际市场上占有最高的市场份额并起导向作用的营销竞争者。这些企业由于在国际市场上价格变动、新产品开发、分销渠道的宽度和促销力量等方面具有巨大的影响力而处于主导地位。由于其巨大的影响力，其他许多企业或向其挑战以提升自己的市场竞争地位，或效法追随，或趋利避害另辟蹊径。国际市场领导者往往是在竞争中形成的，但其地位可能是暂时的，在国际市场上强手如林，竞争形势瞬息万变，市场领导者的竞争优势和地位随时有丧失的可能。

国际市场上处于领导地位的营销者随时面临着来自竞争对手各方面的挑战和竞争。市场领导者对市场状况必须随时保持高度的警觉，并采取适当灵活的战略，以便随时应对可能出现的市场变化，保住市场领导者的地位。一般来说，为了保持自己的领导地位和竞争优势，市场领导者可采用以下三种战略。

（1）扩大市场需求量

1）发掘新的使用者。通过发掘新的使用者，企业可以扩大产品消费者的人数。增加某种产品的消费人数通常有以下一些手段：调整产品价格；改进产品性能；扩大推销产品的范围，并加大广告宣传力度，以说服那些不使用本产品的消费者尝试并使用本产品。

2）开辟产品的新用途。企业可以对原有产品不改造或稍加改造，增加了新的用途，来寻求可扩大产品需求量的途径，延长产品的生命周期，使产品销售经久不衰。

3）增加消费者的使用量。扩大市场需求量的另一个重要手段是增加消费者的使用量。美国一家制造牙膏的公司曾一度无法进一步开拓市场而处于尴尬的境地，后来通过增大牙膏管而使销量大增。设法使消费者增加用量，是扩大需求的一种有效手段。

（2）维持现有市场占有率

市场领导者的地位不是固定不变的，竞争者的挑战使竞争实力和地位随时都可能发生变化。市场领导者必须时刻提防，维护既有市场阵地。例如，美国可口可乐公司在国际市场上不仅要时刻防备百事可乐公司的"进攻"，还要防止来自其他替代品饮料公司的"进攻"。市场领导者必须在产品创新、服务水平、分销渠道和降低成本等方面不断改进，还应该抓住对手的弱点主动出击。如果不能发动进攻，则必须采取有效的防御战略，严守阵地。

常见的防御战略有如下四种。

1）阵地防御。这是企业对自己已占据了的市场所实行的一种静态防御保护行为。但市场领导者不能满足于这种防御方式，并将所有力量都投入防御。从长远来看，这种不求进取的防御必然会消除企业的竞争优势，给企业带来损失。

2）攻击防御。市场领导者遭到攻击时，反攻切入对方的市场阵地，迫使竞争对手停止进攻。

3）运动防御。市场领导者在防御目前的市场阵地的同时，拓展新的市场阵地。

4）收缩防御。企业无法进行全面防御时，放弃相对疲软的市场阵地，如有意识地从某些市场上撤退或减少产品的种类，集中力量于主要的市场阵地。

（3）扩大市场份额

扩大市场份额是国际市场领导者提高收益的又一个重要途径。经专家测算，市场领导者的市场占有率如达到40%以上，其企业利润可达市场占有率10%以下者的3倍。因此，扩大市场份额成为许多企业所追求的主要目标之一。一般认为最佳市场份额是50%，超过这个比率，可能要付出很大代价。当然，并不是所有形式的市场份额扩大都能够带给企业较高收益，相反，在某些情况下，过度地追求市场份额会给企业带来难以挽救的灾难，例如，1997年，亚洲特别是东南亚许多企业因过度追求市场份额，忽视利润收益率，加上负债过高，在东南亚经济危机过程中，禁不住冲击，纷纷倒闭。因此，企业要努力使单位成本随市场份额扩大而下降，并使产品价格大大超过提高产品质量所投入的成本，在提高市场占有率的同时，努力增加利润率，使企业的竞争优势得到可持续发展，以保持市场领导者的优势地位。企业还应该注意当地国家颁布的反垄断法，以免受指控和制裁。

营销聚焦　　　　　　营销战略对利润的影响

1972年，美国战略规划研究所开始对几百家企业（大部分是世界500强企业）的经营进行多年的分析研究，形成营销战略对利润的影响（Profit Impact of Marketing Strategy, PIMS）的研究报告。PIMS研究项目发现，盈利率是随着相关市场份额呈线性上升的。市场份额在10%以下的企业，其平均投资报酬率在11%左右；市场份额相差10%，税前投资报酬率将有5%的差异；市场份额超过40%的企业将得到30%的平均投资报酬率，或者它的投资报酬率是市场份额在10%以下企业的3倍。哈佛商学院的一项研究表明，市场份额领先者的资产回报率比第五位以后的公司高3倍。各种研究和经济实践也能证明利润率与市场份额之间是成正比例关系的。

资料来源：刘金材，顾丽琴.浅析市场份额的价格与非价格竞争策略[J].商场现代化，2005（28）：287-288。

---

2. 市场挑战者的竞争战略

市场挑战者处于相对次要的竞争地位。这些企业通过挑战市场领导者，以期取而代之，或进一步加强竞争优势，巩固既有竞争地位。市场挑战者向市场领导者发动挑战，需要制定恰当的战略，并确定明确的战略目标和挑战对象。

挑战者可选择制定以下战略来实施挑战。

1）正面挑战：挑战者集中优势向对手发动全方位的进攻，如在产品质量、功能、性能、价格等主要方面向对手展开全面的挑战。该战略取胜的关键是挑战者必须在挑战的主要方面胜过对手。

2）侧面挑战：挑战者寻找竞争对手的薄弱市场，以自己的优势挑战对方的弱点，或者占领市场领导者未进入的细分市场。

3）迂回挑战：挑战者间接实施挑战，如开发新产品，实行产品多样化，开辟新市场，采取市场多元化策略，等等。

4）游击挑战：挑战者以小规模的、间断性的侧翼进攻，如在竞争对手所占市场的某些角落进行游击式的促销或价格攻势，干扰对手的正常营销活动，逐渐削弱对手的力量，以谋求立足或进一步发展。

3. 市场追随者的竞争战略

市场追随者在市场上处于次要地位。它们往往实力有限，并不期望向市场领导者挑战并取而代之，因而尽量避免在市场竞争中因"挑战"而引起风险，希望在既有竞争态势下追随市场领导者，保持和平共处，并获得尽可能多的利益。在营销方式上，它们主要仿效市场领导者，向市场提供与市场领导者相类似的产品。企业开创一种新产品需要投入大量的财力，经历相当大的风险，才有可能获得市场领导者地位，而市场追随者不需花费大量投资，只需从事仿造或改良市场领导者的产品，即可获取较高的利润。对市场追随者来说，这种战略是非常有利的。但是，被动地追随并不能维持现有顾客，获得持久的成功和进一步发展。市场追随者必须在营销手段上有所创新，不断设法降低成本，在自己的目标市场上提供一些富于特色的利益，如地点、产品和服务质量等，从而争取一定数量的新顾客。除此之外，追随战略并非长远之计，随着企业实力的逐渐强大，应在适当的时机充当挑战者，以图进一步发展壮大。

市场追随者的竞争战略主要有以下几种。

1）紧密追随。市场追随者在各个细分市场和营销组合方面，紧密模仿和追随市场领导者，由于这种追随从根本上不会损害市场领导者的地位，因此不会同市场领导者发生直接冲突而招致其进攻。

2）选择追随。市场追随者具有独立性，并不盲目追随，而是择优追随。

3）相距追随。市场追随者保持独创性。除了在目标市场、产品创新、价格水平和分销渠道等主要方面追随市场领导者之外，市场追随者还有一定的差异性。

营销聚焦

2007年夏，全球最大的方便食品和饮料公司之一的百事公司面向我国消费者推出混合果汁饮料——"果缤纷"。"果缤纷"以独特的混搭配方、多元化的复合口感，一改我国果汁市场纯果汁饮料的单一局面，受到消费者的热烈欢迎。我国许多小规模的饮料厂看到混合果汁饮料非常好卖，于是纷纷推出类似的系列产品。

【分析提示】

贸然进入一个新的市场意味着容易造成失败甚至血本无归。资本雄厚的市场领导者经过长期调查分析后决定开辟新的市场，并且获得良好的市场反馈。这时，作为市场追随者进入就不会有太大风险。

资料来源：作者根据网上资料改编。

4. 市场补缺者的竞争战略

有些小企业不与市场领导者或大企业展开直接竞争，而是找出一些其所忽视的或无暇顾及的较小市场部分，进行专业化的经营来占据有利的市场位置。它们以自己的专业化优势精心提供具有特色的产品和服务，满足市场的一些特殊需要，同时以相对较高的价格来获取最大限度的收益。

市场补缺者在确定有利的较小专业市场时应注意以下几点。

1）市场有足够的潜力和购买力。

2）对市场主要竞争者不具有吸引力。

3）有利润增长的潜力。

4）企业有必要的资源和能力。

市场补缺者应深刻了解市场、顾客、产品、分销渠道等方面的实际情况，向顾客全力提供其所需要的产品和服务，以确保企业的生存和发展。

6.2.3　全球化环境下的本土公司

全球市场给本土公司带来了巨大的挑战和机遇。在波音、麦当劳和大众汽车等全球商家扩张势力时，本土公司必须保护自己的地位，否则就要出局。它们不能再依赖政府的保护和支持。如果不愿意转让自己或成为大型国际公司的一部分，那么本土公司必须建立竞争优势或采用创造性的全球增长策略。与全球公司竞争的筹码是有效的资源（例如有力的品牌和较大幅度的预算增长），本土公司可以通过强调它的产品和本地市场上能察觉到的优势成功地在本地市场上竞争。本土公司可以更主动地通过与本地市场有相似特色的细分市场或全球经销商还没有进入的细分市场，寻求自己的全球化战略。

本土公司的战略取决于外部和内部的实际情况。所在行业全球化的程度决定本土公司将面临的压力。在内部，公司资产的可让渡程度决定了它的机遇。图 6-2 提供了简要的战略选择方法。曾经受政府保护的本土公司，由于经济一体化或加入 WTO 可能要面对新的困境，躲避者必须重新考虑整体战略。例如，随着市场体制的改革，捷克汽车制造商 Skoda 发现它的运营模式已经过时。1991 年该公司变成 Volkswagen（简称 VW）在东欧最大的私有交易商的一部分。Skoda 没有被 VW 的操纵者兼并，而是按照 VW 的模式——定向的生产管理、协作的劳动关系、以消费者为中心的市场设计——获得了成功，通过大规模采用新技术和工作方法，更恰当地运用供给和分销网而获利，目前它在行业中也成为全球领先的品牌。

	竞争性资产	
产业全球化压力	为本地市场定制	可转移到国外
高	躲避者：出卖给……	奋斗者：……
低	防御者：……	混合者：……

图 6-2　本土公司的竞争战略

防御者是仅在本地市场有竞争优势的本土公司。这种优势是进入本土的全球公司无法轻易获得的，例如，在本地拥有一个较大特权的产品生产线。很多人认为拉丁美洲的小本地零售商会被兼并或被像家乐福这样的全球公司排挤，因为在发达市场上经常发生类似的事情。然而，在拉丁美洲小零售商的市场份额仍有 45%～61%，因为它们不仅满足顾客的需要，而且基于本土优势能服务得更好。对于新兴的市场，选择零售商的决定性因素不是价格，而是总购买成本（包括运输费用、时间、搬运和储存购买物的能力）。如果一个本地公司的资产是可转移的，它也许可以和全球经营者在世界范围内正面竞争。当空中客车（Airbus）和波音（Boeing）为了互相竞争而去研究开发更大的飞机时，它们把能载 70～100 位乘客的装有喷气式发动机的客机市场拱手让给其他竞争者。自 1995 年以来的 10 年里，喷气式飞机的区域性航线在欧洲增加了 1 000%，在北美增加了 1 400%，增长部分来源于本来就有的和连接小市场的定期短途航线。

奋斗者是在增长的需求中获得优势的公司，如巴西的 Embraer，它挑战了市场的王者——加拿大的 Bombardier。当需求比预期增长得更快时，Bombardier 不能满足市场需求，从而为 Embraer 打开了大门。巴西更低的劳动力成本顺利地使 Embraer 在价格方面减少了竞争者。

混合者利用它们在本地市场的成功为平台扩展到其他地方，这要求有相似的消费者偏好市场或细分市场，如较大的移民社区。菲律宾最大的快餐品牌 Jollibee 食品公司在本地市场上用以当地口味定制的产品和服务挑战麦当劳，接着在其他较大的菲律宾移民社区扩展市场，如加利福尼亚州。截至 2022 年 9 月底，Jollibee 集团旗下餐饮品牌在菲律宾拥有 3 238 间分店，其中 Jollibee 占 1 183 间，在海外共拥有 3 113 间分店，总共 6 351 家间分店。本地经营者受到全球市场和经营者挑战时可采用多种战略。获胜的关键是革新而不是效仿，是充分利用天然的竞争优势超越那些全球公司。

本章小结

在过去 10 年里，全球化成为营销经理关注的非常重要的一个战略问题。来自内外部的各种力量正促使公司通过扩充和协调其国外市场的经营活动推行全球化。然而，全球化并没有标准化的方法。经营者的确可能在某些时候在世界各地市场上使用相同的技术和营销理念，但大多数情况下，经营理念必须适合当地顾客的偏好。从内部来看，公司要确保在世界各地的子公司即将开发的是全球性产品项目。

营销经理需要进行战略规划，从而可以根据新市场的现实情况更好地进行调整。了解公司的核心战略是战略规划的第一步，通过了解和评价可能会使公司调整其原先想进入的业务。在为选定的业务制定全球战略时，决策制定者要对市场和市场渗透时使用的竞争战略进行评价并做出选择，可能要选择一个特定的细分市场或利用公司竞争优势的多个细分市场。为了在选定的市场上取得最大化效果，制订和实施营销组合计划时，"全球化思维，本地化行动"成为关键性的指导原则，既体现了对顾客的关注，又考虑了对各国家子公司的激励。

主要的名词术语

国际市场细分 International Market Segmentation
无差异营销 Undifferentiated Marketing
差异化营销 Differentiated Marketing
集中化营销 Concentrated Marketing
国际目标市场 International Target Market
选择国际目标市场 Choosing International Target Market
国际市场定位 International Market Positioning

知识应用

◆ 练习题

1. （　　）的基本思路是开发那些潜伏在现有市场和现有产品类别中的市场机会，也称为加强型战略。
   A. 市场渗透战略　　　　　　　　B. 密集型成长战略
   C. 一体化成长战略　　　　　　　D. 多样化成长战略

2. 多样化成长战略有哪些类型？（　　）
   A. 同心多元化　　　　　　　　　B. 水平一体化
   C. 水平多元化　　　　　　　　　D. 复合多元化

3. 迈克尔·波特竞争战略包含哪些内容？（　　）
   A. 产品开发战略　　　　　　　　B. 低成本领先战略
   C. 产品差异化战略　　　　　　　D. 市场聚集战略

4. （　　）是指为使企业产品、服务、形象等与竞争对手有明显的区别，在整个产业范围中独具特色以获得竞争优势而采取的战略。
   A. 总成本领先战略　　　　　　　B. 市场聚集战略
   C. 差异化战略　　　　　　　　　D. 产品开发战略

5.（　　）是通过更好地了解狭义市场或细分目标市场的顾客所需，为他们创造更多的价值而获得竞争优势。
   A. 总成本领先战略　　　　　　　　B. 市场聚集战略
   C. 差异化战略　　　　　　　　　　D. 产品开发战略
6. 按不同的竞争地位，竞争者被分为哪些类型？（　　）
   A. 市场领先者　　　　　　　　　　B. 市场挑战者
   C. 市场跟随者　　　　　　　　　　D. 市场补缺者
7. 为了保持自己的领导地位和竞争优势，市场领导者可采用哪些战略？（　　）
   A. 扩大市场需求量　　　　　　　　B. 维持现有市场占有率
   C. 扩大市场份额　　　　　　　　　D. 缩小市场份额
8. 防御战略有哪些？（　　）
   A. 阵地防御　　　　　　　　　　　B. 攻击防御
   C. 运动防御　　　　　　　　　　　D. 收缩防御
9.（　　）是指挑战者集中优势向对手发动全方位的进攻，如在产品质量、功能、性能、价格等主要的方面向对手展开全面的挑战。
   A. 正面挑战　　　　　　　　　　　B. 侧面挑战
   C. 迂回挑战　　　　　　　　　　　D. 游击挑战
10. 市场补缺者在确定有利的较小专业市场时应注意（　　）。
    A. 市场有足够的潜力和购买力　　　B. 对市场主要竞争者不具有吸引力
    C. 有利润增长的潜力　　　　　　　D. 企业有必要的资源和能力

◆ 思考题

1. 过于简化的全球化方法的危害是什么？你同意"如果某种东西在某个市场上完全有效，就应该假定它适用于所有市场"的说法吗？
2. 除了青少年这个全球细分市场外，在世界上还可能存在其他已出现的这样一个有着相似特征和行为方式的群体吗？
3. 结合全球碳排放的环保压力，谈谈某一跨国公司在国际市场上的竞争战略选择。
4. 为什么在开发全球战略规划时，尽早进行内部资源评估具有关键意义？

◆ 实务题

1. 为我国某企业产品进入俄罗斯市场制订一个竞争性营销战略方案。
2. 为广东凉茶进入东南亚市场制订一个竞争营销计划。

案例讨论

元气森林：撕开帝国裂缝的"互联网+"饮料公司

根据饮料巨头"农夫山泉"招股书提供的数据，我国是全球最大的软饮料市场之一，按零售额计算，2014—2019 年，我国软饮料市场规模的复合年增长率为 5.9%，至 9 914 亿元。同时，伴随国民经济持续稳定增长、居民消费水平的不断提升以及消费结构的升级，预期我国软饮料市场将继续保持5.9%的年复合增速，2024年市场规模将达到13 230亿元。因此，软饮料赛道是个实打实的万亿级赛道。

从细分市场来看，元气森林主要切入的市场是碳酸饮料（苏打气泡水）和茶饮料（燃茶），两者分别占软饮料市场的2.3%和3.8%。

但是不同于其他快消品，饮料行业的市场集中度非常高，各大巨头纷纷占山为王：碳酸饮料是可乐、百事两个国际品牌的天下，分别占59.5%、32.7%；在茶类饮料中，康师傅、统一占比60%。

在这样一片红海中，打造一个成功的新饮料品牌格外困难，想要从中撕开一条裂缝并不容易，更别谈破局了。但是近几年随着消费者的健康意识增强，碳酸饮料市场逐渐到达"天花板"。健康，正是即饮茶和碳酸饮料市场的帝国裂缝。

元气森林洞察到了边熬夜边"保温杯里泡枸杞"的年轻消费者的痛点："肥宅快乐水"劲爽的口感和健康的诉求只能二选一，欲望和养生不能兼顾。所以，主打"0糖0脂0卡"的碳酸饮料——元气森林气泡水一出现，迅速获得了年轻消费者的青睐。

元气森林的所有产品均围绕0糖、无糖或不添加蔗糖展开，把元气森林消费者的品类认知成功锁定在"无糖+健康"上。在"无糖专门家"的品牌定位下，所有产品调性都与之契合，这样的一致性也有利于帮助元气森林聚焦无糖饮料这一品类，聚焦关注健康的核心目标人群。元气森林瞄准的目标人群主要是18～35岁的女性消费者，居住地集中于一线、新一线和二线城市。产品定位偏向于对健康有要求的人群，想要减肥却酷爱饮料的人群。

围绕这一消费人群，元气森林还考虑了他们的"心理需求"：塑造一个专属于消费者的年轻品牌。年轻消费者需要的不仅是一款健康好喝的饮料，更是一个与其他品牌有所区别、和自己调性相合的品牌。

元气森林的包装也是基于这些消费者设计的。简洁清新的配色、最开始和日文如出一辙的"気"字、与不二家卡通形象相像的元气乳茶妹……所有元素都瞄准了喜爱日系风的这一代年轻人。

但饮料行业终究还是一门长远的生意，元气森林已经用健康概念和创新方式在红海中撕开了一道裂缝，如何用更加坚定和务实的商业模式撑开这道裂缝、实现长期增长，才是元气森林发展的关键。

资料来源：徐瑶，张安淇.元气森林：饮料市场破局者[J].企业管理，2023（2）：81-84。

问题：

1. 运用STP法分析元气森林的市场竞争战略。
2. 阐述新时代下随着饮料市场的发展，元气森林的未来发展转型。

第7章
国际市场进入

凡大约剂，书于宗彝；小约剂，书于丹图。

——《周礼·秋官·司约》

本章学习要求

1. 掌握出口进入模式
2. 了解契约进入模式
3. 掌握投资进入模式
4. 了解国际战略联盟的内涵和重要意义

引导案例

以高质量传播助力合力品牌国际化

"品牌国际化"是我国企业实现跨越式发展、开拓国际市场的必经之路。安徽叉车集团有限责任公司（简称"叉车集团"）将"国际化"作为核心战略之一，在"十四五"时期着力推进品牌、中心、产品及人才等多维一体的国际化战略举措落实，进一步提升合力品牌在海外市场的影响力和美誉度。

在品牌国际化系列工作的具体推进中，叉车集团注重问题导向和价值导向，发布品牌价值主张"让世界更合力"及"HELI"品牌内涵诠释及概念片，来统领合力品牌在海外发声的主旨、内涵和话术体系，逐步解决认知不清的问题，提高合力品牌的认知度（品牌价值主张：让世界更合力）。"让世界更合力"与"人类命运共同体"一脉相承，代表着我国企业走向世界、赋能世界的意愿和态度。

此外，叉车集团还通过建立海内外联动的数字化传播矩阵，并发布一系列高质量、连续性、结构化的品牌内容，来提高品牌的国际声量，进而带动品牌声望的提升，并通过建立品牌管理规范和"1+4+N"品牌管理机制，来推动海外市场品牌建设工作的联动协同与创新。

资料来源：作者根据网上资料改编。

7.1 出口进入模式

大多数企业从出口开始进入国际市场，开始时是少量、偶然的出口，随着销售额的增加、经验的积累和国外市场数量的增加，出口被作为企业进入国际市场的重要方式。相对而言，出口是一种最普通、最简单，也是最传统地进入国际市场的方式，它是生产企业在国内生产，并将拥有的生产要素，如劳动力、资金等留在国内，通过一定的渠道将产品销往东道国的方式。采用这一模式的企业，出口的产品可以与国内销售的产品相同，也可以是根据国外目标市场需要做适应性改变的产品，还可以是专门为国外顾客开发的新产品。出口可以分为间接出口和直接出口两种方式。

7.1.1 间接出口

1. 间接出口的含义与特征

间接出口（Indirect Exporting）是指生产企业通过本国中间商向国际市场出口产品。企业选择间接出口的方式一般基于下列三种原因：一是企业的出口量不大，主要业务面向国内市场，因而没有必要设立专门的出口业务部门；二是外贸中间商有丰富的外销经验和销售渠道，通过中间商比企业直接出口更为有利；三是企业没有外贸经营权，只能委托外贸中间商出口产品。

间接出口的主要形式包括通过出口代理商、出口公司、出口管理公司、国际贸易公司等把企业生产的产品销往国际市场，也可以通过企业之间合作出口或把产品直接出售给外国在当地设立的采购机构，实现产品进入国际市场。

间接出口的特点是企业经营国际化与企业国际化的分离。从产品方面来看，间接出口的产品与向国内销售的产品差别不大，这种出口只是国内经营在量上的简单扩大。从营销活动方面来看，企业和海外市场隔绝开来，企业的产品走出了国界，而营销活动却完全是在国内进行的，企业本身并没有直接参与出口产品的国际市场营销活动。因此，间接出口是最简单经济的市场进入方式，是所有进入国际市场的方式中风险最低的一种，也是进入国际市场最脆弱、最容易的方式。

2. 间接出口的优点

对于初涉国际市场的企业，特别是小公司来说，间接出口是进入国际市场的较好方式。

1）不必专设机构和雇用专职人员经营出口，可以集中有限资源搞好产品的研制开发和生产，提高产品竞争能力，也可以节约费用和不承担或少承担经营风险。

2）可以利用其他企业在国外市场的知识、信息、营销渠道，将产品出口到国外市场，可以在短期内实现渗透国外市场的目标。

3）灵活性大。企业和承接出口业务的其他机构都是根据事先签订的合同来联系和合作的，合同期满后，生产企业可根据合作结果再做选择，不存在投资回收的问题。

4）企业可借助此方式，逐步积累经验，为以后转化为直接出口奠定基础。

3. 间接出口的局限和不足

1）生产企业依靠其他机构的力量从事出口贸易，但这些机构有时因财力有限，或者缺少与客户联系的网络，或者缺乏提供周到的售后服务能力，因而有失掉市场份额的危险。

2）生产企业对海外市场缺乏控制，所获市场信息反馈有限，影响了国际营销决策的及时性和准确性。

3）不能积累自己的市场进入经验，并适时了解目标市场的需求，针对目标市场的需求适时修正产品。

4）生产企业无法获得国际市场营销的知识和经验，无法为更深入地走进国际市场、参与国际经营进而实现国际化成长奠定基础。

因此，间接出口主要适用于那些不常出口的或者对出口销售没有能力和经验的企业。对于外销业务能力大的企业而言，间接出口往往作为诸多方式之一，主要是针对那些潜力不大或风险较大的市场所采取的一种进入方式。

7.1.2 直接出口

1. 直接出口的含义

直接出口是指企业绕过国内中间商，把产品直接卖给国外的中间商或最终用户。在直接出口方式下，企业与国外企业直接接触，对产品出口拥有较高的控制权。企业要独立开发国际市场，承担各种经营风险，不同程度地直接参与产品的国际市场营销活动。这些活动包括调查目标市场、寻找买主、联系分销商、产品分销和定价、准备海关文件、安排运输与保险等。因此，从严格意义上讲，直接出口才是国际市场经营的起点。

直接出口的形式可以是把产品直接销售给国外的经销商、代理商，实现产品进入国际市场，也可以把产品直接销售给国外最终消费者，在条件成熟的情况下，可以在国外设立驻外办事处，直至在国外建立国外营销子公司，由它们负责在国际市场上销售企业的产品。企业还可以成立国内出口部，由其承担企业产品的出口业务。

2. 直接出口的优点

与间接出口相比，直接出口能有效地避免前者的缺陷。

1）使企业摆脱中间商渠道与业务范围的限制，可以部分或全部控制国际营销规划，更好地保护商标、专利、信誉和企业的其他无形资产等。

2）企业可以获得较快的市场信息反馈，据以制定更加切实可行的营销策略。

3）收益比间接出口要大。

4）有利于全面积累国际市场营销的经验，为今后的跨国投资经营打下基础。

3. 直接出口的局限和不足

1）直接出口需支付更多的费用，要设立专门的对外贸易部门并配备相关的人员，还要独立承担国际市场的风险。

2）适用面窄，直接出口产品需具有竞争优势，才能打开市场。

3）在海外建立自己的销售网络需要付出艰苦努力。

综上所述，间接出口和直接出口有各自的优势与缺陷，与其他进入模式相比，出口进入国际市场需要资金投入较少，可以帮助企业实现地域优势和规模经济优势，是获取出口经验的有效途径，具有高度的灵活性。但是，出口进入模式难以保持企业对当地代理商和市场需求的监控，遇到的关税与非关税壁垒容易导致出口产品失去与当地产品的竞争优势，同时出口模式不仅使出口产品到达当地市场的时间过长，而且需要支付高额的运输成本。

7.2 契约进入模式

7.2.1 契约进入模式的含义

契约进入模式又称非股权安排，是指企业通过与东道国的法人订立长期的非投资性的无形资产（如专利、商标、技术诀窍、商业秘密和公司名称等）转让合同进入东道国。与出口模式相比，两者都是以贸易方式进入国际市场，但不同的是契约进入模式不是通过直接出口商品，而是通过出口技术、技能、劳务和工艺等进入国际市场。它与投资型进入方式不同，契约进入模式是在股权投资和人事参与之外的另一种形式。这一模式的主要特征是：不以股权控制为目标，以及所涉及的财务风险较小。

契约进入模式是克服国际贸易壁垒的手段之一。当企业把国内生产出的产品销售到国际市场的出口方式受到限制时，如运输成本过高、关税、配额等贸易限制过严等，契约进入模式不失为一种万全之策。如果目标国市场具有规模较大、劳动力成本较低、政府鼓励外来资本投资等优势，就更加有利于企业投资建厂、就地生产。

7.2.2 许可证贸易

1. 许可证贸易的含义

国际市场营销活动的深入发展使得许可证贸易已成为一种被广泛应用的进入模式。许可证贸易是指企业在一定时期内向东道国市场企业转让其知识产权，如专利、商标、版权、产品配方、公司名称、特殊营销技能或其他有价值的无形资产的使用权，并以双方约定的使用费作为补偿。其中，出让无形资产的一方称为许可方或授权方，而接受无形资产的一方称为授许方或授权方。在许可协议中，企业转让的不是无形资产本身的所有权，东道国企业获得的也不是专利权或商标权本身，而是取得这种知识产权的使用权，因此，无形资产使用权的转移是许可证贸易的核心，也是区别于其他各种契约进入方式的根本所在。故在进行许可证贸易时，交易双方需要就许可证的标的、转让范围、转让条件、期限、费用支付方式以及其他相关的条款进行磋商，达成共识后，作为双方必须遵守的法律文件。

2. 许可证贸易的类型

许可证贸易按照授权程度和方式可以分为以下几种类型。

1）独占许可。独占许可即在契约规定的区域和期限内，被许可方对许可协议项下的知识产权享有独占的使用权，许可方和任何第三方不得使用该种知识产权制造和销售产品。为此，被许可方需向许可方支付相当高的报酬。这种方式的授权程度最高，转让的费用也最高。

2）排他许可。排他许可又称全权或独家许可，即在契约规定的区域和期限内，许可方和被许可方在协议有效期内对许可协议项下的知识产权都享有使用权，但许可方不得将此种权利转让给第三方。其独占程度比普通许可高，比独占许可低。

3）普通许可。普通许可又称非独占许可，即许可方和被许可方在契约规定的区域和期限内享有使用许可证标的权利，但是许可方有权把许可证的标的再转让给第三者。也就是说，在契约规定的区域和期限内，被许可方不是独占这种权利，许可方可以再转让给第三方、第四方等。普通许可由于许可方保留了再转让权利，因此其转让费也比独占许可和排他许可要低。

4）从属许可。从属许可又称可转让许可，即许可方和被许可方在合同规定的范围内有权使用许可证标的相关的产品产销，被许可方有权以自己的名义在规定的范围内再转让给第三方。

5）交叉许可。交叉许可又称互换许可，即在互惠互利的基础上，许可方和被许可方相互交换知识产权的使用权。一般情况下，双方无须支付费用。

3. 许可证贸易的优点

1）成本低。在典型的许可证交易中，许可方不用承担开发海外市场的巨额成本和营销力量，又可以用赚得的许可经营费来将产品研究开发成果投入实际生产并进行再次开发，以此来分摊新技术的研究开发成本。另外，当出口因为运输成本太高或进口国竞争太激烈而无利可图时，许可证贸易可避免高额运费或国外市场赋税，提高价格竞争的能力。

2）障碍少。各国对货物进口限制较多，尤其非关税壁垒更是名目繁多，甚至对一些产业进行特意保护，如电信产业等。特别是某些关系到进口国国计民生的重要工业产品无法采用投资或产品出口方式，而通过许可证贸易便能顺利地涉足这些产品的生产经营领域。

3）风险小。当东道国政府对外资实行征用或国有化时，直接投资的政治风险和经济损失要大于契约进入模式，因为后者最大损失是技术使用费。因此，许可证贸易可大大降低或避免国际市场营销的各种风险，如被没收、征用、国有化等。

4）有利于特殊技术的转让。许可证贸易有利于特殊技术的转让，确保知识产品受专利法等法律的保护，并形成先入为主的技术标准优势，为开发下一代或相关产品打下基础。

5）有利于小型制造企业进入国际市场。许可证贸易虽然并不局限于中小企业，但为小企业的产品快速进入国外市场提供了一条捷径。小企业实力不足，资金有限，难以采用直接投资方式进入国际市场，许可证贸易为小企业在海外的合作生产提供了便利。

4. 许可证贸易的局限和不足

1）必须具备一定的条件。采用许可证贸易需要企业具备一定的条件，如果企业不拥有外国客户感兴趣的技术、商标、诀窍及公司名称，就无法采用此模式。

2）控制力弱。在许可证贸易中，授权方与受许方之间是买卖关系，而非从属关系，因此，为实施对目标市场的控制，授权方会在许可协议中订立若干条款来保证对自身权利的控制。但是，由于不是直接经营，授权方不可能对其加以直接控制，特别是在产品质量、管理水准、营销能力等方面，依赖受许方是不可避免的。受许方为追求利润可能出现的短期行为，又会使授权方的信誉等受到损害。

3）机会成本大。授权方可能失去进入东道国的其他方式所应取得的实际和未来的净收入。例如，排他性许可协议规定受许方在一定地区内享有使用该技术从事独家经营的权利，这意味着授权方在许可期内不能再以其他的方式（如在该地区出口自己的产品）进入受许方市场，故授权方的机会成本会较大。

4）潜在竞争强。许可协议有一定的有效期，当协议期满后，受许方利用转让的技术，经过一定时期的经营，在目标市场积累了经验，开拓了业务关系，树立了自己的形象，已成为该产品生产的内行，授权方想再进入该市场可能遇到的最大的竞争对手就是原来的受许方。

5）收益低。与出口和直接投资方式相比，授权方从许可协议中获得的收益一般较低，受许方在协议失效后，会继续生产和销售这种产品，而不再支付报酬。这也是授权方最担忧的事情，除非知识产权受到长期保护。

5. 许可证贸易应注意的问题

许多企业对许可证贸易这种方式持保留态度，这是因为在许可协议中，很多冲突可能发生。冲突集中表现为出让权利的范围、补偿费、被许可方的遵从义务、争端的解决方法、协议的期限和终止等。这些细节商讨越清楚，合作双方就越能避免不必要的麻烦。

出让权利的范围包括被许可的知识产权的定义和说明；使用的原材料、设备和零部件；被许可技术的使用范围；区域性权利，如地区制造和销售权、附属的许可权、独家经营的竞争技术等。

补偿费，即许可协议中的报酬支付，是受许方支付给授权方转让其知识产权供受许方使用的费用之和。补偿费的标准应与受许方所得的技术受益值及参与各方所承担的风险相一致。许可证买方支付补偿费的方法主要有两种：一是按一定价格一次总付或分期付款；二是在一定时期内，按照产品产量、产品销售价格或利润向卖方支付提成费。有的许可协议中还规定了最高提成费、最低提成费或递减提成费。

被许可方的遵从义务范围必须明确。鉴于许可证贸易进入模式存在的种种弊端，企业在签订许可协议时应明确规定双方的权利和义务，以保护自身的利益。例如，在协议中规定：对所授的知识产权的保护问题、遵守被限制出口的国家和地区的规定、产品标准一致性的保持、有关异常情况的报告、接受授权方的审计和监督等。

争端的解决办法必须明确。许可证贸易双方发生争议时，首先应通过友好协商解决，如不能达成和解，可通过仲裁机构加以仲裁。如许可协议没有订立仲裁条款，则可通过司法诉讼程序解决争端。许可协议中最好提前确定适用哪一个国家的法律，否则，要根据国际司法原则推定适用哪个国家的法律。

协议的期限和终止必须明确。协议的有效期由双方当事人具体商定，协议届满时，经双方同意，也可适当延期。

7.2.3 特许经营

1. 特许经营的含义

特许经营是指企业（特许方）将自身的经营模式与相应工业产权（如专利、商标、产品配方、包装、公司名称、管理服务等无形资产）特许给目标市场某个独立的企业或个人（被特许方）使用，被特许方遵循特许方的相应要求从事经营业务活动，并支付经营提成费和其他补偿给特许方。

特许经营进入模式与许可证进入模式相似，是许可证贸易向深层经营领域的延伸与扩展。它与许可证贸易的主要区别是：首先，前者是整个经营体系的转让，而后者只是单个的经营资源，如某种无形资产的转让。其次，在特许经营中，特许方要给予被特许方生产和管理方面的帮助，例如提供设备、帮助培训、融通资金、参与一般管理等。特许方需要对被特许方的经营管理实行监督，统一经营政策，以确保特许品牌在海外市场上的质量形象。再次，许可证贸易一般主要为生产型企业所采用，而特许经营则主要为服务型企业所采用。目前，特许经营主要集中在商业流通领域等。

2. 特许经营的优点

第一，可以以最少的投资达到迅速扩张的目的，并可获得稳定的收入。

第二，通过提供标准化、高质量的服务，可最大限度地扩大特许方的市场影响。

第三，成功的特许经营是双赢模式，能让被特许方获得比单体经营更多的利益，从而调动被特许方的经营积极性。

第四，海外政治、经济风险小。

3. 特许经营的局限和不足

第一，特许方必须要有吸引别的经营者的无形资产。

第二，特许经营必须在适应当地市场环境和产品标准化之间寻求平衡。考虑到当地的市场条件，对最终产品进行调整是必然的。

第三，特许方很难保证被特许方按合同所约定的质量来提供产品和服务，难以对被特许方经营全过程进行控制。有时，被特许方会被利益最大化的欲望所驱动，寻找捷径进行不利经营，影响特许方的全球声誉，使得特许方很难在各个市场上保证一致的品质形象。

第四，特许方的利润水平较低。

第五，一些国家的法律、政策会妨碍特许方式的应用。例如，政府对某类服务的限制或者权利免除，会阻碍达成特许协议，或者导致公司与被许可方之间的分离。

第六，适应面较窄。特许经营一般只适用于零售业、快餐业等相对容易进入的行业，而资本密集型、技术密集型行业不适宜采用这种进入方式。

4. 特许经营应当注意的问题

特许方对进军国际市场要做充分的准备和努力。特许方通过调查准确把握东道国或地区的人口构成、纯收入、基础设施、教育水平、消费者爱好和文化背景，目的是要分析特许经营准备进入的国家是否有充足的市场机会、可能被对象国家或地区接受的程度等。

要注意特许经营费用收取问题，应当针对不同的合作对象采取不同的费用收取策略，如对发展中国家可以通过将初期费用转为投资的方式，为战略收益创造条件。

采取正确的特许经营的国别政策。特许经营的成败有赖于特许方在国际市场的竞争优势和市场渗透力，以及依据不同的文化、语言差异进行调整的能力。特许方需要根据对象国家或地区的文化特点，调整传统的产品结构或经营方式等。

在选择自己的特许经营谈判代表时，应当注意考虑当地人的作用，因为无论在什么国家或地区，具有亲缘、地缘关系的人们总是更容易沟通，而雇用一个当地谈判代表的代价总会低于直接进行特许经营可能产生风险的代价。

营销聚焦

英国洲际酒店集团旗下共有15个酒店品牌，目前进入我国市场的有10个，特许经营模式是洲际酒店集团的强项，在全球5 400多家酒店中，几乎90%是特许经营模式。近年来，我国旅游市场的转型为中端酒店创造了良好的发展契机。基于对市场的深刻洞察和对我国业主成熟程度的信心，智选假日酒店于2016年推出了为我国市场度身打造的特许经营模式,不仅为业主提供更灵活的合作方式,在多元化管理模式的道路上迈出了战略性的一步,还帮助品牌进一步下沉到更多三四线城市。在这一模式下,洲际酒店集团负责派驻酒店总经理,以更好地执行品牌标准、提高酒店收益。同时,特许经营合作模式还为合作伙伴提供包括酒店业绩管理、风险管理、销售及市场渠道支持和收益管理在内的多方面支持。

资料来源:作者根据网上资料整理。

7.2.4 管理合同

管理合同是指东道国企业由于缺乏技术和管理人才,通过签订合同,将企业交由另一个国家某国际企业,由其来承担东道国企业的经营管理活动的方式。管理合同的特点是只管理不投资,即管理方仅拥有接收方的经营管理权,而没有所有权,并以提取管理费、一部分利润或以某一特定价格购买东道国企业的股票作为报酬。例如,中国的上海太平洋大酒店聘请原属美国的威斯汀饭店集团来进行管理,美国的里奇菲尔德饭店管理公司采取管理合同管理希尔顿、喜来登等。

从管理合同主体之间的关系来看,管理合同所有者与经营者之间是一种委托代理关系,一般来说,所有者承担全部的法律和事务责任,经营者则按照管理合同的约定承担相应的责任和义务。尽管这种模式使承担管理的企业无须承担投资的风险和责任,并通过利润分配等方式获得稳定的收入,但也存在一定的风险。对于所有者来说,要承担丧失经营控制权、降低由所有者自己经营所能获取的利润额、承担金融风险以及终止合同困难等风险。对管理者来说,对所有者的资金依赖、决策的有限性、管理者利益和声誉损失带来的风险等因素的存在,也会影响管理合同进入模式的效果。所以,这一模式较少单独使用,而是常常与合资企业或交钥匙工程一起使用。

7.2.5 制造合同

制造合同是指国际企业与东道国企业签订某种产品的供应合同,向东道国企业提供零部件并组装,或向东道国企业提供详细的规格标准,要求后者按合同规定的技术要求、质量标准、数量和时间等,生产国际企业所需要的产品,交由国际企业,由国际企业自身保留营销责任的一种方式。

制造合同是一种发挥国外的成本优势和绕过关税壁垒进入国际市场的常用方式。它的基本特点是:超越了国内生产产品、国外销售的阶段,而是把生产机构转移到了东道国,当地制造,就地销售,与国外目标市场紧密结合。

制造合同的优点有:①有利于企业利用合同制造模式,将生产的工作与责任转移给了合同的对方,以将精力集中在营销上,因而是一种有效扩展国际市场的方式;②适用于母国企业的资源优势在于技术、工艺和营销,而不在于制造的情况;③国外投资少、风险少;④产品仍由母国企业负责营销,对市场控制权仍掌握在母国企业手中;⑤产品在当地制造，有利于搞好与东道国的公共关系。

制造合同也有局限性：①需要对国外生产有较强的控制力，如对产品质量的控制等，否则可能给企业市场声誉带来不利影响；②难以找到有资格的制造商；③利润需与制造商分享；④一旦制造合同终止，东道国制造商可能成为国际企业在当地的竞争者。

7.2.6 交钥匙工程

交钥匙工程是指跨国公司为东道国建造工厂或其他工程项目，一旦设计与建造工程完成，包括设备安装、试车及初步操作顺利运转后，即将该工厂或项目所有权和管理权的"钥匙"依合同完整地交给对方，由对方开始运营。因此，交钥匙工程也可以看作一种特殊形式的管理合同。交钥匙工程除了发生在企业之间，还有许多是就某些大型公共基础设施（如医院、公路、码头等）与外国政府签订的。

交钥匙工程是在发达国家的跨国公司向不够开放的发展中国家投资受阻后发展起来的一种非股权投资方式。例如，在实行改革开放前的社会主义国家，除了罗马尼亚等少数国家外，大多数国家不准许外来企业进行投资，因此外国企业只能依赖其他方式从事投资或经营，交钥匙工程就是其中行之有效的一种。另外，当自己拥有某种市场所需的尖端技术，并希望能快速地大面积覆盖市场，但所能使用的资本等要素不足的情况下，就可以考虑采用交钥匙工程方式。

在实务操作上，因为每个交钥匙工程项目计划必然有其自身特点，所以很难有一致性的标准的交钥匙工程合同。但是，无论合同的细节如何复杂，双方都应对合同中的厂房和设备、双方的义务和责任、不可抗力的含义、违反合同的法律责任，以及解决争端的程序等重大事项说明清楚。

此外，如同一般技术授权一样，工程交付后的继续服务也许是此类交钥匙工程的重要获利途径。日本某厂商曾不惜以低于成本的"自我牺牲"方式，为印度尼西亚承建发电厂。表面上看这是一桩赔本生意，但是从长远利益而言，将来发电厂所需的零配件供应、维护与整修等，势必长期依赖于日本方面的支持，由此累积下来的利益无疑十分可观。

交钥匙工程进入模式最具吸引力之处在于：①它所签订的合同往往是大型的长期项目，且利润颇丰；②在外国直接投资，被投资国可能从工业基础上得到实际效益。它的不足有：①长期性使得这类项目的不确定性因素增加，如遭遇政治风险，而对企业来说，外国政府的变化对项目结果的影响往往较大；②培养了高效率的竞争对手等。

7.3 投资进入模式

7.3.1 投资进入模式的特征

投资进入模式又称股权式进入，是指国际化经营的企业将自己控制的资源，如管理、技术、营销、资金以及其他技能，转移到东道国或地区，建立受本企业控制的海外分支机构，直接参与国外市场的经济活动，以便能够在目标市场更充分地发挥竞争优势的国际市场进入方式。企业对国外分支机构既拥有所有权，还对其经营活动拥有实际的控制权。投资进入模式是国际化经营企业进入国际市场的高级形态。与其他进入模式相比，这种模式的优点如下。

1）在东道国投资生产可以节省运费和关税，获得低价的生产要素，从而有效降低生产成本，提高国际竞争力。

2）能更好地根据当地需要、偏好和购买力生产产品；更迅速、可靠地向中间商和顾客发货，提供更好的售后服务，并可借助子公司的营销力量直接经销，具有当地公司形象；可以通过加大投资来稳固国际目标市场，创造市场优势。

3）容易受到东道国，特别是发展中国家政府的欢迎。

4）有利于企业对产品的产销进行严格的控制。

与其他进入模式相比，其不足是：需要更多的资金、管理和其他资源；受东道国的经济、政治、社会文化、自然地理和市场等多种不可控因素影响，面临的风险范围更广；投资回收期较长，退出市场障碍较多。

7.3.2 投资进入模式的具体形式

1. 合资经营

合资企业是指两个或两个以上不同国家或地区的投资者组成的具有法人地位的企业。合资企业是完整独立的法律实体，承认各方有共同参与管理意愿，合资各方都拥有股权。在合资企业中，通常东道国企业主要提供土地、厂房、设备、生产原材料、零部件、劳动力等，按协议价格计算投资额，外国投资者则一般是以设备、工业产权和资金等作为投资份额。双方按注册资金比例分享利润、分担风险和亏损。

在合资经营形式中，合资各方出资的比例较重要。谁拥有的股权比例越高，谁就对所投资的企业控制力越强。但这并不意味着股权比例小的一方没有发言权，持股比重大的一方不能完全控制整个企业。各国政府对合资企业的投资比例一般有明确的法律规定。印度政府规定：外国子公司在印度的投资股份比例受政府投资政策规定约束，最高可达100%。有些国家，尤其是发展中国家的政府常常规定合资企业中本国投资至少拥有的股份比例，其目的是保护本国民族经济的发展，避免外资控制本国的经济命脉。很多国家已经逐渐减少对出资比例的限制。企业在准备以投资方式进入国际市场时，应认真考虑自己的股权选择，在满足东道国相关法律规定的前提下，尽可能拥有对所投资公司的控制权，并获得政策优惠，树立企业良好的国际形象。

合资经营是一种风险较小的海外投资方式，它的主要优势如下。

1）可以借助东道国合伙人对本国环境的熟悉、与当地政府良好的关系、现成的推销网络，更直接地参与当地市场，从而更好地了解市场运作，增强企业对环境的适应能力。

2）可以减少投资的政治风险。

3）有利于利用当地资本，缓解资金压力，有利于进入资本市场，有利于获取当地的资源支持和市场信息，享有包括对外商投资和对本国企业的双重优惠待遇，减少商品进入东道国的阻力，迅速占领目标市场，对生产和营销的控制程度较高，有利于取得较好的效益。

合资经营也有其不足之处。

1）由于合资各方在背景、兴趣、动机、思想、方法等方面的不同，常引起各方管理上的矛盾和分歧。

2）股权的共享使得国际化经营企业无法获得为协调全球竞争所需要的对外国合资公司的控制，当合资企业的经营活动与投资者的战略利益冲突时，为了维持合资企业的生存，外国投资商不得不迁就当地合伙人的利益，不利于跨国经营企业实现其全球战略。

3）容易让合伙人了解技术秘密和财务情报，不利于国外投资者对技术的垄断和通过转移价格获取利益。

值得注意的是，合资经营的优点往往比较直接和明显，而合资经营的困难和问题却往往比较间接和隐蔽，初期容易被忽视。因此，在进入合资经营之前，应对合作伙伴的目标、资源、资金等方面进行细致的评估，合资各方的相互依赖程度要适中，要充分考虑可能出现的冲突，并在合资协议中就一切可能发生争议的问题做出明确的应对措施，并制定出解决争议的办法。

2. 独资经营

独资经营是指企业独资到东道国去投资建厂，建立拥有全部股权的子公司，并进行独立经营、自担风险、自负盈亏的产销活动。独资经营的标准不一定是100%的公司所有权，主要是拥有完全的管理权与控制权，一般只需拥有90%左右的产权即可。

（1）独资经营的优点

独资经营可以保证企业完全控制它在东道国的生产经营活动，根据当地市场特点，完全按照自己的经营目标与管理思想进行经营管理，调整营销策略，创造营销优势；可以避免与当地合作伙伴冲突，并独享利润；可以同当地中间商发生直接联系，争取它们的支持与合作；可以降低在东道国的产品成本，降低产品价格，增加利润；可以降低对技术失去控制的风险；更有利于积累国际市场营销经验，并将子公司更有效地纳入其全球营销体系之中。

（2）独资经营的不足

相对合资经营，独资较难取得当地资源支持与政府和社会公众的支持，东道国政府常常采取较严格的政策，或施加政治压力给国外投资者，从而使独资企业可能遇到较大的政治与经济风险。独资经营也有可能同东道国在市场占有、税收、管理等方面发生冲突。

（3）独资企业的建立

1）并购。并购包括兼并进入模式与收购进入模式，是指国际企业通过购买东道国现有企业的股权或产权，使其失去法人资格或改变法人实体，从而接管该企业，在国外市场上全资控制该企业的生产和营销活动的行为。由于兼并与收购的定义有重叠的部分，因此习惯将这两个概念合在一起使用，简称"并购"。并购行为主要表现为公司股本和股权结构的调整，其导致的结果大多是公司实际控制权和主体结构的变化。根据形势不同，跨国并购可分为水平型（同一产业内部不同公司之间）、垂直型（客户和供应者、买方和卖方之间的并购）和集团收购型（在不同产业的不同企业之间进行）。

首先，实施并购可以有效利用被并购企业的经营资源，较快地开辟国际市场，并缩短进入市场的时间。一是获取原有分销渠道以及被并购企业同当地客户和供应商多年来所建立的信用，使跨国公司能迅速地在当地市场占有一席之地，并且还可以把跨国公司的其他子公司的产品引入该市场；二是获取被并购企业的技术；三是获取被并购企业的商标，利用其商标的知名度，迅速打开市场；四是可以直接利用现有的管理组织、管理制度和人力资源，避免由于对当地情况缺乏了解而引起的各种问题。

其次，实施并购可以减少投资成本，资金回收周期也比较短。很多情况下，被并购的企业要么经营困难，要么急于获得跨国公司的资金收入，从而使跨国公司可以以低于企业重置价值的费用收购其资产。实施并购可以充分享有对外直接投资的融资便利，往往能更快地回收投资。

再次，实施并购可以使母公司有更大的控制权，能更密切地接近当地市场，有效提高产品对当地市场偏好的适应性，通过知识转移增强发掘企业竞争优势的机会。

但是，选择并购方式进入国际市场也需要一定的代价。

一是并购后的整合工作难度大。因为并购面临的不仅是不同企业文化的冲突，还要应对不同的社会文化和习惯带来的冲突。跨国公司的管理方式往往会和被并购企业的管理方式发生碰撞和冲突，造成管理接轨上的困难。此外，东道国政府和人民对本国企业被并购容易产生反感和抵触情绪。

二是寻找和评估并购对象十分困难。首先，采用并购方式往往难以找到一个规模和定位完全符合自己意愿的目标企业，尤其是在市场不发达的发展中国家，这个问题尤其突出。其次，由于双方不同的会计标准、对国际市场行情的不同判断以及虚假的财务账目等问题的存在，双方难以很快就企业的并购价格达成一致意见，从而使谈判费用较高，成功率较低。

三是原有的契约或传统关系的束缚。现有企业往往同它的客户、供应商和职工具有某些已有的契约关系或传统的关系。如果结束这些关系可能会使企业在公共关系上付出很大代价，然而继续维持这些关系可能被认为是差别待遇。

企业在决定采取并购进入方式时，要注意解决好以下问题。

①充分掌握被兼并企业的财务信息。这项工作应当由国际知名的会计公司来完成。

②调查被兼并企业客户及销售情况，掌握已经存在的市场影响程度和销售渠道的水平。

③考虑被兼并企业管理风格与兼并企业管理风格的相容性。管理风格的不相符,是国际兼并失败的一个主要原因。

④考虑是否能够承受兼并失败给兼并企业带来的损失和危害。

2)新建。新建是指在东道国建立新企业或新工厂,形成新的经营单位或新的生产能力。如果是在东道国从平地开始投资建厂,通常称为"草根式进入"。

新建方式的益处如下。

①投资者可以按照自己的意愿和需要,根据公司整体发展战略规划决定新建企业的投资规模、地点和业务、经营范围等,使之符合自己的总体发展战略的需要和财务支付能力,并使产品生产和营销等活动标准化。

②有利于提高新建企业的运作效率。在这一市场进入方式下,投资者可以设置为自己所熟悉的生产工序和设备,消除原有企业管理文化、劳工关系和雇员习性的不良影响,避免合资经营所难免的冲突和矛盾。

③在组织控制上,新建企业的母公司与分支公司之间的关系更为密切。母公司维持了对其产品的技术、营销及分销的完全控制,技术保密、内部协调等也随之变得更加灵活,因此,它所面对的控制风险一般要小于并购进入方式。

但是,新建是一个复杂且需要较大代价的进入方式。在新的国家建立新企业的成本较高,相应的风险也较高。为了建立新企业,需要通过雇用当地员工或者通过咨询公司来获得当地市场的知识和专业技能。一般而言,创建进入比并购进入的周期要长得多。这一较长周期使投资者面临的不确定性增大,可能遭受的风险也进一步提高。

总之,企业进入海外市场可以有多种模式,每一种进入方式都要求相应的资源投入,从一种进入方式转换成另一种进入方式不仅过程复杂,而且代价巨大。所以,进入方式的选择对企业来说是决定其国际化经营成功与否的关键性因素之一,并影响该市场的未来决策。

7.4 国际战略联盟进入模式和网络营销进入模式

7.4.1 国际战略联盟进入模式

现代企业之间竞争越来越激烈,单独一家企业仅凭自身实力是难以招架的。尤其是那些希望更进一步提高市场份额但实力有限的公司,如果不联合起来,就很可能被其他大公司逐个击破。自20世纪80年代以来,国际战略联盟已被跨国公司所广泛运用。

1. 国际战略联盟

国际战略联盟(International Strategic Alliances)是指两个或两个以上的跨国公司为了实现自己在某个时期的战略目标,在保持各自独立的基础上,通过股权或非股权联盟形式结成长期或短期的联合体,以达到资源优势互补、节约成本、降低风险、提高竞争力及扩大国际市场、利益共享的目的。以国际战略联盟模式进入国际市场比较适合国际化经验丰富的企业。

2. 国际联盟的主要形式

由于跨国公司自身优势和所处市场竞争环境等不同，跨国公司之间所形成的战略联盟形式也呈现出多样性。既可以是正式的合资经营，也可以是加盟多方为了一个特定项目而形成的短期松散合作，如技术许可生产、供应协定、服务协定等。总之，可以归纳为两种形式：股权型联盟和非股权型联盟。

1）股权型联盟是以兼并、收购或加盟为主，各方通过相互购买并持有彼此的股份形式以建立一种长期的相互合作关系。

营销聚焦

自从20世纪80年代日本经济泡沫破灭后，日本日产汽车公司（以下简称日产）开始转入经营不善的状态。为筹集巨额资金与更好地扩展市场，特别是欧洲市场，日产与希望能进入亚洲市场并提升国际地位的法国雷诺汽车公司（以下简称雷诺）采取交叉式持股的方式组建成为紧密合作型的雷诺－日产汽车联盟，雷诺获得日产44.4%的股份，日产获得雷诺13.5%的股份。双方既不是兼并也不是重组，而是保持各自的身份和公司经营战略，但在运营层面上，雷诺与日产共同分享生产工厂、联合研发，以便最大化地降低成本而促进销售。2010年，雷诺－日产汽车联盟和戴姆勒集团共同宣布，将以交叉持股3.1%的形式，形成一个非紧密型的战略联盟。为保证合作项目营运，雷诺－日产汽车联盟和戴姆勒集团成立了一个新的管理委员会以共同协调战略关系。

【分析提示】

国际战略联盟旨在促使双方优势资源互补、加强品牌知名度、提高市场竞争力，国际战略联盟开创了21世纪跨国公司商业发展的新模式。

资料来源：作者根据网上资料改编。

2）非股权型联盟主要以联合技术研发、生产、市场销售和服务合作为主，是一种契约性的合作协定，并不要求建立独立的公司，具体形式有许可协议、销售代理协议、生产制造协议、技术交换与联合开发协议等。

3. 国际战略联盟与合资经营、国际合作经营的区别

1）国际战略联盟的形式和组织管理更加灵活、多样化，对市场反应更加快速、高效。

2）在合资经营、国际合作经营中，合伙人之间存在着地位上的主次之分，贡献较大的一方占据主导地位。在国际战略联盟中，合伙人之间的关系是平等的。国际战略联盟双方基于共存共荣、共同发展的双赢原则，通过平等合作，把各方的决策都纳入自身利益与共同利益相一致的轨道上来。

7.4.2 网络营销进入模式

随着信息技术的发展和网络时代的来临,数字化信息革命的浪潮日益深刻地影响着人类的工作方式和生活方式。GSMA智库近日发布的《2023年全球移动经济发展》报告显示,截至2022年年底,全球独立移动用户数为54亿,其中移动互联网用户数为44亿。到2030年,移动行业对全球GDP的贡献价值将从2022年的5.2万亿美元增至超6万亿美元。

1. 网络营销

网络营销是指企业通过互联网销售产品,即企业营造网上经营环境的过程,综合利用各种网络营销方法、工具、条件并协调彼此之间的相互关系,从而更加有效地实现企业营销目标的手段。

2. 网络营销与电子商务的区别

网络营销是企业整体营销战略的一个组成部分,重点在交易前的市场进入与推广,它本身并不是一个完整的商业交易过程,而只是促进商业交易的一种手段。电子商务主要是指交易方式的电子化,它是利用互联网进行的各种商务活动的总和。可以将电子商务简单地理解为电子交易,发生在电子交易过程中的网上支付和交易之后的商品配送等问题并不属于网络营销所能包含的内容。

然而,电子商务与网络营销实际上又是密切联系的,网络营销是电子商务的组成部分,实现电子商务是以开展网络营销为前提的。

3. 网络营销的种类

网络营销有很多种,但主要有:企业向企业销售产品(B2B),即企业间的商品购销;企业向个人销售(B2C),即网上零售;企业向政府采购销售(B2G);等等。

4. 网络营销的主要优点

(1)低成本和低经营风险

网络营销需要的启动资金少,设立企业网站无须大量金额。在互联网上开店不需要建立实体店,节省装修费和店铺租金。网店可以在接到顾客订单后,再向工厂拿货,实现"零库存",降低库存压力,减少占用企业的流动资金。网络营销甚至不需要经营人员,能节省大量的促销和流通成本费用。与传统媒体相比,在获得同等的宣传效应前提下,网络宣传的成本明显低于传统宣传媒体。较低的经营成本使网店商家可以降低商品价格,以便网络消费者得到价格低廉的优质商品和服务。

(2)高效、互动性强

国际互联网覆盖全球市场,企业可以通过它无时间和地域限制、方便快捷地进入任何国际目标市场。互联网更有利于企业收集用户的信息资料,通过监测数据系统跟踪浏览者的行动，准确把握受众信息，迅速获取商机。促销更具有生动性和针对性，更易于与消费者建立长期良好的关系。企业通过网络收集顾客的意见，让顾客参与产品的设计、开发、生产，及时调整，有效服务，实现一对一的个性化营销，从根本上提高了顾客满意度。

5. 网络营销的主要缺点

（1）技术与安全性问题

网络营销对互联网技术的要求较高，其效果甚至取决于技术的高低。许多地区的网络发展水平不高，覆盖率低，在很大程度上制约了网络营销的发展。由于网页设计技术水平的限制，网页难以全面地表达商家的真实意图。网络购物安全也是网络购物发展所必须解决的一大难题。

（2）缺乏生趣

人们在网络购物时面对的是冰冷的、没有感情的机器，缺乏面对面的亲切交流。相对商场购物而言，网络购物缺乏足够的生趣。

（3）可信度不高

人们对网络上虚拟的物品缺乏信任，还是比较愿意相信眼见为实的物品。由于看不到实物而缺乏踏实感，因此消费者会产生诸如"万一遇到物品质量问题怎么办，应该找谁，如何找，何时得到答复"的问题，这些费时费力的问题往往会阻止消费者进一步进行网络购物。

（4）容易引起价格战

充分的网络信息使消费者很容易进行"货比三家"，而后对商家压价，从而引起商家的"价格战"，导致营业利润降低。

综上所述，网络营销潜力巨大，可是要完全开发却也不易。按照目前互联网的发展现状，传统国际市场进入模式还是会占主导地位，企业可以利用网络营销作为辅助手段以促进销售。

6. 网络营销的常用工具

网络营销的常用工具包括搜索引擎注册与排名、网络广告、交换链接、病毒营销、信息发布、博客营销、邮件营销、软文营销、会员制营销、网上商店等。

7.4.3 影响国际市场进入模式选择的因素

企业在选择国际市场进入模式的时候，所受影响因素较多。企业应对影响国际市场进入模式的各种因素进行具体分析，从而做出相应的选择。影响国际市场进入模式选择的因素包括外部因素和内部因素两种，外部因素包括东道国和企业所在国各自的市场、生产、政治、经济、社会文化、地理等环境因素，内部因素主要指企业的产品、技术、资源等因素。

1. 东道国因素

（1）东道国的市场因素

东道国的市场因素包括市场规模、市场竞争结构和营销基础设施3个方面。

1）从市场规模方面来看，如果东道国的市场规模或者市场潜力不大，那么企业可以考虑出口进入模式或契约进入模式，反之则可以考虑以投资进入模式，以保证企业资金及其他资源的有效使用。

2）从市场竞争结构方面来看，如果东道国的市场竞争结构是垄断或寡头垄断型，企业应考虑契约进入模式或投资进入模式，以使企业有足够的能力与实力雄厚的当地企业竞争，如果东道国的市场结构是自由竞争型（各参与企业都不占支配地位），则以出口进入模式为宜。

3）从营销基础设施方面来看，如果东道国的营销基础设施较好且较容易获得，例如，可以得到当地有实力的代理商或经销商的支持与配合，则考虑采用出口进入模式，反之则应考虑契约进入模式或直接投资进入模式。

（2）东道国的生产因素

生产因素是指企业组织生产所必需的各项生产要素（如原材料、劳动力、能源、交通基础设施等）的供应及应用情况。如果东道国的生产成本较低、当地原材料易得、交通基础设施较完备，则有利于采用契约进入模式或投资进入模式，否则应采取出口进入模式。

（3）东道国的环境因素

东道国的环境因素主要包括政治、经济、社会文化、地理等方面。如果东道国的政局稳定，法律法规较完善，贸易与投资政策相对宽松，人均国民收入较高，汇率稳定，社会文化特征与本国接近，则可以考虑直接投资进入模式，反之则以出口进入模式或契约进入模式为宜。从地理环境方面来看，如果东道国和公司所在国家距离遥远，采用直接出口进入模式会导致运输成本过高，这时可以考虑契约进入模式或投资进入模式。

2. 本国因素

（1）本国的市场因素

如果本国市场竞争结构属于垄断竞争或寡头垄断，而企业在国内已经发展到具备一定规模和实力时，企业可以考虑契约进入模式或投资进入模式；如果本国市场竞争结构属于自由竞争，市场容量很大，则企业可以采用出口进入模式。

（2）本国的生产因素

如果本国的生产因素易得并且价格较低，则企业可以采用出口进入模式，反之则考虑采用契约进入模式或直接投资进入模式。

（3）本国的环境因素

如果企业所在国的政府对出口采取鼓励和扶持的态度，相应地限制海外直接投资，则可以采用出口进入模式或契约进入模式，反之则可以考虑直接投资进入模式。

3. 内部因素

内部因素包括产品、技术及资源等因素，它反映了企业的竞争优势所在。与外部因素不同的是，企业可以控制内部因素对国际市场进入模式选择的影响。

（1）产品因素

产品因素主要包括产品的要素密集度和价值高低。

1）劳动密集型和自然资源密集型产品适合在具有丰富的廉价劳动力和自然资源的国家或地区进行生产，如果东道国具备这些条件，那么可以采取投资进入模式，就地设厂，以节省出口的中间费用。

2）如果企业生产的产品价值高、技术复杂，那么东道国市场的需求量可能不大，同时当地技术、交通、基础设施等配套能力较差，则以出口进入模式为宜。如果企业生产的产品属于低值快销产品，如家庭日用产品、食品等，则可以考虑采用直接投资进入模式。另外，如果东道国的用户对产品的当地适应性和售后服务要求较高，则一般以契约进入模式或投资进入模式为主，以保证能根据当地用户需要而做适当的产品结构调整，同时确保提供高质量的售后服务。

（2）技术因素

如果公司产品所包含的专有技术含量和差异化程度高，且竞争对手难以模仿，则公司就会倾向于使用控制度强的独资进入模式，以确保这些资产不被外人利用，如医药行业等。当企业的竞争优势建立在管理技巧上时，以管理技巧为基础的大多是服务型企业（如肯德基国际控股公司、希尔顿国际酒店集团等），这些企业的宝贵财富是品牌，而品牌是受国际标准化法律保护的，因此可以采取特许经营和建立子公司相结合的方法。

（3）资源因素

企业所拥有的资本、技术、生产技巧和国际经营经验等资源越多，可承担的风险能力越强，企业可以选择的国际市场进入模式也越多。相反，企业所拥有的资源越少，可承担的风险能力越弱，这些企业通常选择资源承诺低的进入模式，如出口进入模式和契约进入模式。

本章小结

国际化经营企业可以采取三种基本模式进入全球市场的每个国家或地区：出口进入模式、契约进入模式和投资进入模式。这三种模式涵盖了不同程度的国际市场参与方式，代表了国际市场营销从低到高的三个主要阶段。它们各自有其明显的特点和差异，应用的条件和目的也各不相同。出口被作为企业进入国际市场的重要方式，也是最传统的进入方式，可分为间接出口和直接出口两种方式。契约进入模式，是克服国际贸易壁垒的手段之一。投资进入模式是国际化经营企业进行国际市场营销的高级形态，包括合资经营和独资经营两种形式。

20世纪80年代以来，现代企业之间竞争越来越激烈，跨国公司广泛运用国际战略联盟进入模式和网络营销进入模式。影响企业选择国际市场进入方式的因素很多，选择正确的进入方式应充分考虑外部因素和内部因素。

主要的名词术语

直接出口 Direct Exporting
许可证贸易 Licensing
国外合资经营 Foreign Joint Venture
间接出口 Indirect Exporting
特许经营 Franchising

知识应用

◆ 练习题

1. 出口是企业进入国际市场的重要方式，分为间接出口和直接出口两种方式。间接出口的特征包括（　　　）。
   A. 间接出口的产品与向国内销售的产品差别不大
   B. 企业营销活动在国内进行
   C. 有利于企业积累国际市场营销经验
   D. 是企业进入国际市场最脆弱、最容易的方式

2. 相对于间接出口，直接出口的优点有（　　　）。
   A. 投入费用较少　　　　　　　　B. 较快获得市场反馈
   C. 收益较大　　　　　　　　　　D. 灵活性大

3. 许可证贸易是一种被广泛应用的国际市场营销进入模式，其特点有（　　　）。
   A. 成本低　　　　　　　　　　　B. 障碍小
   C. 收益低　　　　　　　　　　　D. 风险小

4. 特许经营进入模式与许可证进入模式很相似，是许可证贸易向深层经营领域的延伸与扩展。它与许可证贸易的主要区别是（　　　）。
   A. 前者是整个经营体系的转让，而后者只转让单个经营资源
   B. 与许可证经营相比，特许经营成本较低
   C. 在特许经营中，特许方要给予被特许方生产和管理方面的帮助
   D. 许可证贸易一般主要为生产型企业所采用，而特许经营则主要为服务型企业所采用

5. 以下关于契约进入国际市场模式的描述正确的是（　　）。
   A. 契约进入模式是克服国际贸易壁垒的手段之一
   B. 契约进入模式是一种股权安排
   C. 许可证贸易不属于契约进入模式
   D. 契约进入是以股权控制为目标，涉及的财务风险较高
6. 特斯拉是美国一家电动汽车及能源公司，2019 年，特斯拉中国超级工厂在上海开工建设，特斯拉进入中国市场的模式是（　　）。
   A. 间接出口　　　B. 直接出口　　　C. 合资经营　　　D. 独资经营
7. 与合资经营相比，独资经营模式的优势包括（　　）。
   A. 独资经营可以保证企业完全控制它在目标市场国的生产经营活动
   B. 可以避免与当地合作伙伴冲突，并独享利润
   C. 更有利于积累国际市场营销经验
   D. 可以降低对技术失去控制的风险
8. 以下属于非股权型国际联盟具体形式的有（　　）。
   A. 许可协议　　　　　　　　　　　B. 销售代理协议
   C. 生产制造协议　　　　　　　　　D. 技术交换与联合开发协议
9. 最初级的国际市场进入模式是（　　）。
   A. 直接出口　　　B. 间接出口　　　C. 契约进入　　　D. 投资进入
10. 随着信息技术的发展和网络时代的来临，网络营销已经融入大多数企业的生产与经营中，以下哪些是网络营销应该规避的缺点？（　　）
    A. 技术与安全性问题　　　　　　　B. 沟通缺乏生趣
    C. 可信度不高　　　　　　　　　　D. 容易引起价格战

◆ 思考题

1. 试比较直接出口与间接出口的优缺点。
2. 试比较许可经营和特许经营的概念及其优缺点。
3. 试比较合资经营和独资经营的优缺点。
4. 试分析企业如何选择合资还是独资方式进入国际市场。

◆ 实务题

1. 举例分析我国企业如何进入国际市场，采取何种方式对于企业而言更加有利。
2. 举例分析跨国企业为何进入我国市场，以何种方式进入，其运用的营销组合策略是否成功。

案例讨论

携程：成立 20 周年，进入全球化关键时期

2019 年是携程成立 20 周年，也是携程加速全球化的一年。在不断拓展海外合作目的地的同时，携程在 2019 年也在加强海外投资与合作，不仅在海外多个目的地建立了

服务团队，还通过换股交易成为印度第一大在线旅游企业 MakeMyTrip 的最大股东，与 TripAdvisor 达成战略合作伙伴关系并扩大全球合作，合作内容包括成立合资公司、达成全球内容合作以及公司治理协议。随着互联网的下沉渗透，下沉市场的用户价值在不断凸显，而低线城市用户收入的不断上涨，也使得下沉市场的旅游消费能力逐渐提升，其中小镇青年增速明显。携程数据显示，2019 年春节，"90 后"游客占总出游人数的 13%，在三线及以下城市中，"90 后"青年占比达 16%。"90 后"小镇青年的出游热情同比增速达 101%，增长率比一二线城市高 50%。

线下门店是携程布局下沉市场的一大形式。得益于线下门店的扩张，携程的低星酒店市场创造了连续 5 个季度增速超过 50%；旅游度假业务在 2018 年第三季度实现了 16 亿元的营业收入，同比增长 19%。线下门店是在线旅游企业布局下沉市场较多采用的形式，但其线下业务的拓展存在较大的成本压力。

2020 年之后的一段时间里，包含全球化的"G2"战略都是携程的发展方向。对其全球化而言，虽然现阶段已有较为显著的成果，但仍面临不小的挑战。

资料来源：作者根据网上资料改编。

问题：

请结合材料内容，谈谈携程进入印度市场之后可能遇到的挑战和应对策略。

第 8 章
国际市场营销产品策略

借问酒家何处有？牧童遥指杏花村。

——〔唐〕杜牧《清明》

本章学习要求

1. 重点掌握国际市场中的产品组合以及产品组合策略、标准化和差异化策略的应用、全球国际市场营销产品沟通组合策略
2. 掌握国际市场中产品的整体概念和产品组合、国际市场营销产品的商标策略和包装策略
3. 了解服务产品策略

引导案例

以硬实力走向国际市场

2023年1月13日，赛力斯集团股份有限公司（简称"赛力斯"）旗下新能源战略车型SERES 5亮相比利时布鲁塞尔车展。车展活动期间，赛力斯与20余家战略合作伙伴完成签约，新车首发即获得超2万辆订单。赛力斯发布的SERES 5定位为"运动豪华电动SUV"，这是2023年我国车企在海外发布的首款新能源汽车，也是赛力斯全球化布局的一大重要举措。

作为新能源汽车领域的重要力量，赛力斯积极响应"一带一路"倡议，不断开拓国际市场。通过重庆中欧班列和西部陆海新通道，赛力斯旗下的新能源汽车、燃油乘用车、微型商用车已进入法国、德国、意大利等国家市场。截至2022年年末，赛力斯累计出口70多个国家和地区，出口汽车近50万辆。其中，2022年上半年，赛力斯汽车境外销售量同比增长103%，境外营业收入同比增长145%。

国际市场取得亮眼成绩的背后，是赛力斯对科技创新的不懈坚持。作为自主掌握

核心"三电"技术的企业，赛力斯打造的超级电驱智能技术平台 DE-i 通过智能控制系统调配，可提供纯电、增程等多技术路径的新能源整车解决方案。此外，赛力斯智慧工厂按照工业 4.0 标准建设，以高度自动化、智能化方式快速精准地进行规模化定制生产，为行业领先的智慧电动汽车及"三电"产品输出提供坚实保障。

资料来源：作者根据网上资料改编。

8.1 产品及产品组合

8.1.1 国际市场中的产品概念

菲利普·科特勒认为，产品是能够提供给市场以满足需要和欲望的任何东西。产品（Product）在市场上包括实体产品、服务、体验、事件、人物、地点、财产、组织、信息和创意。从国际市场营销的观点看，产品是能够满足消费者某种需要与欲望的物质形态和非物质形态的综合体。这里强调了产品的整体概念。产品的整体概念将产品划分成核心产品、有形产品、期望产品、延伸产品和潜在产品 5 个层次。

核心产品（Core Product）是指消费者购买某种产品时所追求的利益，是顾客真正要买的东西，因而在产品整体概念中也是最基本、最主要的部分。消费者购买某种产品，并不是为了占有或获得产品本身，而是为了获得能满足某种需要的效用或利益。

有形产品（Tangible Product）是核心产品借以实现的形式，即向市场提供的实体和服务的形象。实体产品的有形部分在市场上通常表现为产品质量水平、外观特色、式样、品牌名称和包装等。产品的基本效用必须通过某些具体的形式才得以实现。市场营销者应首先着眼于顾客购买产品时所追求的利益，以求更完美地满足顾客需要，从这一点出发再去寻求利益得以实现的形式，进行产品设计。

期望产品（Expected Product）是指购买者购买某种产品通常所希望和默认的一组产品属性和条件。一般情况下，顾客在购买某种产品时，往往会根据以往的消费经验和企业的营销宣传，对所欲购买的产品形成一种期望，如对于旅店的客人，期望的是干净的床、香皂、毛巾、热水、电话和相对安静的环境等。这是顾客购买产品所应该得到的，也是企业在提供产品时应该提供给顾客的，对于顾客来讲，在得到这些产品基本属性时，并没有太多的期待和偏好，但是如果顾客没有得到这些，就会非常不满意，顾客认为没有得到他所期望的一整套产品属性和条件。

延伸产品（Augmented Product）是顾客购买有形产品时所获得的全部附加服务和利益，包括提供信贷、免费送货、质量保证、提供指导、安装、售后服务如维修等。附加产品的概念来源于对市场需要的深入认识。因为购买者的目的是满足某种需要，所以他们希望得到与满足该项需要有关的一切。美国学者西奥多·莱维特曾经指出："新的竞争不是发生在各个公司的工厂生产什么产品，而是发生在其产品能提供何种附加利益（如包装、服务、广告、顾客咨询、融资、送货、仓储及具有其他价值的形式）。"

潜在产品（Potential Product）是指一个产品最终可能实现的全部附加部分和新增加

的功能。许多企业通过对现有产品的附加与扩展,不断提供潜在产品,所给予顾客的就不仅仅是满意,还有顾客在获得这些新功能时感受到的喜悦。所以,潜在产品指出了产品可能的演变,也使顾客对于产品的期望越来越高。潜在产品要求企业不断寻求满足顾客的新方法,不断将潜在产品变成现实的产品,这样才能使顾客得到更多的意外惊喜,更好地满足顾客的需要。

由此可见,国际市场营销中企业销售的不仅是产品实体,还必须提供一种整体的满足,我国一些企业产品外销多年,但始终在国际市场上缺乏竞争力,产品式样陈旧、质量不高、档次低、价格低。这既有技术水平的问题,也有思想观念的因素。因此,企业必须从观念上树立产品整体概念(见图8-1),提高产品5个层次的水平,这样才能使自己的产品在国际市场上具有竞争力。

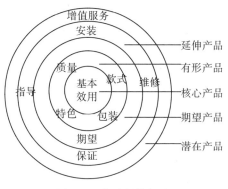

图 8-1 产品整体概念

8.1.2 国际市场营销产品组合的内涵

国际市场营销产品组合(International Market Product Mix)是指企业在国际范围内生产经营的全部产品的结构,包括企业所有的产品线和产品项目。产品线是指满足同类需求的,而规格、款式、档次存在差别的一组密切相关的产品项目。通信和计算机产品是日本电气公司的基本产品组合。企业的产品组合包括4个因素:产品宽度、产品长度、产品深度和产品相关性。

产品宽度是指企业产品线的数目。数目多者为广,少者为狭。

产品长度是指企业产品线中所包括的产品项目的数量。

产品深度是指产品线中每种产品花色、品种、规格的数量。

产品相关性是指各种产品线在最终用途、生产条件、营销渠道及其他方面相互联系的程度。

⊙ 实例

某家用电器集团生产电视机、电冰箱、录音机、洗衣机、电子琴5种产品,而电视机又包含彩色电视机和黑白电视机,两种电视机的花色、款型共有19种,则该集团的产品宽度为5,产品长度为2,产品深度为19。该集团生产的都是家用电器类,产品相关性较强。

研究产品宽度、产品广度、产品深度和产品相关性对国际市场营销具有重要意义。

1）扩大产品宽度，扩展企业的经营领域，实行差异性的多角化经营，可以充分发挥企业特长，使企业的资源、技术得到充分利用，提高经营效益，分散企业投资风险。

2）提高产品深度，可以使企业占领同类产品更多的细分市场，满足更广泛的消费者的不同需求和爱好。

3）加强产品相关性，可以提高企业在某一特定市场地区内的声誉。国际企业要把产品打入国际市场，在竞争中求得生存与发展，必须分析、评价并调整现行产品组合，实现产品结构的最优化。

8.2 国际市场营销产品组合策略

8.2.1 国际市场营销产品组合调整策略

企业在调整产品组合、实现产品组合的最优化时，应充分考虑到各产品线的销售额对利润的贡献，并要与竞争对手的产品组合策略进行比较。一般来说，企业调整产品组合时，有以下策略可供选择：

1. 扩大产品组合策略

扩大产品组合策略（the Strategy of Expanding Product mix）有两种情况，即拓展产品广度和提高产品深度。拓展产品广度就是增加企业产品线的数目；提高产品深度就是在现有产品线中增加产品项目的个数。当企业在国际市场上的销售额和盈利率开始下降时，就应该考虑增加产品线或产品项目的数量，开发有潜力的产品线或产品项目，弥补原有产品的不足，保持企业在国际市场上的竞争力。

> **实例**
>
> 亚马逊书店在稳稳占领了图书这个主营商品市场后，开始增加新的经营品种，其业务范围已经从图书和音像制品成功地拓展到其他利润丰厚的商品中。1998年11月，亚马逊书店开通音像和礼品商店，商品从游戏盘、索尼随身听到手表和芭比娃娃，无所不有。1998年年底，亚马逊书店以2.8亿美元购并了加利福尼亚州和波士顿的两家拥有网络新技术的公司，以协助其扩展网络营销业务。

扩大产品组合，可以使企业充分利用自己的人、财、物资源。企业在一定时期的资源状况是稳定的，而随着经验的积累、技术的发展或原有市场的饱和，企业就会形成剩余的生产能力，开展新的生产线就可以充分利用剩余生产能力。扩大产品组合还可降低企业的系统风险，避免因某一产品市场的衰竭而引发企业的灭顶之灾，增强企业的抗风险能力。

> **提示**
>
> 扩大产品组合策略要求企业具有多条分销渠道，采用多种促销方式，对企业资源条件要求较高。

2. 缩减产品组合策略

当国际市场疲软或原料能源供应紧张时，企业往往会缩减自己的产品线，放弃某些产品项目，这就是缩减产品组合策略（the Strategy of Reducing Product mix）。缩减产品组合策略要求企业在客观分析的基础上，综合考虑产品的市场潜力和发展前景来决定产品线的取舍。缩减产品组合策略不是要真正退出市场，而是通过缩小战线、加强优势来保持企业在国际市场上的竞争地位，这是一种以退为进的策略。缩减产品组合策略，可以使企业集中技术、财力扶持优势产品线，提高产品竞争能力，获得较高的投资利润率；可以减少资源占用，优化投资结构，加速资金周转；有利于企业生产的专业化，使企业向市场纵深发展，在特定市场赢得利益和信誉，避免滞销产品破坏企业形象；保持企业蓬勃发展的势头。

3. 产品线延伸策略

各种产品都有其特定的市场定位。产品线延伸策略（the Strategy of Product Line Extension）是指企业全部或部分地改变企业原有产品线的市场地位，有向下延伸、向上延伸和双向延伸三种。

（1）向下延伸策略

向下延伸策略（Downward Stretch Strategy）是指企业把高档定位的产品线向下延伸，加入低档产品项目。例如，瑞士手表过去一直定位于高价时髦的珠宝手表市场，包括劳力士（Rolex）、伯爵（Piaget）、浪琴（Longines）。但是到1981年，瑞士的ETA公司推出了斯沃奇（Swatch）时装表，价格在40～100美元/块，以满足追求潮流的年轻人。

企业实行向下延伸策略，通常基于以下目的：①利用高档名牌产品的声誉，吸引购买力水平较低的顾客，促进他们购买企业产品线中的大众产品，这样可以充分利用企业的品牌形象，适应各层次消费者的购买需求，提高市场占有率；②拓展企业的销售市场，实现企业更高的利润追求；③弥补企业产品线的空白，使企业产品系列化，不出现断档现象。

◎ 提示

企业实行向下延伸策略，必须充分考虑市场反应，如果向下延伸策略不仅不能打开低档产品市场，还可能会破坏高档产品的市场形象，则企业应该放弃向下延伸策略。如果一定要向低档产品市场发展，企业应该重新创立低档产品品牌，塑造新品牌的形象，而不能使用高档产品线的品牌。

（2）向上延伸策略

向上延伸策略（Upward Stretch Strategy）是指企业把低档定位的产品线向上延伸，加入高档产品项目。企业实行向上延伸策略，通常考虑到如下原因：①高档产品市场潜力大，利润率高；②企业已经具有了进入高档定位的实力；③低档产品市场已经饱和，企业只能在高档产品市场获得发展空间。

一旦企业的向上延伸策略获得成功，就可以获得丰厚的利润。但要使低档品牌经过重新包装,具有高档形象是相当困难的,有时还会影响产品的声誉。因此,企业实行向上延伸策略,必须辅之以适当的市场营销策划,重塑产品形象。

(3) 双向延伸策略

双向延伸策略(Two-way Stretch Strategy)即定位于中档市场的企业向高档市场和低档市场两个方向同时延伸,全面进入市场。当企业在中档市场获得巨大的成功时,往往会采取这种策略。例如,丰田公司在自己的中档产品汽车的基础上,为高档市场增加了佳美牌,主要吸引中层经理人员;为低档市场增加了小明星牌,主要吸引收入不高的首次购买者;为豪华市场推出了凌志牌,主要吸引高层管理人员。

4. 产品线现代化策略

产品线现代化策略(the Strategy of Product Line Modernization)是指用现代化的科学技术改造企业的生产过程,实现生产的现代化。在某种情况下,虽然产品组合的深度、广度、长度都非常适应市场的需要,但产品线的生产形式却可能已经过时,这时企业就要实行产品线现代化,提高企业的生产水平,这一点在国际竞争中尤为重要。实行产品线现代化策略有两种方式。

1)休克型改造方式(Shocking Transformation Way)即在短期内投入巨额资金,对企业的生产过程进行全面技术改造,甚至不惜短期内停止作业。这样做可以紧跟国际技术水平,减少竞争对手数目。

2)渐进型改造方式(Progressive Transformation Way)即逐步实行企业的技术改进。这样做可以减少资金的占用水平,也不需要停产进行改造,但竞争对手可能很快就会察觉,并立即采取措施与之对抗,企业必须综合考虑企业的资源状况、竞争能力和形势,权衡利弊,慎重决策。

◎ 提示

产品线现代化是逐渐现代化还是一下子现代化,要选择改进产品的最佳时期,不至于过早,使得现有产品线受到影响,也不至于过迟,在竞争对手采用了较先进的设备并树立了强有力的声誉之后再进行现代化。

8.2.2 标准化与差异化策略

国际市场营销是国内市场营销活动在地理范围内的一种拓展,这就决定了国际产品和国内产品之间的密切相关性。当企业决定将产品打入国际市场时,一般是根据当地的消费习惯和偏好对国内的产品稍加改进。但是,这时候企业会面临这样一个问题:是采用标准化策略(Standardization Strategy)还是差异化策略(Differentiation Strategy)?

1. 国际市场营销产品标准化策略

所谓国际市场营销产品标准化策略,是指企业无论在国内市场还是在其他国家和地区都提供同一种产品。很多企业都喜欢在世界范围内销售同一规格的产品,可口可乐、雀巢、索尼等跨国公司都是如此。以哈佛大学利瓦伊特教授为首的一批学者主张标准化的观点,他们认为世界是一个整体市场,各地的消费者之间存在消费心理和消费文化的共性,所以企业可以不必考虑相互之间的差异,只需要提供物美价廉的产品。促使企业采取国际市场营销产品标准化策略的现实因素有如下五个方面。

1)生产的规模经济。当企业在国内外生产同一种产品时,就可以利用现有的设备投入国外市场,无须重新设计。原材料和零部件的采购可以实现批量化,能够有效地降低采购成本。另外,由于产成品规格单一,便于管理、包装、储存,这些都可以减少总成本。

2)营销的规模经济。虽然企业的营销活动必须根据当地的特定环境做出相应的调整,但大多数标准化产品还是可以赢得规模效益的。例如,当广告采取全球都可以接受的内容和形式时,就可以以同样的方式向世界各地的消费者进行宣传,有效地降低制作成本和广告费用。波音公司也采取产品和服务标准化策略,在许多国际机场配备工程师和必要的配件,以保证各国的用户获得相同的服务,保证波音客机的正常运行。

3)研究开发的规模经济。由于产品实行标准化,在某一国家开发出来的新产品可以推广到其他国家和地区,从而节省了开发成本。标准化产品一般都是采取大量营销的策略,可以有效地降低单位产品的研发成本。

4)顾客的流动性。世界人口的流动性呈现日益增强的趋势。当国内顾客到国外时,他们希望看到自己所惯用的产品,而标准化的国际产品可以帮助他们识别产品,提高顾客对企业产品和品牌的忠诚度。

5)技术影响。目前,一些技术含量较高的国际产品都趋向于标准化。这样做主要是为了方便全球范围内的统一推广。例如,计算器的许多硬件和软件工具都是标准化的,从而便于联机接口和上网。另外,技术产品受各国的政治、文化等因素的影响较小,容易标准化。

2. 国际市场营销产品差异化策略

所谓国际市场营销产品差异化策略,是指企业针对不同的国家和地区提供不同的产品,以适应当地市场的特殊需求。产业组织理论认为,除了完全竞争市场和寡头垄断市场之外,企业控制市场的能力取决于其产品差异化的成功程度。如果企业能够突出自己与竞争产品之间的差别,并且让顾客了解到这一差别的存在,企业就可以在相应市场上拥有绝对的垄断权。因此,产品差异化是限制竞争对手的重要工具,国际市场条件下的产品差异化要求企业的营销人员重视环境的调研工作,了解不同国家和地区的市场在经济、文化、地理等方面的差别,提供适合当地消费者口味的产品。

(1)国际市场营销产品差异化的原因

许多赞成产品差异化策略的学者认为,各国的消费者需求是多样化的,企业在从事跨国经营时,必须在市场细分的基础上,针对每一个具体的子市场来设计产品。只要产品差异化的利润大于产品修改的成本，企业就有利可图。通常，促使企业采取国际市场营销产品差异化的因素有如下四个方面。

1）使用条件的差异（the Difference of Being Used Condition）。尽管产品在不同国家不同市场都能满足顾客的基本需求，但是销售到国际市场的产品会受到当地气候、地理、资源、标准等的影响，产品的使用条件会有很大的不同。在不同地区，就气候条件来看，温度及湿度都将给产品的使用造成影响。另外，使用条件的差异还包括市场技术水平的差异、维修标准的不同及使用规定的差异，这些差异使得企业在销售此类产品时必须对其加以适当的修改。

2）市场差异（Market Different）。市场差异首先表现为各市场的经济发展水平和收入水平存在不平衡，消费者购买能力各有不同。这种不平衡性决定了企业市场营销策略和手段的不同。营销人员应根据当地的经济发展水平，从各市场的特性出发确定相应的营销策略及方法。例如：在国际市场推销消费品时，针对经济文化发展水平较高的市场，应多强调产品款式、性能、特色，采用大量广告及销售推广活动；反之，对经济文化发展水平较低的市场，则应多强调产品的功能及实用性，在保持产品一定质量水平的前提下，更加注重产品的价格。市场差异还表现为产品在不同市场上的生命周期阶段不同。某种产品在某一地区处于产品生命周期的成长阶段，而在另一地区则处于产品生命周期的衰退阶段。这样同种产品在不同市场就应有不同的市场营销策略。

3）强制性因素（Mandatory Factors）。有时候一些强制性因素会迫使国际企业采用产品差异化策略。常见的因素有如下几个方面。第一，贸易保护主义策略。有些国家贸易壁垒森严，限制直接进口，但鼓励投资。国际企业绕过关税贸易壁垒的方法是在当地购买零件，在当地进行生产，这就形成了产品差异。第二，税收。当地政府的税收政策会决定产品的性质，例如欧洲市场对汽车征税时是根据发动机的马力大小来计算的，这使得美国的汽车制造商不可能在当地推行标准化策略。第三，政府的法律法规。各国政府对市场上销售的产品都有自己的法律法规，各国的国情、传统方面的差异性必然决定了各国在有关产品的法律法规方面也存在差异。例如，澳大利亚为了保护其自然资源，制定了非常严格的动植物检疫制度，规定进口商品的木箱和托盘必须熏蒸处理，以防虫害入侵。在这种情况下，我国由于缺乏熏蒸条件，只有将出口到澳大利亚的商品由原来的木包装改为现在的纸包装。

4）直接投资（Direct Investment）。国际企业一般都在东道国直接投资进行生产，在当地生产的产品一般与在国内生产的产品会有差异。

（2）国际市场营销产品差异化的实现

由于上述因素的存在，国际企业的产品差异化是不可避免的。大体来说，国际企业可以通过以下策略实现产品差异化。

1）研究开发策略（R&D）。企业为了与同类企业的产品形成差异，树立竞争优势，应该加强研究和开发工作，努力使产品在质量、式样、造型等方面发生变化，不断推出新产品，满足顾客需要。

2）地理策略（Geography Strategy）。企业产品的生产地和销售地的选择均以地理便利为基础，根据当地市场的需要，开发合适的产品，采用恰当的市场营销策略。以地理因素为基础进行产品差异化，有利于企业节约成本，扩大国际市场资源。

3）促销策略（Promotion Strategy）。随着国际市场竞争的加剧和同类产品的日益同质化，消费者很难辨别产品特性的差别。对非专业顾客来说，IBM 计算机和 AST 计算机就没什么差别。企业的国际市场营销产品实行差异化，可以通过广告、销售宣传、包装以及公关活动等促销策略给顾客留下深刻印象，建立顾客偏好。

4）服务策略（Service Strategy）。根据产品整体概念，服务是产品整体的一个重要组成部分，现代市场营销学建立产品整体概念的意义之一，就是企业可以立足于服务来进行产品差异化，企业可以通过训练有素的职员为消费者提供优质服务，如缩短结账过程等，以满足消费者的差异需求。事实上，许多消费者愿意为附加服务支付费用。

8.2.3 国际市场营销产品沟通组合策略

当产品打入国际市场时，面对新的营销环境，产品策略可能需要进行一定的调整，即前面所提到的标准化还是差异化的选择，而这种调整一般又需要与营销沟通结合起来，以达到预期的效果。这种产品和沟通的组合可分成五种类型，见表 8-1。

表 8-1 国际市场营销产品沟通组合策略

		产品		
		不改变	改变	发展新产品
沟通	不改变	直接延伸	产品延伸	—
	改变	沟通延伸	双重延伸	产品创新

1. 直接延伸

企业对产品不加任何改变，直接推入国际市场，并在国际市场上采用统一的促销方式。许多著名的全球性大公司青睐这种产品策略，比如吉列的感应剃须刀，"男士的选择"为全球广告促销语言。但是有些公司采用直接延伸产品策略却遭到了失败，如金宝汤料公司把浓缩汤料未加改进直接投放英国市场，损失了大约 3 000 万美元，因为英国消费者不习惯使用浓缩汤料，加上公司没有向消费者说明使用该汤料时应加水冲淡，消费者看到的是高价浓缩罐头汤而不愿购买。

2. 产品延伸

国际市场上的需求状况千差万别，有时对一种产品也会出现多样化的需求。比如，自行车和小型摩托车在我国是基本交通工具，而在美国则成为满足休闲娱乐需求的产品。因此，企业向国际市场推出同一产品，就可以根据不同目标市场的各国消费者对产品的不同需求，采用适宜国际消费者需求特征的方式进行宣传、沟通，这样才能达到良好的销售效果。

> **营销聚焦**
>
> 法国一家企业研制出一种具有松弛肌肉和解热镇痛功效的新药,药品成分并不复杂,也不是具有奇效的贵重药品,但由于在进入国际市场时对同一药品采取了不同的促销方式,使这一新药的销路大开。针对法国人饮酒过量的特点,该企业在法国突出宣传这种药可以帮助酒后恢复体力;针对美国人最怕感冒的特点,该企业强调这种药可用于医治感冒头痛;针对芬兰人喜欢滑雪运动的特点,该企业强调这种药有助于消除疲劳;针对意大利人胃病患者较多,该企业又再三宣传这种药的止痛功效。结果,同一产品的不同促销方式,使这种成分简单的药品得以畅销许多国家。
>
> 资料来源:作者根据网上资料改编。

通常保健品、饮品及药品等类产品可以采用这种产品策略,因为这类产品的功效绝非只有一种,所以可以根据各国消费者的不同需求特征进行适宜的宣传,以适合不同消费者的偏好。

3. 沟通延伸

根据国际目标市场顾客的不同需求,对国内现有产品进行部分改进,而沟通策略保持不变。有些产品对国际消费者来说,其用途、功效等基本相同,但由于消费习惯、使用条件有差异,因此企业必须对产品稍做改进,以适应各国市场的需要,产品的改变涉及式样、功能、包装、品牌及服务等。

> **营销聚焦**
>
> TCL彩电刚开始在越南市场推销时,有的商家一看TCL品牌当即回绝,有的连看都不看就将其拒之门外,TCL的营销人员不知吃了多少回"闭门羹"。为了打开销路,TCL越南公司在研发适销对路的产品、完善服务体系等方面狠下功夫。与日韩企业采取高档、高价、高收益的营销策略截然不同,TCL主要开发14~21in(1in≈0.025m)等越南普通消费群体所需要的产品来占领市场。针对越南雷雨天气较多、没有CATV公用有线电视系统,因而收视信号较弱等特殊情况,TCL越南公司紧紧依托TCL集团强大的综合实力,全面应用其在数字技术领域的最新研究成果,推出了防雷击彩电和超强接收彩电等新品种,大受市场欢迎。他们采用了TCL美国公司数字化研究所最新推出的12C数码集成电路控制技术,提高了彩电的稳定性;率先在越南引进了红外线遥控测试系统、自动化平衡调试系统等多项国际专利技术,确保产品制造的精度。
>
> 资料来源:作者根据网上资料改编。
>
> 思考:TCL彩电在国际品牌延伸中,沟通发挥了哪些作用?做了哪些贡献?

4. 双重延伸

对进入国际市场的产品和沟通方根据国际市场的需求特点做相应的改变，既改变产品的某些方面，又改变沟通策略。比如，美国通用公司的果珍并不是在所有目标市场都推行其"宇航员使用的方便早餐饮料"的诉求，而是根据具体情况进行调整，为适应东道国的需求，果珍饮品也做了口味上的调整，改变了产品的名称，强调不同的体验。

5. 产品创新

国际市场的产品创新策略是指企业针对目标市场研究和开发新产品，并加以专门的沟通宣传。新产品开发成功的概率本身就低，再加上国际市场上不可控因素较多，企业更应谨慎决策。该种策略投入较大，风险较高，而一旦成功也会取得可观的收益。产品创新策略的关键在于对目标市场的需求有深刻的了解，以达到量身定做的效果。2021年，海尔发布的原创新品类胶囊洗衣机开启了洗衣数字精洗新时代。将洗衣机行业传统的1个腔升级为3个腔，能分舱存储3种洗涤剂，并根据衣物洗护过程，分段投放不同产品。用户只需"一键三连"，就能轻松满足净白、亮色、柔顺多种需求。

8.3 国际市场营销产品的商标及包装策略

8.3.1 国际市场营销产品的商标

1. 商标设计原则

在国际营销中需要注意商标设计原则（Principles of Logo Design），除应遵循简易性、独特性、美观性等一般性设计原则外，还应特别注重以下原则。

（1）商标的发音和标志符合各国消费者的传统文化和风俗习惯

1）发音需要具有全球性，否则容易引起歧义。例如，20世纪20年代，可口可乐进入我国市场初期直接音译为"口渴口蜡"，结果销量很不好。直到采用了一个在伦敦研究语言的华人的建议，翻译为"可口可乐"后才打开了销路。我国的芳芳牌爽身粉出口到国外，品牌名称是汉语拼音"Fang Fang"，而"Fang"在英文中的意思是"毒牙"，其消费者接受程度可想而知。相反，美国的柯达（Kodak）品牌名称发音具有全球普遍性，任何国家听到"咔嗒"的声音都会联想到照相机。

2）形状和颜色在国际营销中也需要引起高度重视。例如，红三角在捷克是毒的标记，绿三角在中东地区表示免费样品，在标志设计上乱用容易引起误会。有家软饮料公司在阿拉伯国家市场就遭遇了麻烦，它的饮料包装上有一串六角星，被人误认为是以色列的戴维之星。

3）文化不同导致颜色的含义也不同。例如，在一些国家黑色代表哀悼，而在另一些国家是白色。一般来说，各国国旗上的颜色使用起来比较保险。

总之，国际市场营销人员必须充分认识和了解各国消费者对颜色、数字、动物、花卉、图案、语言等方面的喜好与禁忌。

（2）商标命名必须符合国际商标法和东道国商标法的规定

1）国际商标法包括保护工业产权的《巴黎公约》和关于商标国际注册的《马德里协定》及《商标注册条约》等。这些国际公约对商标的国际注册、商标权利在不同国家互不牵连、驰名商标的保护、商标的转让以及不能作为商标注册的内容等问题都做出了明确的规定。

2）企业还必须充分了解和遵守东道国有关商标的法规，以避免法律纠纷和蒙受经济损失，使企业的商标得到东道国的法律保护。例如，美国采用"商标使用在先"的法律，而我国则是遵循"商标注册在先"的法律。我国企业商标被国外个人或机构抢注的事件不在少数，某玩具公司因不了解美国"商标使用在先"的法律原则而蒙受损失。所以，许多跨国企业在进军国外市场之前应先在该东道国进行考虑周全的商标注册，如娃哈哈就注册了"娃娃哈""哈哈娃""哈娃娃"等相关商标。

营销聚焦　　　　　　　　　　**上海冠生园的商标之争**

新中国成立前，上海有一家 ABC 糖果厂，该厂老板利用儿童喜爱"米老鼠"卡通片的心理，为自己的产品设计了一种米老鼠包装，并命名为"ABC 米老鼠"奶糖，结果一下子走俏国内市场。新中国成立后，ABC 糖果厂并入上海冠生园，其主要产品仍是"米老鼠奶糖"。到了 20 世纪 50 年代，考虑到老鼠是"四害"之首，冠生园又设计了一种以大白兔为形象的包装，与米老鼠包装一起使用。

但由于没有产品整体观念，缺乏知识产权意识，"大白兔"和"米老鼠"一直没有注册成为合法商标。1983 年，一家广州糖果厂到冠生园"取经"，在这之后他们也开始生产"米老鼠奶糖"，而且还抢先一步把"米老鼠"给注册了。不久之后，这家广州糖果厂又以 4 万美元的价格把"米老鼠"卖给了美国的迪士尼，至此，这一由中国人创造并经营达半个世纪的著名商标就由外国人控制了。

冠生园吸取这次教训，赶紧为幸存的"大白兔"注册。为稳妥起见，冠生园不仅注册了"大白兔"，还把与"大白兔"近似的十几种"兔子"都进行了注册，使其组成了一个"立体防御体系"。着眼未来，冠生园还把"大白兔"的注册领域延伸到食品、钟表、玩具、服装等各个与儿童有关的行业。不仅如此，冠生园还在工业知识产权《马德里协定》的 20 多个成员国和另外 70 多个国家和地区拿到了"大白兔"的注册证。出色的商标战略，使冠生园在国内企业中脱颖而出，成为市场竞争中的佼佼者。

资料来源：admin，上海"冠生园"的品牌之争，2011 年 5 月 25 日。

思考：我国企业在国际竞争中缺失了什么？

2. 国际市场营销产品的商标策略

国际市场营销产品的商标策略（Trademark Strategy）注重解决以下几个问题。

（1）是否使用商标

使用商标有助于帮助消费者识别本企业产品，提高产品的竞争力，但也会给企业增加相应的成本费用。国际市场营销产品是否采用商标主要应根据产品的性质、消费者购买习惯及权衡使用商标的得失来决定。近几年，随着国际市场竞争的不断加剧，一些传统无须使用商标的产品也开始使用商标，注重对产品的宣传。尽管成本增加了，但的确起到了良好的促销效果，尤其是一些原产地效应使得产品的价值更大。例如，红富士苹果、新奇士橙、泰国香米、法国香水、俄罗斯伏特加等都大大提升了产品的价值。

> **提示**
>
> 一般可以采用无商标策略的商品有：①农、牧、矿业初级产品，以及电力、煤炭等不会因生产经营者不同而形成不同特点的产品；②消费者购买习惯上不辨认商标或无须选择商标的产品，如盐、糖及品种繁多的技术含量不高的小商品等。

（2）采用制造商商标还是中间商商标

生产企业如果知名度高、实力雄厚，可以采用自己的商标，这样便于企业建立国际信誉，建立消费者的品牌忠诚，为以后扩大销售打下基础。但许多企业知名度不高，实力不雄厚，它们常常会面临如何迅速打开国际市场的难题，采用中间商的商标可使其产品顺利、迅速地进入东道国市场，不过，借助于中间商的商标信誉使生产企业隐藏于幕后，不利于企业在国际市场上的进一步发展。西方许多批发商、经销商都使用自己的商标，如美国著名的西尔斯（Sears）百货公司，它所出售的商品有90%是用自己的商标。总之，企业在选择商标归属时，应衡量生产者商标和经销商商标的声誉、费用开支、企业的未来发展以及企业进入国际市场的方式等因素。

（3）不同产品采用怎样的家族商标策略

在竞争激烈的市场背景下，现代企业通常经营多种产品，这些产品所选择的不同商标策略就构成了家族商标策略。国际市场营销中常见的策略有以下两种。

1）统一商标策略（Integrated Trademark Strategy）。它是指企业生产的各种产品都采用同一品牌。例如，我国海尔集团的系列产品空调、彩电、冰箱等全部采用"海尔"这一商标。采用统一商标策略的企业常常具有较强的竞争实力、国际知名度和美誉度。统一商标策略有利于节约商标建设费用、利用商标现有资产推广其他产品、扩大企业的影响等，不利之处是当其中某一产品出现问题时，其他产品会受株连。

2）个别商标策略（Individual Trademark Strategy）。它是指企业根据不同产品的性质和特点分别采用不同的商标。例如，美国杜邦公司在全世界销售30 000种产品，共使用约2 000个商标，为保护这些商标而注册了15 000个商标。此策略有助于消费者从商标上区分商品的特色差异，以及可以分散企业的风险，缺点是促销费用过大，不利于企业树立统一的国际形象等。

（4）同一产品可采用怎样的商标策略

同一产品在不同国家或地区的市场可以采取单一的国际商标或不同的商标。这两种策略各有利弊。选择单一的国际商标有利于取得促销的范围经济效益，有利于树立统一的全球品牌，其前提是国际市场消费者的消费需求共性。采用单一的国际商标也会遇到许多意想不到的阻力，主要是商标与各国的风俗习惯、宗教信仰、禁忌等相冲突。为此，同一产品在不同的国家和地区需要采用不同的商标。例如，雀巢咖啡公司商标名称是"Nescafe"，但销售到德国的商标名称是"Nescafe gold"，销售到英国的商标名称则是"Nescafe gold blend"。为此，企业也大大增加了广告宣传和销售费用。

8.3.2 国际市场营销产品的包装

包装（Package）在营销中的地位非常重要，以至于有人将包装视为4P组合之后的第5个P。在国际营销中，包装的重要性甚至更为突出，因为一个陌生的产品给消费者的第一印象是产品的外衣——包装。以下介绍国际市场营销产品包装的基本要求和策略。

1. 国际市场营销产品包装的基本要求

包装设计是一门实用艺术，除了做到美观、实用、经济之外，国际市场营销产品的包装需要注意以下几个方面的具体要求。

1）根据规定准确传递商品信息。世界各国一般都对产品包装上应标识的内容（如生产日期、重量、保质期等）有不同的规定，在印制包装之前企业应多方了解，如实注明。需要注意的是，包装物上的文字说明、彩色图片等不应夸大商品的性能、质量，否则可能会引起消费者投诉，惹来不必要的官司。

2）包装应与商品档次相适应。包装物的价值应与商品价值相配套，否则会影响消费者对商品价值的判断。我国出口的人参，过去采用木箱或纸箱包装，每箱20～25kg，不仅卖不好价钱，而且还被怀疑是假人参。后改为小包装，内有木盒，外套铁盒，显得名贵、高雅、大方，结果，美观的包装使产品身价倍增，增加了盈利。此外，像高级珠宝一类的高价值产品都应配以高档包装，以烘托商品的名贵。

3）保护商品的质量。进入国际市场的产品包装要考虑各个国家和地区的储运条件、分销时间长短、气候状况、销售条件、环境保护、收入水平及各国的法律规定等。例如，在非洲和拉丁美洲一些国家，由于道路状况不太理想，用玻璃作为包装材料则不太适用。在一些发展中国家，包装消费品在分销渠道中滞留的时间可长达6个多月，而在美国只需要两三个月，这样对包装质量要求不同。出口到热带国家的食品的包装则重点要考虑产品的保质问题，以避免炎热的气候环境而导致产品变质。

4）符合当地的消费水平和法律规定。低收入国家的消费者追求实惠，通常对包装不太重视，所以在这些国家销售的产品的包装规格档次无须太多要求。在某些国家，环境保护主义者对包装材料是否造成环境污染十分关注，他们甚至会组织消费者联合抵制企业的产品销售。

5）反映原产地效应。原产地效应是跨国产品的一项重要的无形资产，在产品包装上应当用文字、图案予以显著表现。

6）避免出现东道国的文化禁忌。由于文化、信仰、习俗的巨大差异，许多在某一国家有良好寓意的颜色、语言、图案在另一国家可能就完全相反。因此，产品包装上必须慎用颜色、图案、语言等表现元素，否则不仅无法促进销售，还会引起民愤。

营销聚焦　　**案例1：1.7英镑到8.99英镑——中国茶具的包装魅力**

我国传统的出口产品——18头莲花茶具，因包装问题让外商赚了一大笔钱。18头莲花茶具本身质量较好，但由于采用简易的瓦楞纸盒做包装，既容易破损，又不美观；既难以辨别是什么商品，又给人以低档廉价的感觉，因此销路一直不好。后来，一个精明的外商将该产品买走后，仅仅在原包装上加了一个精致的美术包装，系上了一条绸带，使商品显得高雅华贵，一时销路大开，身价陡增，销售价格由一套1.7英镑提高到一套8.99英镑。

案例2：包装使出口人参成为珍品

众所周知，人参是名贵的稀有药材，价格昂贵。但是在改革开放以前，我国在出口人参时，像捆萝卜干似的将人参捆扎起来，用麻袋或木箱（10kg）包装。可想而知，这种"稻草包珍珠"的包装方式，不得不让人对其商品的真实性表示怀疑，同时也极大地降低了人参的身价。吸取教训之后，我国对人参的包装有了重新的、重要的认识，并使之包装日益精致、大气。终于，稀有的人参也"物以稀为贵"了，成为人们眼中的珍品。

总结：在国内国际市场营销中，"一等的产品，二等的包装，三等的价格"的惨痛教训不胜枚举，也让我国企业充分看到了国际市场中产品包装策略的重要性。

资料来源：作者根据网上资料改编。

---

2. 国际市场营销产品包装策略

与国内市场营销相似，国际市场营销中的产品包装策略也有以下几种。

1）类似包装策略（Similarity Packing Strategy）。企业利用与母国类似的图案、色彩、材料和形状对其在东道国销售的各种产品进行包装，便于整合和强化企业全球产品的形象，有利于顾客识别本企业产品，同时降低了包装设计和制作成本。这种策略适合两国市场背景差异不大的情况。

2）差异包装策略（Differentiation Packing Strategy）。企业利用与母国不同的图案、色彩、材料和形状对其在东道国销售的各种产品进行包装，从而更好地适应东道国的消费习惯，也便于突出企业的创新形象。不过，包装难度加大，成本也会相应增加。

3）配套包装策略（Whole-set Packing Strategy）。按各国消费者的消费习惯，将数种有关联的产品配套包装在一起成套供应，便于消费者购买、携带和使用，同时还可扩大产品的销售。这种策略适合促销活动的开展和新产品的推出。

8.4 服务产品策略分析

8.4.1 服务产品的内涵

服务在营销中有两层含义：①与产品有关的服务，如免费送货等；②服务本身就是一个行业，如旅游服务、航空公司服务等。此处提及的服务指的是前者。

产品服务策略包括售前、售中和售后三个阶段，其目的是配合产品的顺利销售和使用。在国际市场营销中，产品的服务策略显得尤为重要，因为本地的企业通常能凭借地缘优势建立起良好的服务体系和网络，而国外的企业初来乍到，很难在短期之内拥有一个良好的服务网络做支持。因此，消费者购买国外产品的最大顾虑便是担心产品的服务得不到保证。

常见的服务内容有：①向消费者提供产品和企业信息，帮助消费者了解和选购产品；②为消费者提供业务技术咨询，帮助消费者了解产品的性能、正确的使用方法、产品的保养、维护等方面的知识；③产品的安装、调试、维修与备品配件供应；④及时处理用户的来信、来电及来访，及时处理各类问题；⑤产品质量的保证服务，为顾客提供信用服务。此外，还可根据用户的特殊要求提供特殊的服务等。国际市场的产品服务还会面临以下几个问题的决策。

8.4.2 服务产品面临的问题

1. 由谁实施产品服务

当企业产品在国外市场拥有较高的市场占有率，销售量极大时，企业可以选择在国外设立自己的维修服务网，直接为当地消费者提供服务。对于一些高技术产品、成套设备、精密仪器等，可由企业与国外用户保持经常联系，定期上门检修。当企业产品的国际市场销售面广，企业不可能在每个市场都设立维修服务网时，可委托国外的经销商或代理商向顾客提供服务，也可由企业与经销商或代理商联合向顾客提供服务。随着网络技术的普及，一些大公司开始建立呼叫中心（Call Center）等服务技术支持系统，更有效地实施产品服务。

2. 维修服务人员的培训

对各国或地区市场维修服务人员的培训计划有三种方式：①邀请各地的经销人员到本企业接受培训，这一方式适用于接受训练的人较多，且地理位置过于分散，所培训的为标准化内容的情况；②由企业选派技术人员到各国或地区市场培训人员，这一方式适用于单次接受训练的人较少，且地理位置较为集中，所培训的为差异化内容的情况；③在某些主要市场建立固定的培训中心，对其区域内的服务网点人员进行轮流培训。这一方式居于以上两种方式之间。

3. 国外维修服务网点、零配件的供应

适时地为国外维修服务网点提供适量的零配件，既能保证维修服务业务的顺利进行，又可为企业减少运输、仓储等成本费用。这需要企业科学地测定和推算各种零配件的期间使用量，对零配件的运输方式、运输时间都要做出精心的安排。优秀的企业可以利用最优订货量模型来计算零配件的数量，甚至可以启动"零库存管理系统"，使零配件的物流成本降至最低。

本章小结

从国际市场营销的观点看，产品是能够满足消费者某种需要与欲望的物质形态和非物质形态的综合体，从整体上强调了产品的概念，将产品划分为核心产品、有形产品、期望产品、延伸产品和潜在产品五个层次。企业的产品组合包括四个因素：产品宽度、产品长度、产品深度和产品相关性。在国际市场营销中，产品组合调整策略有扩大产品组合策略、缩减产品组合策略、产品线延伸策略、产品线现代化策略。当企业决定将产品打入国际市场时，一般是根据当地的消费习惯和偏好对国内的产品稍加改进，需要考虑用标准化策略还是差异化策略，要达到预期的国际销售效果，需要进行产品沟通，包括直接延伸、沟通延伸、产品延伸、双重延伸、产品创新5种类型。在国际化经营中坚持产品的商标设计原则和商标策略，同时注意国际包装要求。国际市场营销产品的包装策略包括类似包装策略、差异化包装策略、配套包装策略。国际市场的产品服务面临三个方面的决策。

主要的名词术语

产品 Product
顾客价值层次 Customer Value Hierarchy
商标 Trademark
包装策略 Packing Strategy
差异化策略 Adaptation Strategy
新产品 New Product
标准化策略 Standardization Strategy
国际产品生命周期 International Product Life Cycle

知识应用

◆ 练习题

1. 下列不属于产品的整体概念5个层次的是（　　）。
   A. 核心产品　　　　B. 有形产品　　　　C. 基本产品　　　　D. 附加产品

2. 人们购买空调是为了得到舒适的室内温度，这属于空调产品整体概念的哪个层次？（　　）
   A. 核心产品　　　B. 有形产品　　　C. 潜在产品　　　D. 期望产品
3. 下列属于产品组合策略的有（　　）。
   A. 扩大产品组合策略　　　　　　　B. 缩减产品组合策略
   C. 产品线延伸策略　　　　　　　　D. 集中性营销策略
4. 智改数转是指智能化改造和数字化转型。企业智改数转符合以下哪项产品组合策略？（　　）
   A. 扩大产品组合策略　　　　　　　B. 缩减产品组合策略
   C. 产品线延伸策略　　　　　　　　D. 产品线现代化策略
5. 影响产品标准化策略和差异化策略选择的因素不包括（　　）。
   A. 成本－效益的关系　　　　　　　B. 产品本身的特性
   C. 产品的原产地　　　　　　　　　D. 企业的国际经营目标
6. 在国际市场营销产品沟通组合策略中，产品不改变沟通不改变的策略是（　　）。
   A. 直接延伸　　　B. 调整沟通方式　　　C. 调整产品　　　D. 产品创新
7. 商标策略是产品策略中的一种，商标策略有多种类型。下列选项中，企业可以采用的策略有（　　）。
   A. 单一名称　　　　　　　　　　　B. 每个产品都有不同的名称
   C. 渗透定价法　　　　　　　　　　D. 自有
8. 产品的服务策略包括（　　）。
   A. 售前服务　　　B. 售中服务　　　C. 售后服务　　　D. 产品服务
9. 国际市场营销组合策略是指（　　）。
   A. 国际产品策略　　　　　　　　　B. 国际定价策略
   C. 国际分销渠道策略　　　　　　　D. 国际促销策略
10. 下列属于促使企业采取国际产品差异化的因素有（　　）。
    A. 产品使用条件的差异　　　　　　B. 不同地区的市场差异
    C. 目标市场政府的强制性因素　　　D. 市场规模的不同

◆ 思考题

1. 产品整体概念包括哪些层次？试以彩色电视机为例加以说明。
2. 简述产品标准化策略和差异化策略的适用条件。
3. 简述国际市场营销产品常用的商标策略。
4. 简述国际市场营销产品包装策略的有关内容。
5. 简述国际市场营销产品服务策略的有关内容。

◆ 实务题

举例说明我国企业在进军国际市场过程中使用了哪些营销组合策略，并说明其成功与失败原因。

案例讨论

宝洁公司（Procter & Gamble，P&G）进入中国市场以来，在洗发水系列中先后推出了"海飞丝""飘柔""潘婷""沙宣"四个品牌。每一个品牌都以基本功能之上的某一特殊功能为诉求点，在广告中倚仗独特销售主张及卓越的创意表现加以传播，从而强化品牌的个性定位。例如："海飞丝"定位于"去头屑专家"，广告语是"头屑去无踪，秀发更出众"；"飘柔"定位于洗发、护发合二为一，令头发飘逸柔顺；"潘婷"定位于"营养专家"，含有维生素原B5，兼含护发素，令头发"拥有健康，当然亮泽"；"沙宣"定位于"发型专家"，含保湿因子，保持发型持久。

问题：

宝洁公司为什么对洗发水使用多个品牌？采用这种策略具有什么好处和弊端？

第 9 章
国际市场营销产品定价策略

> 自有千金价，宁忘伯乐酬。
>
> ——〔唐〕陈凝《马》

📖 本章学习要求

1. 重点掌握三大类主要的定价方法以及实际计算方法；新产品的撇脂和渗透定价策略、国际市场营销产品基本定价策略
2. 掌握定价目标、出口产品的定价策略和国际企业的定价决策
3. 了解影响国际市场营销产品定价的因素

📖 引导案例

英特尔和索尼的定价策略

一个分析师曾这样形容英特尔公司的定价策略："这个集成电路巨人每 12 个月就要推出一种新的、具有更高盈利的微处理器，并把旧的微处理器的价格定在更低的价位上以满足需求。"英特尔公司推出一种新的计算机集成电路时，它的定价是 1 000 美元，这个价格使它刚好能占有市场的一定份额，这些新的集成电路能够增加高级个人计算机和服务器的性能。如果顾客等不及，他们就会在价格较高时去购买。随着销售额的下降及竞争对手推出相似的集成电路对其构成威胁时，英特尔公司就会降低其产品的价格来吸引下一层次对价格敏感的顾客。最终价格跌落到最低水平，每个集成电路仅售 200 美元多一点，使该集成电路成为一个大众市场的处理器。通过这种方式，英特尔公司从各个不同的市场中获取了大量的收入。

1990 年，当索尼在日本市场首先引入高清彩电（HDTV）时，这个高科技产品价值 43 000 美元，这种电视机定位于那些可以为高科技负担高价格的顾客。其后的 3 年，索尼不断降低价格以吸引更多的顾客，到 1993 年，日本顾客只要花费 6 000 美元，就可以购得 1 台 28 英寸的高清彩电。2001 年，日本顾客仅需 2 000 美元就可以买到 40

英寸的高清彩电，而这个价格是大多数人都可以接受的。索尼以此种方式从不同的顾客群中获得了最大限度的利润。

从英特尔和索尼的实例可以看出，产品定价策略是要为产品制定适宜的价格，使其产品在保证企业利益的前提下，最大限度地为市场接受的过程。在国际市场营销组合中，国际价格策略的成功与否，关系着企业产品的销量、企业的盈利，关系着企业和产品的国际形象，因此，企业经营者必须清楚地了解本企业的营销目标，掌握定价的原理、方法和技巧，国际营销人员需要在追求短期获利能力和长期获利能力的定价策略之间进行权衡，以便使自己的定价目标能与企业的国际战略相一致。

资料来源：豆丁网，英特尔公司采取的定价策略及原因，2020年8月23日；豆丁网，定价策略经典案例，2015年3月12日。

9.1 国际市场营销产品定价目标及影响因素

9.1.1 国际市场营销产品定价目标

定价目标是企业制定价格的起点。面对不同的国外市场，以及实现具体营销目标的需要，企业往往要选择不同的定价目标。企业定价目标的不同，对其定价方法和策略的确定有很大影响。例如，一些有实力的跨国公司在进入一个新兴的富有潜力的海外市场时，大多会以获得较高的市场占有率为目标而采取低价策略，因此在短期内，其价格或收益可能不能覆盖成本。国际市场营销中企业的定价目标主要有以下几种。

1. 利润目标

追求利润是企业经营的根本目的，通常情况下，利润是企业最重要的定价目标。利润目标（Profit Objective）具体又可分为利润最大化目标（Profit Maximization Objective）和投资收益目标（Target Return Objective）两种。

（1）利润最大化目标

当企业的产品因技术突破或强大的市场份额等因素，而在市场上处于某种绝对优势地位时，企业往往可以通过高价政策来获取超额利润。当企业出于对东道国的政治形势和经济形势等因素的考虑，希望以最快的速度收回初期开拓市场的投入时，也会为产品确定一个最高价格，以求在最短时间内获取最大利润。但从长期来看，由于竞争者的加入或顾客难以接受等因素而使企业无法实现理想的销售额，并丧失市场优势，企业的利润目标就难以实现。因此，企业为实现利润最大化，必须在短期利润目标和长远利润目标之间取得平衡，并不一定以最高价格来定价。

另外，企业追求最大利润并不一定意味着单个产品的利润最大化，而是追求整体获利最大。有时企业有意将某些产品的价格定得很低，甚至低于其成本，其目的是吸引顾客，并以此产品来带动其他产品或其他品牌的销售，从而使企业在整体上获得更大的收益。

(2) 投资收益目标

实力雄厚的大企业常以投资收益率作为定价目标,这是一种注重长期利润的定价目标。企业以一定时期内预期的利润水平占投资总额或销售总额的一定百分比,或一定的预期利润额作为企业定价时所要达到目标的参考。这样可以避免追求最大利润的风险,以取得稳定的收益。

> **提示**
>
> 确定投资收益率要遵循以下原则:
> 1)投资为银行借贷资金,投资收益率要高于银行存款及其他证券利率。
> 2)投资为政府调拨资金,投资收益率则要高于政府投资规定的收益指标。

2. 市场目标

市场目标(Market Objective)是指企业以扩大产品销售或提高市场占有率为定价的目标。

(1) 市场占有率目标

许多企业将提高或保持市场占有率视为经营成功的重要目标,力图通过提高市场占有率来达到增加利润或提高竞争实力的目的。在此种情况下,企业常采取低价策略。

> **提示**
>
> 为达到预期的效果,采用这种策略需具备如下条件:
> 1)目标市场的需求弹性较大,偏低定价能刺激市场需求。
> 2)随着生产、销售规模的扩大,产品成本有明显的下降。
> 3)低价有助于打击现有的和潜在的竞争者。

(2) 销售额目标

有些企业希望通过扩大销售量来获得最大限度的销售收益。然而大量的销售未必能带来高额利润,产品销量达到一定水平后,其生产和销售成本也随之上升,进而可能降低收益水平。因此,企业应寻求产品销售额与最高销售利润的平衡点,以此来考虑产品定价。当企业生产能力过剩,在国际市场面临激烈竞争导致出口受阻时,为了确保工厂继续开工和使存货出手,企业也会以扩大销售为目标,制定较低的价格。

3. 应对竞争目标

在竞争激烈的国际市场环境下,有时企业还需要考虑选择避免或适应竞争的定价目标,具体有以下两种选择。

(1) 稳定价格目标

保持价格稳定有利于避免企业间的恶性竞争,使企业获得稳定的预期收益。为达到稳定价格的目的，通常由市场领导者或市场占有率较高、实力较强的大企业先制定一个价格，其他企业则采取跟随的策略，在定价时与之保持协调的比例。在钢铁、采矿业、石油化工等行业，稳定价格目标得到了广泛的应用。

(2) 竞争性定价

竞争性定价即有意识地将企业的定价与市场领导者或同行企业的价格拉开一定距离，试图向这些企业发出竞争的信号，如率先削价、抢占市场等。采用这类定价目标容易引发价格战，企业如不具备一定的实力或没有充分的准备，将面临极大的风险。此外，有些企业还考虑提升其产品或公司在国际市场上的形象，并以此作为定价目标。

总之，企业的定价目标是多种多样的。企业定价目标的选择往往也不是单一的，许多企业选择两个或两个以上的定价目标，并根据市场环境、目标市场的特点、竞争状况等因素的变化进行灵活调整。

营销聚焦　　　　　　**打造最佳定价策略——定价协调**

通常在定价流程中有许多参与者，例如，营销部设置了定价，业务人员在谈生意时会协议折扣，法务部在必要时调整价格，以免触犯法规或违反合约规范，供货者因交货延迟而协议调价。每个人都是出自最佳意图，最后却导致公司得不到最佳结果。其实，公司可能有些订单还赔钱，有些原本预定赚较高利润的特殊物品，可能只赚到一般商品的利润。

在思考协调定价流程时，经理人应询问以下问题。

1) 我们的定价目标是什么？
2) 流程中的所有参与者都了解这个目标吗？
3) 他们都有诱因追求这个目标吗？

适当的定价需要多方意见，但如果没有统一各方意见的机制，整体的定价绩效可能很糟。

资料来源：罗伯·道隆，怎么样明确定价的时机？哈佛商业评论，2014。

9.1.2　影响国际市场营销产品定价因素

1. 经营成本

经营成本（Operational Cost）是国际市场营销者定价时应考虑的最基本的因素，因为产品销售价格只有弥补了全部的经营成本，企业才能盈利，企业再生产才能持续进行。从一般情况来看：企业经营成本高，产品价格必然随之上升；经营成本下降了，企业才能降低产品价格，以获取低价格的竞争优势。当然，在产品生命周期的衰退期，有些企业也有可能以低于总成本的价格销售产品，其目的是减少库存，尽快收回资金，开发和推广新产品。成本低，才能获取低价格竞争优势，那么企业怎样才能降低成本呢？财务管理学告诉我们，产品成本费用可以分为生产制造成本、管理费用、财务费用和销售费用等几个部分，企业可以分别从这几个部分入手，寻找降低成本的途径。譬如，可以通过控制原材料采购价格、雇用更廉价的劳动力等降低生产成本，也可以通过控制广告投入、销售人员提成等降低销售费用。迈克尔·波特在其《竞争优势》一书中，提出了控制成本、获取成本优势的两种主要方法：一是控制成本驱动因素；二是重构价值链。波特还列举了十种主要的成本驱动因素，即规模经济、学习曲线、生产能力利用模式、联系、相互关系、整合、时机选择、自主政策、地理位置和机构因素。表 9-1 列举了营销成本的一些驱动因素和降低营销成本的主要措施。

表 9-1 营销成本驱动因素和降低营销成本的主要措施

营销成本驱动因素	降低营销成本的主要措施
规模经济	扩大销售量、标准化广告、全球品牌
学习效应	销售人员与海外客户打交道的经验不断丰富
提高生产能力利用率	为产品寻找淡季使用途径、委托生产、改变销售组织模式
相互关联	不同产品共享渠道、统一品牌、统一订单处理系统
时机选择	抢先进入市场、做迟后行动者
地理位置	在其他国家生产产品、招聘当地推销人员
营销政策	无差异营销策略、间接渠道策略

2. 市场需求

市场需求（Market Demand）是指在特定的地理范围、特定时期、特定市场营销环境、特定市场营销计划的情况下，特定的消费者群体可能购买的某一产品总量。成本和需求是企业定价时要考虑的两个重要因素。企业定价要考虑弥补成本费用，还要考虑顾客的需求、顾客可能和愿意接受的价格水平。各国的文化背景、自然环境、经济条件等因素存在着差异性，决定了各国消费者的消费偏好以及对产品的需求不尽相同。例如：日本人喜欢用蛋白质含量高的我国东北大豆做豆腐和豆制品，即使价格较高也愿意购买；在芬兰，我国东北大豆的卖价就比较低，因为他们进口大豆是为了榨油，而东北大豆的含油量较低。因此，国际市场营销产品定价时应对东道国的消费需求状况做具体的分析。

同时，消费者收入、市场价格的变动也会影响市场需求。例如，随着消费者收入的增加、购买力的提高，一般对高档消费品的需求会相应增加，对基本生活用品的需求变化不大，对需求价格弹性较大的商品适当降价，可以扩大市场需求，增加企业总收入，而对需求价格弹性小的商品，只有通过提价才可能增加企业总收入，但价格提高有可能造成需求的下降。因此，企业还应深入了解、预测产品的需求价格弹性、需求收入弹性，将其作为国际市场营销产品定价、调价时的参考依据。

3. 竞争状态

不同国家和地区市场竞争的激烈程度不同，对定价行为的影响也不相同。总体上说，竞争对价格的影响可以分为直接影响和间接影响。在国际市场上，商品的竞争形式有价格竞争和非价格竞争两类。价格竞争即通过降低价格来扩大产品市场占有率。在这种情况下，一般会引起对手的竞相降价，加大竞争的激烈程度，而激烈的竞争形势反过来又会引发更残酷的非价格竞争。非价格竞争主要是指企业通过改进产品设计、提高产品质量、畅通分销渠道、提供良好的服务等方式参与市场竞争。这种形式的竞争更有利于企业充分发挥自身资源的优势和特长，属于较为高级的竞争形式。

国际市场营销人员不仅要考虑同种商品之间的竞争关系，而且市场上还存在着许多具有消费替代关系的产品和劳务，如摇摆健身器与太空漫步机、肥皂与洗衣粉等。这些产品之间存在着隐性的竞争关系，这些关系纵横交错，充分体现了现代国际市场全方位、立体式的竞争特点。

当然，归根到底，竞争因素对价格的影响取决于市场竞争的激烈程度，以上诸因素只不过是从不同方面改变竞争形式和特点。

4. 政府的价格调控政策

随着经济全球化的发展，一方面，各国市场进一步扩大开放；另一方面，各国政府为了保护国内市场，对价格控制力度也在加强，控制的形式更加多样化。政府对企业定价的调控既可以是宏观的，也可以是微观的；既可以是法律形式，也可以是行政命令形式。

国际市场营销中的定价要同时受本国政府和外国政府的双重影响，国内政府多半采用价格补贴形式来降低企业出口产品价格，增强其竞争实力。许多国家实行的出口产品退税制也有利于增强出口产品的竞争力。国外政府通过关税、税收、汇率、利息、竞争政策以及行业发展规划等制度政策对国际市场营销企业的定价产生影响。比如，一些国家为保护民族工业而订立的关税和其他限制政策使得进口商品成本增加较多。作为国际企业，不可避免地要遇到各国政府的有关价格规定的限制，比如政府对进口商品实行的最低限价和最高限价，都约束了企业的定价自由。各国的公平交易法（或反不正当竞争法）会对企业制定价格协议产生影响。

9.2 国际市场营销产品定价方法

国际市场营销产品定价的基本方法与国内市场营销是相同的，也可分为成本导向定价法、需求导向定价法和竞争导向定价法。不同的是，在具体的价格制定中，价格的构成不同，影响价格的因素更复杂。

9.2.1 成本导向定价法

成本导向定价法（Cost-based Pricing）是指企业定价时主要以成本为依据的一种定价方法。企业定价人员只需根据企业内部的会计记录就能定价，简便易行。常用的成本导向定价法有成本加成定价法（Cost-plus Pricing）、损益平衡定价法（Break-even Analysis or Target Profit Pricing）、变动成本定价法（Marginal Cost Pricing）。

1. 成本加成定价法

成本加成定价法是在核算总成本的基础上，加上一定的利润，来制定产品的价格。利用成本加成法定价，产品价格能保证企业的制造成本和期间费用得到补偿后还有一定利润，产品价格水平在一定时期内较为稳定，定价方法简便易行。但是这种定价法忽视了市场供求和竞争因素的影响，忽略了产品寿命周期的变化，缺乏适应市场变化的灵活性，不利于企业参与竞争，容易掩盖企业经营中非正常费用的支出，不利于企业提高经济效益。

计算公式有

$$价格 = 单位成本 + 单位成本 \times 成本利润率 = 单位成本 \times (1+ 成本利润率)$$

产品出厂价格 =（单位产品制造成本 + 单位产品销售利润）/（1− 期间费用率 − 销售税率）

=［单位产品制造成本 ×（1+ 成本利润率）］/（1− 期间费用率 − 销售税率）

期间费用包括管理费用、财务费用和销售费用。期间费用率为期间费用与产品销售收入的比率，可以用行业水平，也可以用企业基期损益表的数据。

> **实例**

某企业生产一种产品，预计单位制造成本为 100 元，行业平均成本利润率为 25%，销售税率为 0.7%，企业基期的期间费用为 50 万元，产品销售收入为 500 万元。试用成本加成定价法算出产品价格。

解：

产品出厂价格 =［100×（1+25%）］/（1−500 000/5 000 000−0.7%）=139.98（元）

2. 损益平衡定价法

损益平衡定价法又称保本定价法，就是运用盈亏平衡分析的原理，计算确定能够使企业以销售收入抵偿支出，做到不赔不赚时的销售价格。同时，应用此方法也可计算出不同价格水平的保本产量（或销量）。当市场价格高于企业的保本价格时，企业的销售就有利可图。当市场不景气时，以保本价格销售也是企业可以接受的，因为保本经营总比停业的损失要小得多，而且企业还可以有回旋的余地。

计算公式有

$$损益平衡点销售量 = 固定成本 /（价格 − 单位变动成本）$$

在此价格下实现的销售量，使公司刚好保本，因此，该价格实际是保本价格，即

$$保本价格 =（固定成本 / 损益平衡点销售量）+ 单位变动成本$$

3. 变动成本定价法

变动成本定价法又称边际成本定价法。通常企业要想不亏损，就应使总成本小于总销售收入，销售价格要能够弥补平均成本。但当产品供过于求、卖方竞争异常激烈时，或者在企业将价格作为主要的市场竞争手段，打击或排斥竞争对手的情况下，企业可以使

产品销价低于平均成本,这时就可以采用变动成本定价法。也就是说,企业定价可以以单位产品的变动成本为最低限度,只要是高于单位产品变动成本的价格,都是可以接受的。

● 实例

某企业的生产能力为 500 台,已接到订货 300 台,应分摊的固定成本为 80 万元,单位产品的价格为 6 000 元,单位产品的可变成本为 4 000 元。现在有一新的市场机会,某一用户愿以价格 5 500 元购买 200 台,那么企业是否应该利用这个新的市场机会?

我们试进行以下分析:

若只有 300 台的订货,则企业的盈利情况是:

总收入 − 总成本 = 6 000×300 − (800 000+4 000×300) = −200 000(元)

即当销出 300 台时,企业要亏损 20 万元。

如果再接受 200 台的订货,因为固定成本已全部分摊,所以企业的盈利情况为:

销量 ×(价格 − 单位变动成本)= 200×(5 500−4 000)= 300 000(元)

前后两次订货的总盈利情况是:

−200 000+300 000=100 000(元)

所以,尽管新的市场机会的定价较低,企业还是应利用这个新的市场机会,它可以使企业转亏为盈。运用变动成本定价法,可以使企业在激烈的市场竞争中,推出更为灵活、更具竞争力的价格。但是定价过低有可能被认为是不正当竞争或倾销而受到指控,从而被处以罚款或课以反倾销税,这些支出将抵消原有的竞争优势,所以应注意避免出现这种情况。

9.2.2 需求导向定价法

需求导向定价法(Value-based Pricing)是指企业主要根据消费者的需求,即对商品价值的认知和市场需求的强度等因素制定商品的价格,具体有以下三种方法。

1. 倒推定价法

倒推定价法(Backwards Pricing)指企业主要依据产品在东道国的市场销售价格,倒算制定产品的出厂价格的方法。按照这种定价法,企业要先估测出产品在东道国的销售价格,然后从中减去中间商的利润、关税、运费等,反推出产品的出厂价格。这样做可以较好地兼顾企业收益与产品的国际竞争力,对出口机会进行评估。

2. 认知价值定价法

认知价值定价法(Perceived-value Pricing)就是根据消费者对产品价值的理解和认知来定价。与本国购买者一样,国外购买者在做购买决策时也会权衡产品质量与价格,因此产品价格必须反映消费者感知的产品质量或价值。这种定价法的关键是通过市场调查,对消费者的认知价值要有正确的估计和判断,并充分运用各种营销手段,特别是非价格因素,如产品定位、品牌形象塑造等因素来影响消费者，使消费者确立有利于企业的认知价值。

表 9-2 列出了一些液体产品的价格（以桶为单位），我们可以发现产品价格不完全取决于产品成本。牛奶的成本高于依云矿泉水和 Scope 漱口水，但卖得却比后两者都便宜。可口可乐的成本很低，但价格却不低。同样地，石油的制造成本也就每桶 3～5 美元，但为什么能卖到每桶 100 美元？这就是认知价值定价法的威力。

表 9-2　部分液体产品桶装价格　（单位：美元）

液体产品	桶装价格
可口可乐	78.83
石油	100.00
牛奶	126.00
依云矿泉水	189.90
橙汁	251.16
柠檬油	390.88
Scope 漱口水	826.65
Jack Daniels 威士忌	4 133.26
Visine 眼药水	32 202.24

资料来源：发现利润的慧眼：价值定价法，中欧商业评论，2008 年 10 月刊。

3. 需求差别定价法

需求差别定价法（Demand-different Pricing）是指企业对同一产品或劳务，根据不同的市场、不同的顾客、不同的消费时间、不同的消费数量、不同的产品款式等方面的需求差异，分别制定不同的价格。

实行需求差别定价法必须具备一定的条件，否则，不仅达不到差别定价的目的，甚至会产生副作用。这些条件包括以下四个方面。

1）从购买者方面来说，购买者对产品的需求有明显的差异，需求弹性不同，市场能够细分，不会因差别价格而导致顾客的反感。

2）从企业方面来说，实行不同价格的总收入要高于同一价格的收入。

3）从产品方面来说，各个市场之间是分割的，低价市场的产品无法向高价市场转移。

4）从竞争状况来说，无法在高价市场上进行价格竞争。

9.2.3　竞争导向定价法

竞争导向定价法（Competition-based Pricing）是指企业主要根据竞争对手的产品价格来确定自己产品价格的方法，通常适用于竞争十分激烈的市场环境。它主要有以下两种类型。

1. 随行就市定价法

随行就市定价法（Going-rate Pricing）是根据市场流行的价格或同行业平均价格或行业中实力最强竞争者的价格，制定本企业产品价格的定价方法。在自由竞争的市场（如国际大宗商品，小麦、茶叶、咖啡等交易市场），买卖双方一般都遵从当时的市场成交价格，任何一方都很难抬高或压低交易价格。在钢材、造纸、化肥等完全寡头竞争的市场中，企业通常制定相同的价格，小企业追随市场领导者。当市场领导者变动价格时，它们则随之变动，而不考虑其成本或需求是否发生了变化。

2. 密封投标定价法

在国内外，建筑工程的建设、成套设备的购置、政府等集团的采购等，一般都通过招标的方式，从众多的投标者中选择承包方或卖方。在这种情况下，投标的一方往往竞争十分激烈，而投标的报价是企业能否中标的关键因素。在确定投标报价时，企业必须充分预测竞争对手的报价，并根据竞争对手可能的报价，制定出既可能中标又有利可图的最佳报价方案。

9.3 国际市场营销产品定价策略

定价策略是企业营销的主要决策之一。在国际市场营销中，灵活地制定和运用好定价策略是适应激烈的国际竞争的客观要求，更是企业扩大销售、增加利润的重要手段。国际市场营销中常用的定价策略与国内定价策略基本相同，在此将结合案例做简要的叙述。

9.3.1 新产品的撇脂定价和渗透定价策略

撇脂定价（Skimming Pricing）是指企业凭借新产品的独占地位而制定较高的价格，以便短期内收回投资。微软公司为其开发的 Windows 软件的定价就是典型的例子。微软公司凭借该产品的独创性垄断了市场，创建了一种行业事实标准，在全球市场上以远远高于产品成本的价格进行销售，获得了巨额收入。

营销聚焦

苹果手机在进入我国市场时获得了巨大的成功，其在我国市场的份额一路飙升，在国产品牌迅速崛起的近两年竞争异常激烈的情况下，重回我国市场的巅峰，其营销策略起着至关重要的作用。

2018 年苹果手机只占整个市场的 9.1%，排名第五。前四名的品牌分别为华为、OPPO、VIVO 和小米，虽然苹果手机在我国市场出货量已经下滑至第五名，但苹果依然是最赚钱的智能手机品牌，占据了智能手机行业 62% 的利润。据京东平台统计，在 2023 年 6·18 期间，手机品牌累计销量前三的手机分别是 iPhone14 Pro、iPhone14 Pro Max、Redmi 10A。它的定价策略采用了撇脂定价来塑造高端形象。自进入我国市场以来，新款手机发布价格都在 5 000 元以上，2018 年 iPhone XS Max 高配置版 512 G 内存价格更是高达 12 799 元。针对我国细分市场中的高端定位人群将手机的价格尽可能地提高，通过这些追求时尚又有消费能力的用户在短时间内获得尽可能大的利润，树立起苹果手机品牌的高端形象，提升利润的同时也能提升销量。

资料来源：作者根据网上资料改编。

撒脂定价策略适用于需求价格弹性小、顾客愿意为获得产品价值而支付高价的细分市场。当企业是某一新产品的唯一供应者时，采用撒脂定价策略可使企业利润最大化。但高价会吸引竞争者纷纷加入，一旦有竞争者加入，企业就应迅速降价。

与撒脂定价策略相反，渗透定价（Penetration Pricing）策略是指企业故意以较低的价格将新产品推向市场，以刺激消费和提高市场占有率。

9.3.2 国际营销基本定价策略

1. 心理定价策略

心理定价（Psychological Pricing）是根据消费者不同的消费心理而灵活定价，目的是诱导消费者购买。它主要包括以下几个方面。

（1）声望定价

声望定价（Prestige Pricing）是指企业利用消费者仰慕名牌的心理而制定大大高于其他同类产品的价格，是一种有意识地给商品定高昂价格以提高商品地位的定价方法。例如，国际著名的欧米茄手表，其价格从一万元到几十万元不等。在国际市场上有许多产品在消费者心目中享有极高的声誉，如高级汽车、高级化妆品、高级礼品和工艺品等，消费者购买此类产品，特别关注其品牌、标价所体现出的炫耀价值。名牌是一种符号，消费者对名牌产品、优质产品的崇拜心理和信任心理，代表着产品消费者的身份和社会地位，目的是通过消费获得极大的心理满足。这些产品的定价可以比同类产品高出几倍，甚至几十倍。

> **提示**
>
> 声望定价策略通常适用于名牌产品、优质产品。

（2）尾数定价和整数定价

尾数定价（Mantissa Pricing）策略是指在确定零售价格时，利用消费者求廉的心理，制定非整数价格，以零头数结尾，使用户在心理上有一种便宜的感觉，或者是价格尾数取吉利数，从而激起消费者的购买欲望，促进商品销售。目前这种定价策略已被商家广泛应用，从国外的家乐福、沃尔玛到国内的华联、大型百货商场等，从生活日用品到家电、汽车都采用尾数定价策略。整数定价（Integer Pricing）是指企业把原本应该定价为零数的商品价格改定为高于这个零数价格的整数，一般以"0"作为尾数。这种舍零凑整的策略实质上是利用了消费者按质论价的心理、自尊心理与炫耀心理。

> **提示**
>
> 超市、便利店等以中低收入群体为目标顾客、经营日常用品的商家适合采用尾数定价策略，而以中高收入群体为目标顾客、经营高档消费品的大商场、大百货不适合采用尾数定价策略，而应该用声望定价策略。整数定价策略同样适用于那些名牌优质商品。

(3) 习惯性定价

习惯性定价(Customary Pricing)是指消费者在长期中形成的对某种商品价格的一种稳定性的价值评估。一般同类产品较多,消费者在长期的消费中,已在头脑中形成了一个参考价格水平,个别企业难以改变。如果企业定价低于该水平,容易引起消费者对质量的怀疑,高于该水平则可能受到消费者的抵制。企业定价时常要迎合消费者的这种习惯心理。例如,眼镜店中某些老品牌,采用习惯性定价策略,若无特殊原因,在一定时期内一般不予变动。

2. 折扣定价策略

企业为了鼓励顾客及早付清货款、大量购买或增加淡季购买,还常常酌情给顾客一定的优惠,这种价格的调整叫作价格折扣和折让。折扣定价策略(Discount Pricing)主要类型见表9-3。

表 9-3 折扣定价策略主要类型

折扣类型	定义	特点
现金折扣	对及时付清账款的购买者的一种价格折扣。"2/10/30",表示付款期是30天,成交后10天内付款,给予2%的现金折扣	许多行业习惯采用此法以加速资金周转,减少收账费用和坏账
数量折扣	企业给那些大量购买某种产品的顾客的一种折扣,以鼓励顾客购买更多的货物	大量购买能使企业降低生产、销售等环节的成本费用
功能折扣	也叫贸易折扣,是制造商给予中间商的一种额外折扣,使中间商可以获得低于目录价格的价格	功能折扣的结果是形成购销差价和批零差价
季节折扣	是企业鼓励顾客淡季购买的一种减让,使企业的生产和销售一年四季都能保持相对稳定	季节折扣有利于减轻库存,加速商品流通,迅速收回资金,避免因季节需求变化所带来的市场风险
推广津贴	为扩大产品销路,生产企业向中间商提供促销津贴	零售商为企业产品刊登广告或设立橱窗,生产企业除负担部分广告费外,还在产品价格上给予一定优惠

3. 产品组合定价策略

产品组合定价(Portfolio Pricing)是指企业为了实现整个产品组合(或整体)利润最大化,在充分考虑不同产品之间的关系以及个别产品定价高低对企业总利润有何影响等因素基础上,系统地调整产品组合中相关产品的价格。产品组合定价主要的策略如下。

(1) 产品线定价

产品线定价(Product-line Pricing)是指企业为追求整体收益的最大化,为同一产品线中不同的产品确立不同的角色,制定高低不等的价格。有的产品充当招徕品,定价较低,以吸引顾客购买产品线中的其他产品。定价高的则为企业的获利产品。例如,松下公司设计的5种不同功能的彩色立体声摄像机,简单的只有4.6磅,价格便宜,而复杂的有12.3磅,功能有自动聚焦、明暗控制、双速移动目标镜头等,价格高昂。产品线定价的关键在于合理确定价格差距。

(2) 互补品定价

有些产品需要互相配合在一起才能使用,发挥出某种使用价值,如乒乓球拍和乒乓球、打印机与墨盒、隐形眼镜与消毒液等。企业经常为主要产品（价值量高的产品）制定较低的价格，而为附属产品（价值量较低的）制定较高的价格，这样有利于整体销量的增加，从而增加企业利润。

（3）成套优惠定价

对于一些成套设备、服务性产品等，为鼓励顾客成套购买，扩大企业销售，加快资金周转，可以使成套购买的价格低于单独购买其中每一产品的费用总和。

9.3.3 出口产品的定价策略

对很多企业来讲，出口是企业开展国际市场营销的第一步，即使是已进行全球化经营的企业，在其国际市场营销业务中也会保持一定比重的出口业务。企业在为出口产品定价时需要对若干问题进行解决。

1. 出口报价货币的选择

企业在出口产品时，首先要确定是使用本国货币，还是进口国家货币，或第三方国家货币报价。由于世界各国的货币价值并不是一成不变的，特别是在世界许多国家普遍实行浮动汇率的情况下，各国货币的币值经常处于波动之中。在出口交易中，从签订合同到交货、付款通常间隔时间比较长，在此期间，计价货币的价值往往会发生变化，甚至出现大幅波动，其结果必然直接影响进出口双方的经济利益。因此，无论是出口企业还是进口企业，都希望在进出口交易中避免汇率、币值波动的风险。

在通常情况下应选择可自由兑换的货币或币值较为稳定的货币。可自由兑换货币一般是指在国际外汇市场上可自由进行买卖的货币。企业在选择出口商品报价货币时，要特别关注外汇汇率波动的情况。一般来说，企业在出口时应选择汇价有上升趋势的货币，即所谓"硬货币"；相反，在进口时，应选择汇价有下浮趋势的货币，即所谓"软货币"。美元是国际贸易中的"硬货币"，我国有60%以上的商品出口采用美元计价计算。

> **提示**
>
> 截至2012年，世界上有50多个国家或地区接受了《国际货币基金协定》中关于货币自由兑换的规定，也就是说，这些国家或地区的货币被认为是自由兑换的货币，其中主要有：美元（USD）、欧元（EUR）、日元（JPY）、瑞士法郎（CHF）、丹麦克朗（DKR）、瑞典克朗（SKR）、挪威克朗（NKR）、港币（HKD）、加拿大元（CAD）、澳大利亚元（AUD）、新西兰元（NZD）、新加坡元（SGD）、卢布（RUB）。

但计价货币的最终选择，还要靠买卖双方共同协商。另外，企业出口报价货币的选择应"多元化"，即及时了解掌握外币汇率的变动，及时向国内外有关金融机构咨询，选择多种货币报价，尽可能地分散风险，避免损失。

2. 出口报价形式的选择

出口报价形式主要决定买卖双方的责任，具体体现在国际销售合同的价格条款上。合同的价格条款必须明确划分商品运输中各方的责任，说明由谁支付运费和从何地开始支付；明确商品的数量、质量和单价的计量单位、贸易术语、单位价格、计价货币，如有佣金和折扣还应说明其百分比率等。常用的报价形式如下。

（1）原产地定价

原产地定价（Free on Board，FOB）又称离岸价格或起运点船上交货价格。这是最普遍的报价形式，指卖方只负责将这种产品运到某种运输工具上（如卡车、火车、船舶、飞机等）交货，交货后货物所有权即归买方所有，由买方负担从产地到目的地的运输、保险等一切费用和责任。

（2）到岸价定价

到岸价定价（Cost，Insurance and Freight，CIF）指由卖方负担运输、保险等全部费用和责任，直到把货物运送到买方所在地为止。这种定价形式一般适用于运费在全部成本中所占比重较小的商品。

（3）区域运送价格

区域运送价格（Regional Transport Pricing，RTP）指卖方将市场划分为若干大的区域，在每一个区域内实行统一的购销价格和统一的运费计算办法。如出口到美洲各国用一种报价，在欧洲各国用另一种报价。但应注意相邻区域的价格差异有可能导致中间商随意地跨区域销售，不利于企业对区域价格的控制。

（4）基点定价

基点定价（Basing-point Pricing，BPP）指企业选定某些地点作为基点，然后按同样的价格向其他地点供货，顾客购买价格的差异只包含离基点远近运费的不同，采用这种方法，减少了顾客购买价格的差异，有利于统一产品的市场价格。企业可以选定多个基点，按照距离顾客最近的基点计算运费。例如，企业出口产品到欧洲，可将产品先运输到荷兰的港口，然后通过集装箱将产品运到欧洲各地，荷兰即为基点。

（5）补贴运费定价

补贴运费定价（Freight Subsidy Pricing，FSP）是由于原产地定价使距离卖方较远的买主负担的运费较高，因此卖方为争取顾客而采取补贴的办法，即对距离较远的买主补贴一部分或全部运费。

3. 特殊的定价——租赁与对销贸易

租赁（Leasing）是解决产品价格昂贵而买方资金短缺的一种重要销售方式。在工业器材、机械设备的营销中使用较为普遍，随着国际租赁业务发展迅速，据估计在西欧，租赁美国或其他国家制造的设备的金额已超过 500 亿美元。有些企业缺乏资金，缺乏设备维修能力，无力直接购买昂贵的机械设备，或有些企业对机械设备的需求是周期性或临时性的，自己购买不合算，通过租赁方式，这些企业就可以得到所需要的设备。同时，出租方也可获得稳定的租金收入，此外在设备的租赁和使用过程中还可能向承租方所在国的其他企业进行销售，因而有利于扩大企业销售。

在国内租赁中，一般的作价方法是：在设备使用寿命的一半时收回全部成本，在后半期则是纯粹获利的。租赁期一般为 1～5 年，按每月或每年支付租金。但国际租赁的风险远比国内租赁大。企业在制定国际租赁价格时，必须对各国租借方的设备使用条件和使用频率进行充分的调查研究，对国际租赁业务的风险和各国的通货膨胀、汇率波动等因素做出恰当的估量和预测，才可能制定出较为合理的出租价格。

提示
注意在租赁合同中明确规定双方各自的责、权、利，尽可能降低国际租赁的风险。

对销贸易被看作一种特殊的营销和定价工具。从国家层面来讲，对于一些外汇较少或发生金融危机的国家，常会出于节省外汇，或减少贸易逆差，或提升当地的生产能力，或迫使出口方将所得再投资于当地等考虑，而提出对销贸易的要求。从出口企业层面来讲，这些商品无所不包，可能不是出口经营范围内的商品，难点是如何确定对方商品的价值和潜在市场需求。出口企业如能采取主动的对销贸易策略，则会非常有效地打开对方的市场。为此，出口企业特别是与发展中国家开展贸易的企业，在与买方谈判过程中，应设法了解该国是否有开展对销贸易的历史，哪些产品有可能被用于对销贸易等，估计买方提出对销贸易要求的可能性，从而在制定定价方案时有所考虑和准备，一旦对方提出，则可积极应对。

提示
对销贸易（Counter Trade）在我国又译为"反向贸易""互抵贸易""对等贸易"等，包括易货贸易（Barter Trade）、补偿贸易（Compensation Deals）、反向购买（Counter Purchase 或 Offset Trade）、产品回购（Product Buy-back）四种形式。

百事可乐曾击败可口可乐，成功地开拓了俄罗斯市场，原因在于百事可乐接受了用俄罗斯的伏特加酒，抵付在俄罗斯建设百事可乐罐装厂所需的费用。在国际市场营销中，中有时企业需要通过接受对销贸易，以便战胜竞争对手，赢得顾客。

4. 控制价格升级

在出口贸易中，由于装运费、保险费、包装费、关税、较长的分销渠道、较高的中间商毛利、专门的税费、行政管理费、汇率波动等各种费用作为成本费用都会加在产品的最终售价上，从而导致产品在国际市场上的最终价格要比国内销售价格高出很多。这种由于外销成本的逐渐加成所形成的出口价格逐步上涨的现象被称为价格升级（Price

Escalation）。有时候价格升级并没有也不能给出口企业带来任何额外的利润，相反，由于价格升级，企业东道国的消费者需要花高价购买同样的商品，高价可能抑制需求，减少企业产品的销售量，降低企业产品的国际竞争力，对企业产生不利影响。因此，出口企业必须采取有效措施控制价格升级，常用的控制措施有以下几种：

（1）降低制造成本

降低制造成本（Reduce Manufacturing Cost），有利于从源头上影响价格的升级。在国外选择制造成本低的国家建厂生产，是降低产品制造成本的有效措施。取消产品的某些成本昂贵的功能特性，甚至降低产品质量，也可以降低制造成本。一些发达国家需要的功能在发展中国家可能会显得多余，取消这些功能可以达到降低成本、控制价格的目的。降低产品质量也可以降低产品的制造成本，不过这样做有一定的风险，决策时一定要慎重。降低制造成本也有利于降低关税，因为多数关税是从价计征的。

（2）降低关税

关税是影响价格升级的一个非常重要的因素，企业寻求降低关税（Reduce Tariff）的途径如下。

1）设法将产品纳入关税较低的类别。产品如何归类常常是个判断的问题。俄罗斯海关曾坚持把琼森公司的二合一沐浴液归入化妆品，而不把它看作香皂的替代品，前者的关税是20%，后者是15%。一位有经验的货物转运商说服了美国海关人员，将其货物按艺术品而不是珠宝对待，这两者的关税之别是0和70万美元之差。有时包装容量不同，关税也有区别。因此，出口企业应事先深入了解不同国家的产品分类标准和纳税规则。

2）修改产品使之适应税率较低的关税类别。在制鞋业，按美国的税则规定，鞋后加帮（从鞋底一直到鞋面上，鞋面上的部分超过0.6cm）的运动鞋和不加帮的运动鞋的关税有较大差异，分别是48%和6%。因此，许多出口企业在鞋面设计时，就参照此标准，从而使产品能以较低的关税进入美国市场。

3）变出口成品为出口散件。通常零部件和半成品的关税税率比成品的税率要低，因此出口企业可考虑出口零部件到进口国装配，可以达到降低关税的目的。如果进口国的劳动力成本也较低，最终产品成本可大大降低。若能利用部分当地的零部件或包装，则成品所负担的关税还会进一步降低。

（3）降低分销成本

缩短分销渠道，一方面可以减少中间商的加价，另一方面可以减少中间环节所纳税金，从而有助于降低分销成本（Reduce Distribution Cost）。但是，有时分销渠道虽然缩短了，成本却未必会降低，因为许多营销的职能无法取消，仍然会有成本支出。在按照交易次数征收交易税的国家，可以采用这种办法来减少缴税。

（4）利用自由贸易区降低成本

许多国家为促进国际贸易，纷纷建立起自由贸易区（Free Trade Zone，FTZ）或自由港，在我国称为保税区。产品进入这些区域时不必征税，只有当产品离开这些区域正式进入其所在国时才征收所有的关税。这样可减少因先纳税而造成的资金占用和利息支出，从而有助于降低产品的出口成本。不仅如此，还有一个特别重要的优越性是在自由贸易区发生的劳务成本和间接费用可以免交关税。因此，很多企业利用自由贸易区进行进口货物的储存和加工。

5. 避免反倾销

WTO 对倾销（Dumping）的定义：倾销是指一国产品以低于"正常价值"的价格出口到另一国，并对进口国相关工业造成了损害的行为。在企业出口时，有时为了达到某一目的，可能会采用低价渗透策略，从理论上讲本是无可非议的，但这种做法一旦被进口国视作倾销，出口产品将被征收高额的反倾销税，或受到严厉的处罚，从而使企业产品失去价格竞争力，很多情况下会使企业被迫退出该国市场。我国近年来一直是遭受反补贴和反倾销调查最多的国家，这与我国出口占全球份额达历史高点有关，我国企业在出口过程中遇到此类调查越来越普遍。商务部中国贸易救济网统计显示，2019 年国外对我国产品启动的反倾销调查多达 63 宗、反补贴调查 9 宗、另有 30 宗保障措施调查。其中对我国产品立案数量最多的是美国、印度等国。虽然《关税及贸易总协定》对反倾销问题做了明确规定，但实际上各国各行其是，仍把反倾销作为贸易战的主要手段之一。

营销聚焦

2017 年 11 月 13 日，澳大利亚对进口自我国和马来西亚的钢托盘货架启动反倾销调查。2018 年 6 月 18 日，澳大利亚对进口自我国和马来西亚的钢托盘货架做出反倾销肯定性初裁。2019 年 5 月 6 日，澳大利亚反倾销委员会发布第 2019/45 号公告，决定对我国和马来西亚的涉案产品实施为期 5 年的反倾销措施，有效期至 2024 年 5 月 8 日。2023 年 4 月 3 日，澳大利亚反倾销委员会发布第 2023/021 号公告称，应澳大利亚国内企业 Dematic Pty Ltd 提交的申请，对进口自我国和马来西亚的钢托盘货架发起第一次反倾销日落复审调查。

资料来源：中国贸易救济信息网，澳大利亚发布涉华钢托盘货架反倾销措施即将到期公告，2023 年 1 月 6 日。

因此，企业在采用低价出口措施之前务必要搞清楚进口国的反倾销规定。一般来讲，发达国家的反倾销规定最为严格，企业在向发达国家出口时尤其需要谨慎从事。此外，企业还可以通过如下措施"合法地"逃避反倾销指控：

1）采取多国营销方式，变单纯的出口为在东道国装配、生产，可以降低成本及低价销售。这是一种积极的对策。海尔集团通过在海外设厂，极大地带动了国内低成本产品的出口。

2）调整产品，使其归入关税低的类别。比如，为了规避对我国一次性充气打火机征收反补贴税,制造商在打火机上增加了一个阀门,使其被列入"非一次性"产品,从而免交税收。但一些国家反倾销措施日益严厉,这种做法有时难以奏效。

3)加强与进口商的关系与协作。进口商比较了解本国市场同类产品的价格。企业应该与进口商建立一种良好的关系,采集同类产品不同市场的价格进行分析。同时,进口商也可以与本国同类产品厂家进行联系和沟通,摸清同类产品在当地的生产成本、实际价格,合理确定销售价格,避免遭到反倾销指控。对我国企业来讲,还应彻底转变营销思维,避免单纯使用价格竞争手段,要学会利用非价格竞争手段积极参与国际竞争。

9.3.4 国际企业的定价决策

随着经济全球化的发展,世界上有越来越多的企业发展壮大起来,成为国际性经营甚至全球性经营的公司。在这种情况下,其定价策略的制定,就不仅仅是针对某个国别市场,而要适应全球市场环境,适应全球竞争的需要,从而面临更大的挑战。

1. 公司总部定价还是子公司定价

对于许多国际企业而言,由于各个国家的生产条件、市场条件和竞争条件等有所不同,因此在营销价格的管理方面,面临着这样的选择:是由总公司统一制定产品在世界各地的价格,还是由各国的子公司自主定价?定价决策应由谁负责?对这些问题的回答可以有三种选择:母公司总部定价;东道国子公司独立定价;总部与子公司共同定价。但最常见的方法是第三种选择。具体的做法是:由公司总部确定一个基价和浮动幅度的框架,子公司可以根据所在国的具体情况,在公司总部规定的浮动范围内,灵活地制定本地区的销售价格。这种做法的优点是母公司既可对子公司的定价保持一定的控制,子公司又可有一定的自主权以使价格适应当地市场环境。

2. 统一价格还是差别价格

"统一价格"可以理解为母公司与各国子公司的同一产品的出厂价可折合为同额的母国货币或同额的可兑换货币。国际企业对其产品在国际市场上销售,应保持统一价格,还是针对不同国家市场制定不同的差别价格?这是一个非常值得研究的问题。

波音飞机销往世界各国的价格都是统一的。统一价格的优点有:有助于国际企业及其产品在世界市场上建立统一形象;便于企业总部控制企业全球的营销活动;可大大避免灰色市场的产生。但统一价格的缺点是:由于各国的制造成本、分销成本、竞争环境、税率等不尽相同,消费水平更有差异,要在环境差别明显的各国市场以统一价格销售产品常常是不切实际的。此外,现实中汇率是波动的,统一的价格也很难维持。

在实践中,很多公司都采取差别价格策略。差别价格则能很好地体现各国市场实际存在的差异性,充分考虑各国的生产成本、市场竞争、税收政策等因素对定价的影响,有利于实现利润最大化。但差别价格的最大缺点是可能导致平行进口,形成灰色市场,也不利于公司总部对销售利润的控制。因此差别价格策略的实施需要国际企业总部及管理层有效的领导和控制。

> **提示**
>
> 平行进口（Parallel Imports），即一个进口商从一国的分销商那里购得产品，然后销售给另一个国家中不属于产品制造商正常分销系统的分销商，并造成该产品以低于在那个国家的正常销售价格出售。

台湾宏碁集团采用差别定价策略，取得了良好的效果。其总部人员经常与各个国家和地区的子公司进行协商，确定市场状况和通用的市场策略，以及净收益、市场份额和总销售增长率等目标，并将目标分解下达到各地的子公司。总公司只是通过对销售目标的控制来间接控制子公司的销售。

3. 国际转移定价

国际转移定价（International Transfer Pricing）是一种在国际企业母公司与各国子公司之间以及各国子公司之间进行产品、劳务、技术等交易时所采用的价格。该价格实际上是一种国际企业内部的交易价格，它通常会高于或低于正常定价时的市场价格，定价的出发点是为了避税，避免资金在高通胀率、严外汇管制国家滞留，以获取企业整体利润的最大化。

营销聚焦　　跨国公司转移价格及我国的对策研究报告

国家税务总局国际税务司反避税处苏晓鲁处长曾算过一笔账：我国已批准成立了40多万家外资企业，相当数量的外企通过各种避税手段转移利润，造成从账面上看，外企大面积亏损，亏损面达60%以上，年亏损金额达1 200多亿元。按照税法的规定，以后的盈利是可以弥补以前年度的亏损的，因此，我国每年少征外企所得税约300亿元。

资料来源：陶勇，跨国公司违法"避税"长亏不倒，法制早报，2005年11月14日。

国际转移定价的具体做法主要有以下几个方面。

1）如果某国征收的所得税较高，公司就会千方百计地将该国子公司的一部分利润转移至境外。在投资方面，可以通过：①抬高作为投资的进口机器设备、零部件和其他物料的价格；②抬高作为投资或转让的公司无形资产的价格；③抬高租赁公司有形财产的租金等。上述种种抬高的转移定价，可以人为增加该子公司当期资产折旧或摊销费用，从而将子公司因此而减少的利润转出境外。在生产和销售方面，多数以高价向该子公司提供进口原材料，以低价收购其出口产品，在生产开始前，就已经将一部分利润转移至境外。

2）在将产品由甲国转移到乙国时，如果乙国的关税较高，而且是从价计税，则公司就将转移价格定得较低，以减少应缴关税。

3）在实行外汇管制的国家，对外国子公司的利润汇出有严格的限制或征税的情况下，国际企业在向该国的子公司转移产品时就定高价，产品由该国转移到其他国家时就定低价，以减少公司在该国的利润，避免利润汇出的麻烦和税赋。

4）某国已经或即将出现较高的通货膨胀时，为了避免公司资金方面的损失，在向该子公司转移产品时，可将价格定得高些，当产品由该国转出时，将价格定低些。

5）当某国的子公司面临强大的竞争时，母公司可以采取低价供给其产品、高价购买其产品的做法，给予该子公司强有力的支持。

企业通过国际转移定价实现了公司的最大利益，但同时势必损害了某些国家的利益，因此许多国家政府针对国际企业的这一策略，制定了严格的法律、法规，以要求国际企业制定内部转移价时能遵守公平交易的原则。

本章小结

国际市场营销中企业面临的定价问题更为复杂。企业首先应充分了解影响国际市场营销产品定价的一些特殊因素的作用，如成本因素、国际市场供求和竞争状况、国际的以及各国政府的相关经济政策及法律限制等。在国际市场营销产品定价时应确定定价目标、选择定价方法、制定价格策略。具体来讲，定价目标常见的有利润目标、市场目标和应对竞争目标；主要的定价方法有成本导向定价法、需求导向定价法、竞争导向定价法；基本的定价策略有心理定价策略、折扣定价策略、产品组合定价策略。对出口产品的定价，企业应考虑报价货币的选择、报价形式的选择、租赁与对销贸易、控制价格升级以及避免反倾销。国际企业的定价决策主要包括：价格决策权的归属，即公司总部定价还是子公司定价；分析统一价格与差别价格的优劣势，进行价格决策；国际转移定价的运用。

主要的名词术语

目标收益定价法 Target-return Pricing
差别定价法 Price Discrimination
通行价格定价法 Going-rate Pricing
拍卖式定价法 Auction-type Pricing
地理定价 Geographical Pricing
离岸价（FOB）Free on Board
反倾销 Anti-dumping
倾销 Dumping
国际转移定价 International Transfer Pricing
认知价值定价法 Perceived Value Pricing
价值定价法 Value Pricing
到岸价（CIF）Cost Insurance and Freight

知识应用

◆ 练习题

1. 国际市场营销定价目标包括（　　）。
   A. 利润目标　　　B. 市场目标　　　C. 应对竞争目标　　　D. 管理目标
2. 在新产品进入市场初期，把价格定得相对较低，让消费者迅速接受，从而提高市场占有率的定价策略是（　　）。
   A. 撇脂定价策略　　　　　　　　B. 渗透定价策略
   C. 心理定价策略　　　　　　　　D. 促销定价策略
3. 企业为迅速吸引大批购买者，并赢得很大市场份额时应该采用的定价策略包括（　　）。
   A. 撇脂定价策略　　　　　　　　B. 折扣定价策略
   C. 心理定价策略　　　　　　　　D. 市场渗透策略
4. 撇脂定价策略适用于（　　）。
   A. 生命周期短的产品　　　　　　B. 产品价格弹性大的产品
   C. 具有较大潜在市场的产品　　　D. 花色品种变化快的时尚产品
5. 在商场或者超市里，经常见到 19.99 元的定价，是采取了（　　）。
   A. 撇脂定价法　　　　　　　　　B. 需求弹性定价法
   C. 尾数定价法　　　　　　　　　D. 整数定价法
6. 产品组合定价主要的策略有（　　）。
   A. 盈亏平衡定价　　　　　　　　B. 产品线定价
   C. 互补品定价　　　　　　　　　D. 成套优惠定价
7. 国际市场商品价格的形成受到影响的因素包括（　　）。
   A. 成本因素　　　　　　　　　　B. 市场供求与竞争
   C. 税收与关税　　　　　　　　　D. 政治冲突
8. 国际市场营销企业通过母公司与子公司、子公司与子公司之间转移产品时确定某种内部转移价格，以实现全球利益最大化的策略称为（　　）。
   A. 统一定价策略　　　　　　　　B. 多元定价策略
   C. 转移定价策略　　　　　　　　D. 控制定价策略
9. 企业可以通过哪些措施合理规避反倾销指控？（　　）
   A. 在出口目的地设厂，筹建跨国公司　　B. 调整产品，使其归入关税低的类别
   C. 加强与进口商的关系与协作　　　　　D. 及时上调产品价格
10. 如果甲国征收的所得税高于乙国，跨国公司该如何进行定价转移？（　　）
    A. 甲国向乙国出口时定高价　　　B. 甲国向乙国出口时定低价
    C. 乙国向甲国出口时定价不变　　D. 乙国向甲国出口时定低价

◆ 思考题

1. 结合实际，分析讨论出口企业可以如何利用自由贸易区来降低分销成本。
2. 结合具体事例，分析我国企业遭遇反倾销的原因。你认为企业应如何有效防范呢？

3. 选择一个你所熟悉的国际品牌，考察它的国际定价策略。
4. 试举出一些你熟悉的企业，并说明它们属于完全竞争市场、完全垄断市场、垄断竞争市场中的哪一种。

◆ 实务题

跨国企业在我国市场上使用的价格策略有何借鉴之处？请举例说明。

案例讨论

海尔创新产品定价策略解析

2023年3月，农业农村部农业贸易预警救济专家委员会发布了《国际农产品市场与贸易形势2023年（春季）报告》。

重点提炼：2023年我国主要农产品进口预计呈高位趋稳态势。稻米进口预计仍处于高位，整体规模或将有所减少，小麦预计保持较高水平，玉米进口可能高位反弹，大豆进口预计将基本稳定。

具体来看：

大米：预计2023年上半年国际大米价格仍将延续上涨态势，但空间不足，有回落的可能。预计2023年大米进口仍将保持一定规模，但增长空间有限。

小麦：2023年上半年国际小麦价格仍将维持小幅波动下行趋势。由于受国内外价差影响，叠加国内消费刚性增长、配额使用率提高，预计2023年小麦进口量继续保持较高水平。

玉米：预计2023年上半年国际玉米价格高位震荡。国内饲料粮消费需求回升，预计2023年进口量将增加。

大豆：2023年上半年，阿根廷及巴西南部干旱加剧减产预期，支撑国际大豆价格上涨，后期随着巴西大豆集中上市，全球供需偏紧局面将逐步改善，对价格上行形成抑制。2023年全球供应改善和国内消费回暖，国产大豆产能将有所提升，预计大豆进口量将基本稳定。

据路透社7月17日报道，俄罗斯总统新闻秘书佩斯科夫当天表示，俄方停止继续执行"黑海谷物出口协议"。

资料来源：农业农村部农业贸易预警救济专家委员会，《国际农产品市场与贸易形势2023年（春季）报告》，2023年3月。

问题：

结合当前国际政治经济形势，分析2023年下半年，我国农产品面临的挑战及发展路径。

第 10 章
国际市场营销渠道

黄河水绕汉宫墙,河上秋风雁几行。
客子过壕追野马,将军韬箭射天狼。
黄尘古渡迷飞挽,白月横空冷战场。
闻道朔方多勇略,只今谁是郭汾阳。

——〔明〕李梦阳《秋望》

本章学习要求

1. 重点掌握国际市场营销渠道中间商类型、各类国际市场营销渠道策略的适用情况
2. 掌握国际市场营销渠道的含义、激励渠道成员的方式、修改渠道策略方法
3. 了解国际市场营销渠道选择的影响因素、国际市场营销渠道成员的评估

引导案例

青岛啤酒的中间商选择

青岛啤酒在开拓我国台湾市场时,在进入渠道方面,青岛啤酒采取的是"蛛网式营销",将过去零散的销售模式逐渐转换为利用信息系统进行统一监督的管理模式。经过考察,青岛啤酒并没有选择"康师傅""统一"这些拥有强大营运能力的企业作为自己的经销商,而是选择了三洋维士比公司为共同出资在台湾注册的"青岛啤酒股份有限公司"全权代理运作。原因在于"康师傅""统一"代理品牌众多,容易精力分散,且其本身经营的饮料产品和啤酒具有替代性,而三洋维士比是一家大型健康饮品制造商,销售的产品为营养液类的互补性产品,有利于实现资源共享。三洋维士比掌握贩售点 10 万家以上,有丰富的市场营销经验和健全的销售网络,借助其在终端零售店的优势,青岛啤酒在运抵后的 3 天内,仅台湾的连锁便利店、中型超市、传统零售商店、餐饮酒店和遍布大街小巷的槟榔店五大商品通路,就铺下 10 万箱青岛啤酒。

青岛啤酒对经销商实行"无放账销售",即"先款后货"的销售方式,目的在于给经销商留下青岛啤酒营销理念的初步印象。因此,青岛啤酒总能在第一时间以最快的速度、最广的渠道、最大的面积把最鲜的啤酒送到消费者手中。

资料来源:岳玮.我国啤酒企业国际市场进入方式研究[D].武汉:武汉工业学院,2011.

试分析:青岛啤酒在设计其产品的分销渠道时考虑的因素是什么?

10.1 国际市场营销渠道概述

10.1.1 国际市场营销渠道内涵

国际市场营销渠道(International Marketing Channel)是指通过交易将产品或服务从一个国家的制造商手中转移到东道国的消费者手中所经过的途径,以及与此有关的一系列机构和个人。例如,出口产品的渠道不仅包括产品在本国市场的流转过程,还包括产品跨越国界的流转过程,以及产品在东道国市场上的流转过程。国际市场的渠道是国际市场营销活动不可缺少的内容。渠道是否畅通、合理和有效,不仅关系到产品能否满足市场的需要,实现市场营销目标,还将影响到营销组合其他策略的效果。

国际市场营销渠道是跨国市场营销活动,它的起点是本国生产者,终点是东道国的消费者,二者空间距离远,时间间隔长,往往需要较多的中间商,比国内渠道长而且复杂,同时不同国家在经济、政治、文化等方面存在着差异,使得营销渠道的建立和管理都面临着较大的困难,所以渠道一旦建立起来就不要轻易改变,否则将要花费很大的代价,并冒很大的风险。

10.1.2 国际市场营销渠道中间商类型

国际市场营销渠道是进出口产品的流向,在国际市场上,产品从出口国的生产商到达东道国的最终消费者手中,既要经过本国国内的营销渠道,又要经过进口国国内的营销渠道。因此,企业要同国内外不同的中间商打交道。了解这些中间商的性质、经营范围以及不同种类中间商之间的差别,选择适合企业本身特征以及经营目标的中间商,是任何一个从事国际市场营销活动的企业必须要完成的一项工作。国际市场进出口中间商一般分为出口中间商、进口中间商和兼营进口业务中间商,具体各类型见表10-1。

表 10-1 国际市场进出口中间商分类

出口中间商						进口中间商					兼营进口业务中间商	
出口经销商			出口代理商			进口经销商		进口代理商				
出口行	采购/订货行	互补营销	销售代理商	厂商出口代理商	国际经纪人	进出口公司	国内外经销商	厂商代理商	融资代理商	国外经纪人	兼营进口业务的批发商	兼营进口业务的零售商

1. 出口中间商

出口中间商是指在本国经营出口业务的中间商，即产品在国内生产，通过本国的中间商办理出口业务，以本国为基地，提供国际营销服务。出口中间商按其对产品是否拥有所有权可分为两类：出口经销商（Export Merchant）和出口代理商（Export Agent）。

💡 提示

出口经销商对产品拥有所有权；而出口代理商，即以委托人的名义买卖货物并收取佣金、不拥有产品的所有权。

（1）出口经销商

出口经销商又称出口商，是企业以自己的名义在本国市场购买产品，再以自己的名义组织出口，将产品卖给国外客户的贸易企业。出口经销商自己买卖产品，自己选择产品的种类并决定购进和出售的价格。实力较强的出口经销商拥有自己的运输工具，办理产品转运业务。有些出口经销商在国际市场上为自己经营的产品举办各种促销活动，以扩大企业的影响力，吸引更多的客户。

出口经销商的优势在于：他们比较了解市场行情，拥有专门的外贸人才和外汇资金，并与国外客户有着长期的合作关系和广泛的联系，生产企业通过出口经销商可以使产品顺利地进入国际市场，所承担的风险小。出口经销商的不足在于：企业选择这类中间商会使企业对其产生依赖，要求企业只能按出口商供给的样本订单生产。产品卖给谁、需求量是多少，企业都难以掌握。

出口经销商的业务主要有两种形式：一种是先买后卖；另一种是先卖后买。常见的出口经销商主要有三种类型，具体内容见表 10-2。

表 10-2 常见的出口经销商主要类型

类型	定义	特点
出口行（Export House）	本国专门从事出口业务的批发商	由于出口行熟悉出口业务，与国外客户联系广泛，具有丰富的国际市场营销经验和较完善的信息网络，一般在国际市场上享有较高的声誉
采购/订货行（Buying/Indent House）	主要依据从国外收到的订单向国内生产企业进行采购，或者向国外客户指定的生产企业进行订货	他们拥有货物的所有权，在收购数量达到订单要求时，就直接出售给国外客户，因而不会大量长期持有存货，成本低，风险也较低，资金周转较快
互补出口行（Complementary Export House）	一个生产企业利用自己已经建立起来的海外分销渠道，将另一个生产企业（双方业务互补）和自己的产品一起进行销售的批发商	该企业将互补业务方的产品全部买下，然后以较高的价格转卖出去，或者向互补业务企业收取佣金，为其销售产品，扮演"代理人"的角色。因双方产品互补，故可以起到促进销售的作用

因此，对那些初次进入国际市场的企业来说，利用出口行往往是比较理想的选择。对于国外客户来说，由于出口行能提供花色品种齐全的产品，他们也愿意与出口行打交道。对于那些没有力量进行直接出口的小企业来说，互补出口是一种简单易行、风险小的出口方式，不仅能够增加可销售的产品范围，而且提高了企业的利润。

(2) 出口代理商

出口代理商是指接受出口企业的委托代理出口业务的中间商。与出口经销商不同的是，出口代理商不以自己的名义向国外客户出售产品，而只是接受国内买主的委托，以委托人的名义，在双方协议规定的条件下，代理委托人开展出口业务，不拥有产品的所有权，在产品售出后，向委托人收取一定的佣金。常见的出口代理商主要有三种类型——销售代理商、厂商出口代理商、国际经纪人，具体内容见表10-3。

表 10-3 常见的出口代理商主要类型

类型	定义	特点
销售代理商（Sales Agent）	是独立的中间商，它代理出口企业的产品在目标市场上的销售，通常对出口企业提供全方位的服务，如设置产品陈列处、负责有关的促销活动、接洽客户、拟订销售计划、提供商业情报等	要负责资金融通和单证的处理，有时还要承担信用风险。销售代理商与生产企业是委托代理关系。在法律上，所有业务活动都是由生产企业做出最终决定，但实际上，销售代理商可以完全控制产品的定价、销售和促销，相当于生产企业的销售经理。销售代理商向生产企业收取一定的佣金，一般是在汇付货款时扣除
厂商出口代理商（Manufacturer's Export Agent）	他们接受厂商的委托，为其代理出口业务，以佣金形式取得报酬，相当于执行企业出口部门的职能，以自己的名义而非厂商的名义开展业务，他们所提供的服务一般少于销售代理商。他们不负责出口资金、信贷、运输、出口单证等方面的业务	生产企业可以同时使用几个厂商出口代理商，使其各在一定的区域销售产品。厂商出口代理商可以同时代理几个企业的互不产生竞争的产品；大多数只代理出口企业产品类别中的一部分产品，或限于特定市场的全部产品；拥有较大的营销控制权
国际经纪人（International Broker）	是指出口国负责进口业务的经纪人，其职能是负责联系买卖双方达成交易	既不拥有产品的所有权也不持有产品，更不代理货物运输等方面的业务，只是根据买方所定的价格和条件联系买主，然后促使双方在完全公开的环境下就交易的各方面进行谈判。在双方达成交易后收取佣金，一般不超过货物总值的2%。国际经纪人与买卖双方一般没有长期、固定的业务关系

在国际市场上，中小企业大多使用厂商出口代理商。此外，在开拓新市场或推广新产品时，也经常使用出口代理商。国际经纪人出口方式一般适用于以下几种情况：一是产品的季节性较强，且企业规模小，没有能力在销售方面投入较多的资金；二是产品需求面广且分散；三是企业想推出新产品，本身又不具备销售机构。

企业利用出口代理商可以获得以下好处：可以适当控制国际市场营销活动，在国际市场上建立自己的信誉，出口代理商可以随时向生产企业提供国际市场信息。但是利用出口代理商也有缺点：由于产品的所有权没发生转移，生产企业必须承担国际市场营销的所有风险；投入的资金较多，例如产品出口业务活动的费用、产品运输费用、促销费用以及代理商的佣金等。

2. 进口中间商

企业可以通过国外的进口中间商进行产品分销。国外的进口中间商与产品消费者同处于一个国家或地区，熟悉当地的市场环境，了解当地消费者的购买习惯，在语言、运输、财务、广告等一系列国际市场营销业务方面更具有优势。因此，为了进一步扩大国际市场规模，实现企业的长远利益，生产厂商越来越多地选择国外进口中间商。进口中间商按照其是否拥有所有权,可将其分为进口经销商和进口代理商。

> **提示**
>
> 进口经销商拥有产品所有权;进口代理商则接受委托,不拥有产品所有权,以佣金形式取得报酬。

(1)进口经销商

进口经销商(Import Merchant)是从国外购进产品向所在国销售的中间商,拥有产品所有权并承担经营风险。常见的进口经销商主要有进出口公司、国外经销商,见表 10-4。

表 10-4 常见的进口经销商类型

类型	定义	特点
进出口公司(Import and Export Corporation)	进口商的进出口公司同出口商的进出口公司属于同一类型,即从国外购进商品,一般没有独家经销权	熟悉所经销的产品和东道国市场,掌握专门的产品挑选、分级、包装等技术和销售技巧
国外经销商(Foreign Dealers)	是指与出口国的供货商建立长期合作关系,享有一定的价格优惠,有货源保证的进口企业,他们在特定的区域,在购买和转售产品方面获得独家经销权或优先权	出口企业可以同他们建立密切的伙伴关系,并对价格、服务、促销和存货等方面进行适当的控制。有的经销商的产品来自单独的供货商或企业,进行独家经销

(2)进口代理商

进口代理商(Import Agent)是指接受卖方委托代办进口、收取佣金的中间商。他们一般不拥有产品的所有权,不承担信用、汇兑和市场风险。常见的进口代理商主要有三种类型——厂商代理商、融资代理商和国外经纪人,如表 10-5 所示。

表 10-5 常见的进口代理商类型

类型	定义	特点
厂商代理商	一般直接接受出口国生产企业的委托,签订代理合同,为生产企业推销产品并收取佣金的进口中间商	他们为委托人提供全方位的市场信息,为企业开拓国际市场提供服务,不持有货物,不负责安排运输和装卸等。这种方式适用于没有能力设立自己的销售机构,但希望能够适当控制出口业务的企业
融资代理商	除了具有一般经纪人的全部职能外,还可以为生产和销售企业提供融资服务	为买卖双方承担一定的风险,是近些年发展起来的新型代理商
国外经纪人	提供各种低价代理服务,根据委托人的产品目录或样品代签订单	他们熟悉国际市场并且与客户保持长期的业务关系,主要经营初级产品的大宗交易

3. 兼营进口业务中间商

兼营进口业务中间商是指兼营进口业务的批发商和零售商。进口国的一些批发商和零售商可以直接进口产品,兼营进口业务。

(1)兼营进口业务的批发商

兼营进口业务的批发商一般从国外进口产品,批发给其他中小批发商和零售商,它是国内销售进口产品的重要渠道。这样做的好处是批发商直接从国外进口商品,减少了中间环节，降低了成本，可以获得更多的利润。例如，美国埃克逊公司就是兼营进口业务的批发商，该公司从世界各地进口大约 1 800 种产品，这些产品须按其要求进行生产、包装，并贴上该公司的商标，然后批发给美国和加拿大的零售商。

（2）兼营进口业务的零售商

进口国的零售商也可以直接从国外购买产品，以降低企业的流通费用。零售商是分销渠道中直接接触最终用户或消费者的环节。由于零售商的产品是直接出售给消费者的，因此他们能够及时向企业反馈消费者对产品使用后的意见和建议，向生产企业提供市场信息，使产品更好地满足消费者的需要。大型零售商兼营进口业务在发达国家已经成为一种新的趋势，零售商经营的产品种类繁多。零售商的种类也很多，主要有大型百货公司、超级市场、连锁商店、购物中心以及邮购公司等。有些零售企业设有专门的进口采购部，负责与出口企业直接进行接洽和谈判。

营销聚焦 **美国夏普公司"借船出海"**

美国夏普公司在决定进入日本市场时，最初也如同其他从事国际市场营销的公司一样，对日本的零售模式感到非常担心，但夏普公司最后通过与日本 7-11 公司的合作取得了成功。它与 7-11 公司签署协议，由 7-11 公司负责销售它的日用商品，这使美国夏普公司迅速接触到每天光顾日本 7-11 公司 4 000 家商店的 400 万消费者。

资料来源：作者根据网上资料改编。

思考：美国夏普公司是如何借道进入日本市场的？

10.1.3 国际市场营销渠道选择的影响因素

企业在选择分销渠道时一般要考虑六个方面的因素：成本（Cost）、资金（Capital）、控制（Control）、覆盖（Coverage）、特性（Character）和连续性（Continuity）。

1. 成本

这里的成本是指渠道成本，即开发渠道和维持渠道的费用。它包括支付本企业推销人员的一切费用；支付给各类中间商的佣金；产品流转过程中的运输、仓储、包装和装卸等费用；各种单据和文书工具的费用；支付给中间商的信用、广告宣传、促销等方面的支持费用，以及业务洽谈、通信等方面的费用。渠道成本常常是企业进入国际市场的主要障碍。企业必须在成本与效益之间做出选择，如果增加的效益能够补偿增加的成本，渠道策略的选择在经济上就是合理的。

2. 资金

这里的资金是指建立渠道所需要的资本。如果企业要在国际市场上建立自己的分销渠道，利用自己的销售队伍，往往需要大量的资金投入。如果利用独立的中间商，则可以减少现金投入，但需要向中间商支付相关的费用，并不能减少存货投资，这将对国际市场营销渠道的选择产生影响。

3. 控制

企业如果自己投资建立国际市场营销渠道，对渠道的控制是最有利的，但同时也增加了分销渠道的成本。如果利用中间商，企业对渠道的控制将会相对减弱，还会受到各中间商愿意接受控制程度的影响。一般来说，渠道越长、越宽，企业对价格、服务和促销等方面的控制就越弱。

> **提示**
> 渠道控制与产品性质有一定的关系。对于工业品来说，由于客户数量比较少，分销渠道较短，中间商对于制造商提供的服务依赖性较强，因而制造商对渠道的控制能力较强。消费品由于市场分散，消费者数量众多，分销渠道长且宽，制造商对分销渠道的控制能力较弱。

4. 覆盖

覆盖即营销渠道的市场覆盖面或市场区域，是指企业通过一定的分销渠道能够达到或影响的市场。市场覆盖面并不是越大越好，而是要看它是否能给企业带来最大的经济效益。国外的一些企业在选择分销渠道时，并不是把重点放在市场覆盖面的拓展上，而是尽可能地打入人口密集、购买力强的中心区域。例如，在日本，60%的人口集中在东京、大阪、名古屋三个城市区域，在这些地区建立起分销渠道，就能够以较少的分销成本获得较高的销售额。

> **提示**
> 企业在考虑市场覆盖面时应注意以下三个方面：
> 1）这一区域能否为企业带来最大可能的销售额。
> 2）这一市场区域能否确保合理的市场占有率。
> 3）这一区域能否取得满意的市场渗透率。

5. 特性

企业在选择国际市场营销渠道时，还必须考虑到产品特性、企业特性、市场特性和中间商特性等因素。

（1）产品特性

不同种类的产品由于其物理、化学、生物等属性不同，对渠道有着特殊的要求。例如：鲜活、易腐和时尚性强的产品适用于短渠道；对技术要求高、需要安装及维修服务的产品适用于零渠道；标准产品、低价产品适用于长渠道；原料、初级产品适用于直接售予进口国的制造商。

> 🔼 **思考**
> 什么叫零渠道、一级渠道、二级渠道、三级渠道等?

(2) 企业特性

企业特性涉及企业的规模、产品组合、财务状况和营销策略等。一般而言,企业规模越大,越容易取得中间商的合作,可选择的中间商越多。如果企业的财务状况良好,实力雄厚,可设立自己的销售机构,减少中间商的数量。如果企业产品组合中的种类多、差异大,一般要使用较多的中间商,而产品组合中产品线少而深,则使用独家分销比较适宜。

(3) 市场特性

市场潜量越大,就越需要中间商,市场潜量小,企业可以使用自己的推销员推销;顾客购买频率越高、数量越少的产品,越适宜选择中间商;顾客集中且大量购买的产品,可少用中间商或采取直接销售;对特种商品不宜使用较多的中间商,可选择专卖店或品种齐全的大型商场。

(4) 中间商特性

不同的中间商在促销、服务、运输、储存和信用等方面的能力是不同的。例如,专业进口商经验丰富,熟悉本国的销售渠道和各种进口规定,比较适合不熟悉东道国的出口商;直接进口的零售商,有自己专门的进口机构,掌握市场行情;批发商可以大批量订货。因此,企业在选择分销渠道时必须权衡不同类型的中间商在执行各种营销业务时的优劣,以设计出最佳分销渠道。

6. 连续性

企业建立一个完整的分销渠道,往往需要付出高昂的成本和营销努力,当然希望与中间商保持长期良好的合作关系,可见,维持渠道的连续性是企业一项十分重要的任务。

一般来说,有两个方面的因素会影响渠道的连续性。一是中间商本身的寿命。在国际市场上,很多中间商都是一些小机构,由于其管理者及业务人员的更换而改变经营品种,甚至整个公司倒闭,致使企业花费大量成本建立起来的渠道中断。二是激烈的市场竞争。当产品的市场需求量大、销路好、获利高时,中间商便蜂拥而至;当产品滞销、获利空间下降时,中间商便转向能够为其带来实惠的企业。因此,企业应尽可能多地掌握各中间商的基本情况,从他们的具体情况出发,选择合适的中间商,并与之建立长期的合作关系。

> 🅒 **提示**
> 以上六个因素被称为分销渠道的六个"C"。

10.2 国际市场营销渠道策略

国际市场营销渠道是指产品由一个国家的生产者流向国外最终消费者和用户所经历的路径，是企业国际市场营销整体策略的一个重要组成部分，要求生产企业在选择渠道时，要针对生产企业的条件、产品特点、出口规模、市场特性及其各中间商的能力、经验、信誉、市场影响等合理决策，并注意搞好与经销商、代理商的关系，以发挥其在国际市场营销中的渠道作用。总体来说，可供企业选择的国际市场营销渠道策略有以下几类：

10.2.1 直接渠道策略与间接渠道策略

直接渠道是指产品在从生产者流向国外最终用户或消费者的过程中，不经过任何中间商，而直接将产品销售给国外消费者或用户。这种渠道是两个层次的渠道，是最短的渠道。采用直销模式最早的是 DELL 公司。

直接销售渠道是工业品采取的主要形式，因为工业品的技术强，用户对售后服务的要求较高，且用户的数量少、购买量大、购买频率低。采取直接销售的方式不仅节省了中间环节，降低了渠道成本，保证企业获得较高的利润，而且运作也比较简便。另外，选择直接渠道，由生产者直接销售，可以加强推销，提供中间商难以提供的技术服务，控制价格，了解市场变化。其不利之处是会增加生产企业用于经销的投资支出。

> **提示**
>
> 直接渠道的具体形式：①生产企业直接接受国外用户订货；②生产企业在本国设立经销部门或在国外设立分支机构；③经营自己的产品；生产企业通过电视、电话、电报、邮购等，将产品直接售给国外最后用户。

间接渠道是指产品通过国外中间商销售给国际市场最终用户或消费者的一种分销形式。例如，以出口方式进入国际市场时，比较典型的间接渠道是：制造商→出口中间商→进口中间商→经销商→最终用户或消费者。间接渠道有三个或三个以上的产品流转层次。间接渠道在目前国际市场营销中被广泛采用，它可以节约生产企业用于产品流通的人、财、物和时间，发挥各中间商的条件、经验及市场渠道关系的良好作用。大众性商品或中、小生产企业更需要使用该方式扩大产品出口。直接渠道通常消费品销售较少采用，由于消费品的技术性不高，产品使用面较广，且单次购买的数量少，消费者较分散，使生产企业很难直接将产品销售给东道国市场上的消费者。所以，消费品的营销适合通过国外进口商的间接渠道。比如小型办公用复印机以前是由制造商的推销员销售给办公设备经销商，再由经销商卖给用户，但现在的网络营销的快速发展大大降低了渠道成本，对传统渠道模式形成了挑战。

> **提示**
>
> 间接渠道的中间商有出口国的外贸公司、进出口双方的代理商、进口方的经销商、批发

商、零售商等。

一般来讲，在以下情况下适合采取直接式的销售策略：①市场集中，销售范围小；②技术性高或者制造成本和售价差异大的产品，以及易变质或者易破损的商品；③企业自身有市场营销技术，管理能力较强，经验丰富，财力雄厚，或者需要高度控制商品的营销情况。

反之，在以下情况下适合采取间接式的销售策略：①市场分散，销售范围广，如大部分消费品；②非技术性或者制造成本和售价差异小的商品，以及不易变质且非易碎商品、日用品、标准品等；③企业自身缺乏市场营销的技术和经验，管理能力较差，财力薄弱，对其商品和市场营销的控制要求不高。

营销聚焦

TCL 与 Philips 的渠道合作之路

TCL 是国内家电行业的巨头，Philips 在欧洲也一直扮演着家电市场的翘楚角色。两家企业都不满足于自己既有的势力范围，欲将产品推向全球市场，打造更强的竞争能力，与日系家电强敌抗衡。Philips 最初选择直接与我国国内的家电经销商合作将产品推向我国市场，但极差的销售业绩让 Philips 的管理层痛苦不堪。Philips 重新思索在我国的渠道策略。此时，TCL 也正望着欧洲市场垂涎欲滴。以前，TCL 在国外的渠道被国外进口商把持着，自己没有决策与定价的权力，利润的大头也被各个中间环节蚕食。TCL 盘算着怎样在欧洲这块富裕的土地上抢占一席之地。终于，两家企业共同的需求让他们走到了一起。通过艰苦的谈判，双方达成协议，TCL 在我国的渠道与 Philips 共享，而 Philips 在海外的渠道与 TCL 共享。双方都在自己的渠道中加载对方的产品，为对方实现了更宽的市场覆盖。

资料来源：百度文库，飞利浦和 TCL 的渠道合作。

10.2.2 长渠道策略与短渠道策略

国际市场营销渠道的长度是指产品从生产者到最终用户或消费者所经过的中间层次的数量。商品在从生产者流向最终消费者的过程中，经过的中间环节越多，渠道就越长；反之则越短。采用长渠道可发挥各层次中间商的辐射、宣传作用，扩大产品市场规模。但其环节多、费用高，影响最终零售价格，会增加消费者负担，且不利于信息的及时反馈，一般在日用百货商品中使用较多。采用短渠道，产品专营性强，市场影响面窄，但对中间商的约束较高，易控制，一般单价较高的商品如电器、汽车或者技术含量较高的产品使用短渠道较多。

一般来讲，在以下情况下适合采取短渠道销售策略：①从产品的特点来看，易腐、易损、价格高、时尚、新潮、售后服务要求高且技术性强；②零售市场相对集中，需求数量大；③企业的销售能力强，推销人员素质好，资金雄厚，或者增加的收益能够补偿花费的销售费用。反之，在以下情况中适合采取长渠道策略：①从产品特点来看，非易腐、非易损、价格低、选择性不强、技术要求不高；②零售市场较为分散，各市场需求量较小；③企业的销售能力弱，推销人员素质较差，缺乏资金，或者增加的收入不能补偿多花费的销售费用。

10.2.3 宽渠道策略与窄渠道策略

宽渠道策略（Wide Channel Strategy）是指国际市场营销企业在国际市场上的各个经营环节中选择较多的中间商来销售企业的产品，要求在特定目标市场上形成众多中间商销售特定产品的格局。窄渠道策略（Narrow Channel Strategy）是指国际市场营销企业在国际市场上给予中间商一定时期内独家销售特定商品的权力，其中包括独家包销和独家代理两种形式。一般而言，市场范围广，购买者众多的产品或服务，需要"宽"渠道；市场范围窄，用户专业化或数量有限的情况，适合采用"窄"渠道。

> **提示**
>
> 渠道选择时：①对市场需求面广、重复性消费、均衡性消费的日用百货，宜选择众多渠道，广泛经销；②对市场挑选性强的选购品，如自行车、手表、照相机、眼镜、化妆品、彩电、服装、机电配件等，可使用有选择性的分销渠道；③对于某些特殊消费品，如小汽车、大型机电产品和技术性要求极高的产品，可使用独家经销、包销的专营分销渠道。

10.3 国际市场营销渠道管理

国际企业根据渠道设计方案选择了适宜的中间商后，还要对所选择的中间商加以鼓励和评估，随着时间的推移，还要调整其渠道方案以适应变化了的环境。

10.3.1 激励渠道成员

企业选定中间商并与其签订分销协议之后，还必须经常进行成员鼓励，使中间商尽力尽责，通常可采取合作（Cooperation）、合伙（Partnership）与渠道规划（Channel Planning）三种形式。

1. 合作

制造商企业在处理其与中间商之间的关系时，可依靠某些权力来赢得中间商的合作，这种权力本身就是一种激励机制，包括以下几方面内容。

1）胁迫权。这是指制造商在中间商没有很好合作时，可威胁要采取减少中间商的利润、推迟交货、中止关系等措施。在中间商对制造商依赖程度较高的条件下，胁迫权的影响是很大的。但这一权力的局限性是制造商根本不关心中间商的需要，短期来看效力很强，而从长远来看，影响力却是很弱的。

2）付酬权。这是制造商给予中间商额外报酬的权力，如提供高利润、额外奖金、广告津贴等，是直接的利益激励。

3）法定权。这是制造商凭借行政关系和经济合同关系要求中间商执行某项任务，制造商作为法定的领导者有权要求中间商承担相应义务。比如，丰田公司有权要求它的特许经销商保有一定的存货水平。

4）专家权。这是指制造商凭借其特有的技术能力来领导中间商，或向中间商推销员提供专业知识培训。制造商可通过不断开发新的专业知识来吸引中间商与之合作。

5）声誉权。这是指中间商对制造商有很高的敬意，希望成为其渠道成员并按制造商的要求经销商品。

上述几项权力都是对中间商的一种激励，但在一般情况下，制造商应避免使用胁迫权，尽量多使用其他几种权力，这样会收到好的效果。除来自权力的激励外，制造商若想与中间商建立起良好的合作关系，必须对中间商表现出较强的信任感，高质量的产品、及时交货、技术咨询和促销支持都能赢得中间商的信赖，树立起企业信守承诺的良好形象。比如，杜邦公司建立了一个分销商市场营销导向委员会，定期讨论问题及发展趋势等。

2. 合伙

尽管制造商可通过各种方法努力寻求与中间商的合作，但两者间的冲突也是难以避免的。在以往的制造商与中间商关系中，制造商多居于主动地位，可行使各种权力激励中间商与之合作。但随着近年来大型批发、零售商的成长及其采购能力的增强，中间商与制造商相抗衡的能力越来越强，权力的天平开始向中间商一边倾斜，使渠道冲突的可能性大为增加。

引起渠道冲突的主要原因不外乎以下几种。

1）双方目标不同。比如，一家制造商希望通过低价政策获得高速增长，而零售商追求的则是在短期内以高价获取高利润，这种冲突很难解决。

2）双方渠道有交叉。比如，IBM利用自己的推销员把计算器销售给大型用户，同时它的特许经销商也在努力向大客户推销，当两条渠道为同一细分市场服务时，渠道冲突就会发生。

3）双方对经济预期不同。比如，制造商预测近期市场需求旺盛，希望中间商大量进货，但中间商对市场形势的分析并不乐观。

4）其他不同点。比如，渠道成员的能力不同、政策享受不同，以及渠道间的窜货因素等。

既然各种渠道安排都会产生渠道冲突，冲突的发生又主要是由双方目标不同引起的，那么解决双方矛盾的较好办法是确立共同的渠道目标。

制造商与中间商之间的共同目标是客观存在的，当有关市场法规有了改变，消费者需求发生变化，或者出现了更强有力的竞争对手时，制造商和中间商都希望以紧密合作的方式战胜来自渠道外部的威胁。比如，制造商可将大型零售连锁店视为有特殊需要的渠道伙伴，提供其有利可图的畅销商品，设计更符合其进货需要的包装并尽量降低成本；同时满足连锁商高质量的服务需求，如准点运输、减少在途时间、紧急运送、提供产品目录和购买建议、简化订货付款流程等。

3. 渠道规划

渠道规划是以协议形式把制造商的需要与中间商的需要结合起来，建立有计划、专业化管理的垂直市场营销系统。制造商可在公司内部设立专职部门，在充分考虑中间商需要的前提下，与中间商一起制定交易目标与计划、确定存货水平、探讨商品陈列方式和广告促销计划，改变中间商以往的"认为它们是站在购买者一边，与制造商讨价还价"的传统观念，使中间商认识到自己是与制造商结为一体的垂直市场营销系统的一个组成部分，所以，"关系市场营销"这一观念在这里得到了充分体现。

营销聚焦

宝洁公司为了培养它与日本经销商的密切关系，建立了大客户渠道规划，通过这一规划覆盖了从公司总部到与批发商有直接联系的零售商等各类客户，为了保持批发网络的合理化，宝洁公司精心挑选了 50 个批发商，并给予地区优先权，强化了宝洁公司和批发网络的战略联盟关系。同时，为了扩大市场覆盖面，宝洁公司还另外选择了 100 家各类中间商，保持着较松散的销售联系。这样宝洁公司就可以在日本市场上与其竞争对手展开势均力敌的抗衡。

资料来源：作者根据网上资料改编。

10.3.2 评估渠道成员

制造商除了激励渠道成员外，还必须定期评估渠道成员的绩效。这种评估表现在以下两个方面。

1. 对渠道模式进行评估

首先应在没有任何限制的条件下，根据消费者理想的产品组合特点、购买方便程度、购物等待时间等因素来确定消费者需要的渠道服务水平。在消费者心目中理想的渠道模式的基础上，结合制造商自身的特点来确定可能性较大的现实渠道系统。然后将现有渠道模式与可能提供的渠道模式和消费者心目中理想的渠道模式加以比较。三者一致当然最好，如果三者各不相同且差距较大，则应按消费者的理想模式加以改进。如果现有渠道与可能提供的渠道和理想的渠道模式之间有类似之处，但也有一定的距离，也应对渠道系统进行调整。

> 提示
>
> 对渠道模式的改进或调整必须建立在一定的评估基础之上，要评估现有渠道的可适应性，评估改进或调整渠道模式的关键标准、渠道系统的成本，并争取在这些方面取得一致的意见。

2. 对具体的中间商客户进行评估

对具体的中间商客户进行评估的标准是销售额完成情况、资信状况、合同的履约率、平均存货水平、对残次品的处理方式、在促销和培训方面的合作态度，以及对消费者提供服务的程度等。

对在上述各方面表现出色的中间商，要通过支付报酬等方式给予激励；对任务完成得不好的中间商要提出建议，注重培训或重新激励；对经营能力极差的中间商，中止经销或代销关系或许是一种最好的选择。

10.3.3　修改渠道决策

渠道管理的一项重要内容是根据评估结果对渠道进行调整，当消费者购买模式发生改变、市场逐步扩大或者由于新的竞争者加入而出现新的渠道时，修改渠道就变得非常重要。比如，某大电器公司的独家分销正在逐步失去其市场份额，主要是因为这一传统渠道模式已不适应变化了的市场。

影响渠道变化的还有一个重要因素，即产品生命周期。现有的市场营销渠道通常不能和产品生命周期的各个阶段保持适应性关系，早期使用者可能愿意通过成本较高的渠道购买，晚期大众则更希望有一个费用较低的渠道系统。比如，高级时装生命周期的演变，其渠道变化是一个成本不断降低的过程。

在介绍期阶段，全新产品一般倾向于通过专业化渠道，如时装店来吸收早期购买者，时装店这种渠道通常面临着寻找顾客和创造市场的任务，因而渠道成本较高。

成长期阶段的明显特征是消费者购买兴趣大大提高，这时的渠道功能主要是扩大市场和提供有效服务，因而像百货商店这样的更趋大众化的渠道便加入进来，其渠道成本也比专业店要低。

成熟期销售增长率的下降，许多购买者希望低价购买因而选择低成本的渠道模式，这迫使一些竞争者将其产品移入大众商店、便利店等成本更低的渠道系统。

衰退期的来临意味着购买者只能接受最低成本水平的渠道，这样，类似邮购商店、折扣商店等更低成本的渠道便被使用。

既然现有渠道不可能在既定成本下保持最佳分销效率，则应根据变化了的因素对渠道做出适应性调整。修改渠道有三种不同的方式。

1. 增加或减少渠道成员

增加或减少渠道成员需要对由渠道成员的增减而引起的相关变化做出全面考虑。比如，某制造商想要取消某一经销商的渠道成员资格，不仅要考虑失去该经销商所带来的销售额的下降，而且要顾及对其他经销商是否有一定的影响。

2. 增加或减少某些渠道

取消某一条市场营销渠道，也就中止了与该条渠道所有中间商的关系，这将给制造商的整个渠道系统带来较大的影响，比如是否会引起单位分销成本的增加，是否导致市场空间被竞争者所占领，是否会使其他经销商感到不安。在做出渠道决策之前，要把这些因素考虑进去。

3. 改进整个渠道

改进整个渠道意味着要建立一个新的市场营销渠道系统。比如：某汽车制造商要中止和所有经销商的关系，转而建立能完全为自己所控制的自销系统；某饮料制造商正在考虑以集中装瓶和直接销售取代原先的地区特许装瓶商。这种渠道改进已不是对原有渠道的修修补补，而是整个渠道系统的替换，改变的不只是渠道自身，而且要涉及市场营销组合的其他方面，将对企业的整体经营活动产生深远的影响，因此更需要全面考虑、慎重决策。

本章小结

国际市场营销渠道是指通过交易将产品或服务从一个国家的制造商手中转移到东道国的消费者手中所经过的途径，以及与此有关的一系列机构和个人。国际市场营销渠道系统主要包含三个基本要素，即生产者、中介机构和最终用户。国际市场上的进出口中间商一般分为出口中间商、进口中间商和兼营进口业务中间商。企业在选择渠道时一般要考虑六个方面的因素：成本、资金、控制、覆盖、特性和连续性。国际市场营销渠道的策略选择可以从以下几个方面考虑：直接渠道策略与间接渠道策略、长渠道策略与短渠道策略、宽渠道策略和窄渠道策略。国际市场营销渠道管理主要有三个方面：激励渠道成员、评估渠道成员和修改渠道决策。

主要的名词术语

国际市场营销渠道 International Marketing Channel
国际物流 International Logistics
仓储决策 Storage Decision
出口经销商 Export Merchant
批发商 Wholesaler
零售商 Retailer
独家分销 Exclusive Distribution
选择型分销 Selective Distribution
存货决策 Inventory Decision
运输决策 Transport Decision

知识应用

◆ 练习题

1. 国际市场营销渠道中间商有哪些类型？（　　）
   A. 经纪人　　　　B. 代理商　　　　C. 零售商　　　　D. 批发商
2. 国际市场营销企业在国际市场上给予中间商一定时期内独家销售特定商品的权力的策略属于（　　）。
   A. 长渠道策略　　B. 短渠道策略　　C. 宽渠道策略　　D. 窄渠道策略
3. 出口代理商主要包括以下哪种类型？（　　）
   A. 销售代理商　　　　　　　　　　B. 零售经销商
   C. 厂商出口代理商　　　　　　　　D. 国际经纪人
4. 出口代理商与出口经销商相比较，不同之处是（　　）。
   A. 以委托人的名义向国外客户出售产品
   B. 出口代理商不拥有产品的所有权
   C. 企业利用出口代理商可以适当控制国际市场营销活动
   D. 企业利用出口代理商投入的资金较多
5. 企业在选择渠道时一般考虑（　　）因素。
   A. 渠道成本　　　　　　　　　　　B. 市场覆盖面
   C. 产品特性　　　　　　　　　　　D. 对渠道控制力
6. 工业品技术要求强，售后要求较高，购买量大、购买频率低，工业品适合采用国际市场营销渠道的策略是（　　）。
   A. 直接渠道策略　B. 间接渠道策略　C. 长渠道策略　　D. 短渠道策略
7. 适合采取间接式的销售策略情况是（　　）。
   A. 易变质或者易破损的商品、定制品
   B. 市场分散，销售范围广
   C. 非技术性或者制造成本和售价差异小的商品
   D. 中小生产企业缺乏市场营销经验，对商品的营销控制要求不高
8. 从长远来看，制造商对中间商激励机制一般使用以下哪些权力？（　　）
   A. 胁迫权　　　　B. 付酬权　　　　C. 专家权　　　　D. 声誉权
9. 国际市场营销渠道的策略选择可以从哪些方面考虑？（　　）
   A. 出口销售渠道长度　　　　　　　B. 产品类型
   C. 出口销售渠道宽度　　　　　　　D. 企业规模
10. 专门型分销渠道适用的产品是（　　）。
    A. 服装　　　　　B. 汽车　　　　　C. 家具　　　　　D. 手表

◆ 思考题

1. 现代网络环境对国际市场营销渠道网络产生了哪些影响？结合具体产业或产品进行说明。
2. 在国际营销中哪些原因会导致渠道冲突？应如何解决？

3. 说明国际市场营销渠道选择和国际贸易机构间的关系。
4. 简述直销、传销、微营销之间的区别。

◆ 实务题

如果你是国内企业的高层管理者，在计划进军国际市场的过程中，要如何进行渠道决策？请举例说明。

 案例讨论

元祖食品的大陆营销渠道的开拓

20世纪80年代，我国台湾的糕饼市场已呈稳定的状态，而大陆这个大市场对许多商家来说，是一块有待开发的新生地。因此，元祖食品董事长张宝邻先生经过两年谨慎地评估及考察后，早在1993年元祖正式登陆上海。自1993年进驻上海至今，元祖食品已成功进入大陆各大城市，并一直处于持续的加盟扩张中。元祖食品凭借着其专业的经验和雄厚的营销实力，在大陆市场创下了漂亮的成绩。自1993年进驻上海以来，元祖食品以上海为大陆事业的基地，已先后在上海、无锡、杭州、成都、武汉、青岛、长沙、重庆、广东、福建、大连等主要城市设立了分公司。

截至2022年中秋节前，元祖食品依托数字化系统开通了线上门店小程序，以及天猫、京东、美团、饿了么等线上渠道，线下也扩增至700多家门店，线上线下齐发力，全面提高了月饼产品销售额和销售效率。元祖食品80%的门店都是直营，它的优势是：①能够更好地服务消费者，保持较高的品牌形象；②保证食品安全，直营店不会为了增加利润而卖过期产品；③直接与消费者接触，获取最新的消费者需求；④总部对门店的控制力较强，门店执行力提高。直营的坏处也是很明显的：①需要自己选门店、承担房租、承担人员培训与工资，对资金和人才要求较高；②无法利用加盟商快速扩张；③地区文化差异可能使门店经营存在一定困难，例如店长需要找当地企业开拓团购渠道、店员需要服务好当地消费者。

例如，喜诗糖果也是选择直营开店模式，因为高端礼品需要良好的服务和有质量保证的产品，所以元祖食品的策略是正确的。这种经营策略会导致每年营收增长比较慢，但总能保持小幅增长，非常稳健。

问题：
1. 从案例中可以看出，元祖食品自从进驻大陆以来，采用了哪些营销渠道？
2. 当今市场环境对元祖食品销售渠道提出了什么挑战？应如何应对？

第 11 章
国际促销策略

随风潜入夜,润物细无声。

——〔唐〕杜甫《春夜喜雨》

本章学习要求

1. 掌握国际促销组合的概念
2. 了解国际广告决策的内容
3. 理解国际营业推广的概念与形式
4. 理解国际人员推销的形式、目标与特点
5. 了解国际人员推销管理的工作内容
6. 了解国际公共关系的概念与内容

引导案例

美的集团利用国际、国内的各大博览会宣传自己的产品,推广"美的"品牌。美的集团每年在国内外的参展有 10 多次,既包括综合性的国际家电博览会,也有专业性的博览会,如法国家电展、南非国际贸易博览会等。

国际博览会在促进品牌推广方面具有重要作用,美的集团每次参展前都会进行周密的计划和部署:①展台面积较大,布置得精致气派,有助于突出大企业集团的形象;②准备好详尽的企业画册和产品目录;③适度的展场促销,如赠送小礼物,准备咖啡、甜点等,有助于参展者加深对企业的印象;④美的集团拥有一批外语好、素质高、敬业的专业人才,他们在展场的答疑解难也能收到较好的效果。

美的集团会选择影响力大、知名度高、覆盖面广的媒体,比如环球资源的杂志和网站。如果媒体的效果不佳、档次不够,尽管价格低廉,美的集团也一概谢绝,因为这样做会对公司的形象产生不利影响。

资料来源:作者根据网上资料整理。

11.1 国际促销的概念和特点

11.1.1 国际促销的概念

促销（Promotion），即促进销售的简称。它源自拉丁语（promotio），原意指"前进"，用在商品销售上是指企业通过各种形式向消费者宣传本企业及其商品或劳务的信息，来引起消费者的注意，激发消费者的购买欲望，促进和影响消费者采取购买行为，从而达到扩大产品销售目的的活动。

由于各地风俗习惯不同，文化差异较大，因此国际促销的困难程度比国内促销要大。国际促销的主要方法包括人员促销和非人员促销两种。人员促销是生产经营单位通过推销人员直接向顾客介绍商品以达到销售目的的活动，因此它又称为直接促销；非人员促销是指通过一定的媒体来传递商品和劳务的信息以实现商品销售的活动，又称为间接促销，包括广告、公共关系、营业推广等。

11.1.2 国际促销的特点

国际促销策略主要有国际人员推销、国际广告、国际销售推广和国际市场公共关系四种形式，每一种促销策略都有其独特的性质。

1. 国际人员推销

人员推销多用于企业间的营销，它要求推销人员与客户进行面对面的接触，向客户讲解产品的利益，展示企业在技术、产能和供货渠道方面的优势，了解其需求特征，进而讨论供货和支付的方式。国际市场是一个极其庞大的概念，推销人员不可能遍布各个市场，因此人员推销必须在目标市场战略的框架下开展。人员推销通常涉及国际旅行，因此对销售成本的控制是一大挑战。在国际市场开展推销工作，不仅需要推销员熟悉企业自身的产品特征和业务知识，而且需要流利的外语和较强的跨文化沟通能力。概括来说，企业到海外进行人员推销普遍要经历以下三个阶段。

（1）临时派员

针对具体的商机，临时选派推销人员对目标客户进行集中考察，深入洽谈合作条件，讲解产品细节，或者参加国际性的展览会，参加由政府、行业协会以及民间机构组织的考察团，一是探测商机，二是增进与同行之间的了解和友谊。

（2）派遣常驻人员

对于关键的目标市场，企业派遣推销人员在当地长期居住，有的企业选择建立办事处的形式，随时随地捕捉商机，接触客户。

（3）设立海外公司

对于规模庞大且客户群稳定的目标市场，企业在海外注册法人机构，招募当地人员与母公司的人员共同开展销售工作。这类海外公司不仅承担推销的职能，而且负责系统的市场调研工作，主导目标市场的整体营销战略，有些还负责产品的清关、仓储和配送。无论是哪一种形式的派遣，针对企业国际市场的推销人员如何进行有效的管理是企业的一大挑战。首先，对于发展中国家的企业员工来说，无论就待遇还是见识而言，接受外派都属于一件美差，管理层要打消其他人员的心理失衡并确保他们能够配合海外推销人员的工作。其次，企业还要考虑外派人员面临的当地社会文化因素的影响，有些则不能融入当地社会，长期蜷缩在住所或办公室里，缺乏市场开拓意识。再次，有些外派人员利用企业提供的平台开发自己的生意，甚至与海外商人合谋达到损公肥私的目的。最后，如果国内的外派人员与当地雇员一起工作，由于不同的成长背景、行为准则和价值观，特别是待遇方面的差距，机构内部也容易发生各种各样的冲突，甚至出现团队成员之间相互拆台的现象。

2. 国际广告

同国内广告相比，国际广告由于诉求对象和目标市场是国际性的，因此有自身的一些特点。国际广告必须考虑东道国的经济环境，必须尊重东道国的风俗习惯，必须适应各国的文化，必须尊重目标顾客群体的宗教信仰，必须遵守各国的广告管制，还要注意各国的自然环境、人民的收入水平，以及国民的文化教育水平和各国的语言文字特点。

3. 国际销售推广

销售推广是一种以直接促进交易为目的的促销方式，包括对推销人员和消费者两个方面的物质刺激，如销售竞赛、折扣、赠券、举办售卖点展示活动等。销售推广具有见效快、焦点集中等特点。鉴于为消费者提供了特殊的优惠，这种促销方式可以在短期内刺激目标市场需求，促进销售增长。在国际市场上，对于一些特色明确的产品，如优质名牌和具有民族风格的产品，效果更佳。但是，在国际市场上开展销售推广，必须在适宜的条件下，以适宜的方式进行，否则会降低产品的身价，破坏企业的声誉，使消费者感到卖主急于出售产品，甚至会使顾客担心产品的质量不好，或者价格定得过高。除了考虑市场供求和产品性质以外，企业还应考虑消费者的消费心理、生活方式、购买动机和购买习惯，产品在国际市场上的生命周期、竞争状况，以及目标市场的政治、经济、法律、文化、人口和科技发展等环境因素。

4. 国际市场公共关系

开展国际市场公共关系的目的之一就是要提高企业的国际声誉。企业声誉的提高往往又会带来产品声誉的提高。企业在运用公共关系促进国际市场营销之前，首先必须认真确定企业的公众对象。一般而言，企业在国际市场上公共关系的对象包括股东、顾客、供应商、国外进口商、国内出口商、经销商、代理商、竞争者、金融界、保险公司、信息公司、咨询公司、消费者组织、新闻界和当地政府部门等。

11.2 国际人员推销

11.2.1 国际人员推销的优势

推销人员是企业与顾客最直接的联系纽带,在大多数顾客眼中,推销人员代表着企业形象。作为企业产品的提供者以及顾客信息的收集者,推销人员是企业促销策略取得成功的最终环节。

人员推销同其他促销方式相比,有其特有的优势。

1. 形式直接、灵活,效果显著

推销人员可当场对产品进行示范性使用,消除国际市场顾客由于对产品规格、性能、用途、语言文字等不了解,或者由于社会文化、价值观念、审美观、风俗习惯的差异而产生的各种怀疑。人员推销对了解顾客的购买动机,诱导购买者的好奇心,消除其陌生感和恐惧感具有直接而明显的效果。

2. 提供产品展示

推销人员通过展示产品,解答质疑,演示产品使用方法,使目标顾客能当面接触产品,从而确信产品的性能和特点,易于引发购买行为。

3. 双向沟通,信息反馈及时

推销人员亲临市场,可将企业、产品或服务的信息直接、准确地传达给顾客,同时及时了解顾客的反应和竞争者的情况,可以迅速反馈信息,提出有价值的意见,为企业研究市场、开发新产品创造良好的条件。

4. 密切关系,建立深厚友谊

推销人员与顾客直接打交道,交往中会逐渐产生信任和理解,加深双方感情,建立起良好的关系,容易培育出忠诚顾客。

当然,在国际市场上开展人员推销,也有不足之处。首先,推销人员不可能遍布国际市场,推销范围也不可能太大,往往只能做选择性和试点性的推销,有时效果不如非人员推销方式好。其次,人员推销的费用一般比较高,增加了销售成本,导致价格上升,显然不利于企业在国际市场上开展竞争。最后,在国际市场营销中,推销人员必须在不同国家、不同的文化背景下工作,因此对推销人员的综合素质和个人能力要求较高,而这样的推销人员又很难找到,不易培养。

11.2.2 推销人员的任务

1. 发掘潜在需求,开拓国际市场

推销人员必须具备一定的开拓能力,能够发现市场机会,发掘市场潜在需求,培养

国际市场的新客户。企业在国际市场的发展很大程度上取决于推销人员的努力,这就要求推销人员具有一定的知识(特别是世界各地文化背景知识、国际市场知识);了解国际市场行情变化和国际市场环境,有较好的社交、推销能力和较高的外语水平;稳重而富于进取精神,还要有强烈的事业心和忠诚度。

2. 说服目标顾客,扩大产品销售

推销人员的基本任务是扩大企业产品的销售量,扩大市场份额,提高市场占有率。国际市场推销的对象是国外的各种顾客,他们的需求差别较大,加上文化背景的差异、人类本能的排外心理以及语言沟通的障碍,说服目标顾客成为一项艺术性较强的工作。这就要求推销人员懂得跨文化沟通的核心,理解不同文化对沟通的影响,掌握高语境语言的含义及非语言动作的含义。

3. 做好销售服务,树立企业形象

推销人员需要完成的销售服务包括提供咨询服务、免费送货上门安装、开展技术协助、做好产品维修,必要时帮助用户和中间商解决财务问题。这就要求推销人员要熟悉业务、精通技术。

4. 进行市场研究,反馈市场信息

国际推销人员要深入现场取得第一手资料,与中间商座谈获得有关本企业产品、竞争者产品以及整个市场的具体状况和信息。国际推销人员还要了解顾客的消费动态和消费观念、产品的使用方式和顾客对未来产品发展的意愿。根据推销人员反馈的信息,企业可以改进产品属性、改善销售渠道、改变促销方式,使企业立于不败之地。通过市场调研,收集国际市场信息,并及时反馈给企业,为企业决策服务。

11.2.3 推销人员的推销步骤

1. 推销准备

推销准备包括鉴别潜在顾客、确定访问计划等。鉴别潜在顾客要对不同类型的顾客加以区分,选择目标顾客,同时对"准顾客"进行资格审查,即对其需求、购买力、自信等状况做出评价。选择目标顾客应该遵循"MAN法则":Money——购买力,Authority——购买力决定权,Need——需要。访问计划应该包括工作日程、访客名单、有效路线和访问时间表。走访前,一般应该通过信函、电话等形式先同对象预约,约定在顾客方便的时间见面。准备工作包括有关知识准备、心理准备、仪容仪表和物质技术准备。

国际推销人员在推销准备工作中还必须考虑当地的行为习惯、时间观念、交谈方式、身体语言的含义以及宗教信仰、价值观等,避免在沟通过程中出现理解的偏差,甚至由于不了解当地的文化背景而破坏企业形象,造成恶劣影响。

2. 接近推销对象

接近推销对象即与顾客正式接触、见面，是决定整个推销活动是否成功的一个比较关键的步骤。推销人员要给顾客良好的第一印象。国际推销人员应以诚恳的态度、适当的称呼、热情的问候和受欢迎的话题来缩短自己与顾客的距离，消除顾客对自己的戒备、不信任心理和国籍差别。

3. 正式洽谈

推销人员要灵活巧妙、自然轻松地及时引入推销话题，向顾客宣传介绍推销品，刺激其需求，引发其购买动机。推销洽谈过程中，国际推销人员的语言要简洁、准确、通俗，提供信息要可靠；身份、语气要平等，主动创造并保持和谐、合作的气氛，鼓励顾客参与，让顾客积极反应，努力谋求一致；尽量利用实物，发挥各种感官的功能，尽快发展、增强顾客对推销员和推销品的信任；洽谈时间要适可而止。

4. 应付、处理顾客异议

国际推销人员应正确认识顾客异议，它表面上是推销的障碍，但实际上是顾客需求意向的一种表达，表示顾客对该商品已经注意并有了兴趣，可以说是一种购买信号。对顾客异议不要急于回答，要先复述再答，如果同时有几个异议则先易后难地回答。国际推销人员应准备随时应付异议的适当措辞和论据，还应选择好处理异议的最佳时机或在提出之前抢先释疑，消除顾客的疑虑。

5. 成交及后续工作

成交率是衡量推销人员成绩的重要标准，只有善于成交的才是优秀的推销人员。但成交不是瞬间行为，而是一个反复进行信息沟通的过程。推销人员要随时注意、善于捕捉成交信号，即顾客通过语言、表情、行为有意或无意表现出来的各种成交意向。办完成交手续并非意味着销售工作的结束，而是与顾客正式建立关系的开始，应充分利用顾客关系管理（CRM）系统，做好售后跟踪服务工作。

11.2.4 国际推销人员管理

1. 国际推销人员的招聘

（1）招聘标准

为了有效地招聘各类国际推销人员，跨国企业必须制定明确的选聘标准。这些标准除了规定一般销售岗位的职责以外，还应该包括进行跨文化沟通的一些特殊要求。在通常情况下，本国外派人员或第三国人员应当具备下列基本素质：①成熟。外派人员必须具有较强的独立工作能力，遇到特殊情况可以做出正确的决策，不必事事向总部汇报，能够独当一面。②情绪稳定。不管生活在哪个国家，外派人员都生活在与本土文化不同的文化环境中，必须时刻关注东道国的细微差异以及自己的言行举止。③具有广博的知识。外派人员应该掌握多种语言，而且了解东道国当地的各种知识，包括与工作和生活相关的常识。④适应能力。无论是在国外还是在国内工作，国际推销人员必须具备较强的适应能力。尤其是外派人员必须仔细研究东道国的文化，如果与当地文化格格不入或者对其认识不清，任何人都不可能成功。⑤精力充沛，喜欢旅行。许多国际推销代表很多个夜晚都在世界各地的旅行中度过，常常面临着刚下飞机马上又上飞机的情形，如果没有充沛的精力和忍受能力，是不能成为一名合格的推销人员的。

对于当地的推销人员，只要求他们具备本国推销人员所应有的能力即可。但是当地人员的语言能力及忠诚度也是十分重要的，因为他们需要与总部进行沟通，同时总部对他们的控制远不如对外派人员那样容易。

（2）招聘方式

与企业其他员工的招聘方式一样，国际推销人员的招聘也需要经过简历筛选、笔试、面试等程序，通过角色扮演、情景模拟等方式考核应试者的判断能力、快速反应能力及团队合作能力。企业在招聘当地人员时，还必须考虑当地的有关法律和规定，大多数发展中国家和许多欧洲国家都制定了强有力的法律来保护雇员的权利，对解雇员工制定了相应的惩罚措施。如果选拔失误，不仅造成企业资金的浪费，也浪费了企业的时间和机会，企业付出的代价将非常高昂。

2. 国际市场推销人员的类型

（1）企业经常性派出的外销人员

他们在国外专门从事推销和贸易谈判业务，或定期到国际市场调研、考察和访问时代为推销。这是国际市场推销人员的一般形式。他们可以是厂商的外销人员，也可以是批发商的外销人员，甚至可以是零售商的外销人员。厂商的外销人员主要为各种产品厂商服务，尤其是工业用品的厂商，他们的主要工作是寻找新顾客、发掘新的市场机会、协助建立和巩固渠道关系等；批发商的外销人员主要为商业批发商服务，他们的主要工作是开拓客户、寻找订单，为公司或零售商提供咨询服务等；零售商的外销人员主要与消费者面对面，影响消费者的购买意向，并向消费者解释产品的质量、服务或其他意见反馈等。

（2）企业临时派出的有特殊任务的推销人员

一般来说，主要有三种情况需要临时推销人员和推销服务人员：国际目标市场出现特殊困难和问题，其他办法不能解决；企业需要一个专门推销小组打开一个东道国的较大市场；企业需要特派推销人员或技术人员从事专业咨询或服务。例如，厂商经常利用特派推销人员从批发商那里获得广泛的销路，这些特派推销人员未必长期驻外，但却因为与批发商之间的某种关系而能够保持良好沟通。

（3）企业在国外分支机构的推销人员

跨国公司在国外都设有分支机构，如子公司、分公司、代理处等，在这些机构中常驻有一些推销人员。特别是从事国际贸易的一些公司，为能够熟悉东道国的市场一般都会在其分支机构设有推销人员，专门负责本公司产品在当地或其他地区的推销工作。这些推销人员可能是公司所在国人员，因为他们对公司的战略、制度、文化、技术、产品等比较熟悉，容易与公司沟通，也可能是业务所在国人员，因为他们熟悉东道国的市场环境，有利于推销。随着世界经济一体化进程以及企业国际化程度的提高，很多公司也会用熟悉当地市场的第三国人员充当推销人员。

（4）利用国际市场的代理商和经销商进行推销

在许多情况下，企业不是自己派员推销，而是请国外中间商代为推销。聘请国外中间商代为推销，一般可能因为企业不熟悉国际目标市场的情况，或者新产品进入国际市场时无法打开销路，请国外中间商代为推销，可利用其原有渠道打开销路，降低风险。但是，聘请国外代理推销人员，必须有适当的监督和控制。

3. 国际市场推销人员的结构

国际市场推销人员的结构是指推销人员在国际市场的分布和内部构成，一般包括以下4种类型。

（1）地区结构型

地区结构型指按区域或国家划分来安排推销人员，每个推销人员负责一两个地区或一个国家内本企业各种产品的推销业务。这种方式目标明确，容易考核推销人员的工作成绩，发挥推销人员的综合能力，有利于企业节约推销费用。但是，当产品或市场差异性较大时，推销人员不易了解众多产品和顾客，会直接影响推销效果。

（2）产品结构型

产品结构型是指按产品类别分配推销人员，每个推销人员专门推销一种或几种产品，而不受国家和地区的限制。由于对产品的技术特征具有深刻了解的推销人员，有利于集中推销某种产品，专门服务于有关产品的顾客，因此如果企业产品种类繁多，分布范围广，差异性大，技术性能和技术结构复杂，那么采用这种形式效果较好。但这种结构的最大缺点是，不同产品的推销人员可能同时到一个地区（甚至一个单位）进行推销。这既不利于节约推销费用，也不利于制定统一的国际市场促销策略。

（3）顾客结构型

顾客结构型是指按不同的顾客类型来组织推销人员结构。国际市场顾客类型众多，因而国际市场顾客结构形式也有多种，可以按服务的产业顾客群划分、按顾客的经营规模划分、按顾客与企业的关系划分等。采用这种形式的突出优点是，推销人员可以深刻地了解他所接触顾客的需求状况及需要解决的问题，采取针对性的措施，企业与顾客之间的关系密切而又牢固，因而有着良好的公共关系。但当顾客分布地区较分散或销售路线过长时，推销费用往往过大。

（4）综合结构型

综合结构型是将上述3种结构综合运用来组织国际市场推销人员。当企业规模大、产品多、市场范围广和顾客分散时，上述3种单一的形式都无法有效地提高推销效率，可以采取综合结构型。例如，美国一些大公司根据产品和市场特点，对东亚、东南亚、西亚、非洲等地区，多采用地区结构型推销方式，而对西欧、日本、澳大利亚和拉美地区，则更多地采用产品结构型、顾客结构型和地区结构型相结合的形式组织人员推销。

4. 国际推销人员的激励与薪酬制度

（1）国际推销人员的激励

激励是指利用某种有效手段或方法调动人的积极性。激励用于管理中是指组织采取各种手段和措施，使员工产生一种持久、自觉、内在的动力，调动员工的积极性、主动性和创造性，以实现组织目标。显然，激励使员工的个人目标导向组织目标的轨道，并增强了组织凝聚力，促进内部的协调统一。激励过程是指个体对某种具有吸引力的结果产生需要，由需要激发出动机（即个体希望通过努力实现目标的愿望），在动机驱动下，个体努力通过行为来实现目标，在目标得到实现后，个体感到满足，再经过强化，以致产生新的需要、动机、行为的过程。

在企业实践中可以应用西方的各种激励理论来激励员工。在国际市场营销中，激励理论对于推销人员同样适用，根据具体的情况实施具体的激励措施，以充分调动推销人员的积极性。

（2）推销人员业绩的评估

企业对推销人员的定期评估，不仅是给推销人员分配报酬的依据，也是企业调整营销策略，促使推销人员热爱本企业及其产品，更好地为企业服务的良策。对于海外推销人员的激励，是建立在对他们推销业绩进行考核与评估的基础上。但是企业对海外推销人员业绩的考核与评估，不仅是为了表彰先进，还要发现推销效果不佳的市场与人员，分析原因，找出问题，加以改进。企业在对人员推销效果进行考核与评估时，还应考虑当地市场的特点以及社会文化因素的影响。若企业同时在多个海外市场上进行推销，可按市场特征进行分组，规定小组考核指标，从而更好地分析比较不同市场条件下推销人员的业绩。

（3）激励的方式

国际推销人员的激励可以分为物质奖励和精神鼓励两个方面。物质奖励通常是指薪水、佣金或者奖金等直接报酬形式，精神鼓励包括职业生涯规划、海外培训、晋级提升或特权授予等多种方式。企业对推销人员的激励应综合运用物质奖励和精神鼓励等手段，充分调动推销人员的积极性，提高他们的工作业绩。

11.3 国际广告

11.3.1 国际广告的概念、标准化与差异化

1. 国际广告的概念

广告（Advertising）是任何在传播媒体上登出的、付费的、对企业及其产品的宣传，是一种非人员的促销活动。广告要由广告主公开支付费用；与一般的新闻报道不同，广告要通过电视、广播、报刊等传播媒体来实现，是一种非个人间的信息传递，不同于人与人之间的口传信息。广告策略指企业在分析环境、广告目标、目标市场、产品特征、政府控制及成本收益等因素上，对广告活动的开展方式、媒体选择和宣传劝告重点的总体原则做出决策。广告策略包括形式策略、内容策略等。在制订广告计划时，公司必须做出 5 项重要决策，即 5M 决策：广告目标确定（Mission）、广告预算制定（Money）、广告信息传递（Message）、广告媒体选择（Media）和广告效果评估（Measurement）。

国际广告是为了配合国际市场营销活动，在东道国或地区所做的企业及产品的广告。在国际市场中，广告是引导消费、争取顾客的必不可少的手段。与其他沟通方式相比，国际广告有 3 个优点：①广告公开刊登在大众传媒上，可增加国外消费者对企业和产品的可信度，消除顾虑，对于进入陌生国家的企业和产品来说，尤为重要。②广告可以利用大众媒介的传播渠道，迅速提高知名度。③广告是一种艺术，具有美的或情感的表现力和感染力，比其他沟通方式更能表现国际产业或企业的价值，更能吸引国外消费者。由于当代信息技术、通信技术的迅猛发展，国际广告已成为一种形式多样、传播范围最为广泛的促销方式，在企业的国际市场营销活动中发挥着十分重要的作用。与国内广告相比，国际广告由于其诉求对象和目标市场是国际性的，广告代理是世界性的，因而有其自身的一些特点。这是因为不同的国家和地区有不同的社会制度、政策法令、消费水平和结构、传统风俗与习惯、自然环境、宗教信仰，以及由此形成的不同的消费观念及市场特点。在研究国际广告时，企业应该十分重视各国市场环境的差异对广告活动的影响，这是关系花费巨大的广告活动能否取得成功的关键问题。

国际广告是企业为实现销售目的，以支付费用的方式，通过广播、电视、报刊或互联网等大众媒介向海外目标受众传递有关企业及产品信息的一种促销手段。由于当代通信技术的高度发展，通信工具和新闻媒体已十分普及，因此，广告就成了形式多样、十分有效的信息传播方式。

20 世纪以来，全球商品经济繁荣发展，经济规模迅速增长，广告行业也进入了蓬勃发展时期。在这一时期，随着科学技术的研发与应用，广播、电视、计算机、移动终端等电子化产品迅速普及，媒体形式呈现多样化的发展趋势，广告内容也日趋丰富多彩。Statista 的数据显示，2019 年全球广告市场规模超过了 5 600 亿美元。2021 年，根据前瞻经济研究院初步统计，全球互联网广告规模超过 4 600 亿美元，2020 年美国互联网广告营业额突破 1 400 亿美元。2020 年我国网络广告市场规模接近 5 000 亿元，同比增长率为 13.85%。

2. 国际广告的标准化与差异化

从事国际化经营的企业都面临着国际广告标准化或差异化的选择。所谓标准化，是指企业在不同国家的目标市场上，使用主题相同的广告宣传；国际广告的差异化则是指企业针对各国市场的特征，向其传送不同的广告主题和广告信息。

企业究竟应该采取国际广告的标准化还是差异化策略，取决于企业对消费者购买动机的解读，而不是根据不同的地域条件做出判断。当不同市场对不同的广告做出相同程度的反应时，即对同类产品的购买动机相似，或者企业拥有足够的实力采取全球营销战略时，标准化的广告策略通常视为首选。当然，标准化策略并不排斥就地区差异进行一定程度的调整。当消费者对企业产品购买动机的差异较大时，或当企业采取差异化国际市场营销战略时，差异化的广告策略则更为可取。

国际广告标准化的主要优点有：①有助于降低企业广告促销活动的成本；②充分发挥企业人、财、物的整体效益；③以统一的整体形象传递给目标市场，从而增强消费者对企业及产品的印象。鉴于某些消费群体，特别是高端和中产阶级职业人士的跨国旅行越发频繁，加之媒体在国际的溢出效应空前扩大，同一消费群体在不同国家接触同一广告的机会明显增多，标准化的广告更有利于在他们心目中树立统一的形象，达到频繁的提醒作用。国际广告标准化也存在一定的弊端，主要弊端是由于没有考虑各国市场的特殊性，因此广告的针对性差，广告效果也就不佳，所以很多企业采取差异化的国际广告策略。例如，美国宝洁公司在欧洲宣传其"干净先生"家庭清洁剂时，广告主角造型和美国的广告相同，只是语言不同，该广告为宝洁公司节省了 50% 的成本。

国际广告差异化的主要优点有：①适应不同文化背景的消费需求；②针对性强。不同国家的消费者对同一种产品可能有相同的需求，但对这种产品的看法是不尽相同的，因此，广告宣传就要有不同的侧重点。但是差异化策略也存在缺点：①由于需要多样的广告文案而增加了创意成本；②企业总部的营销部门难以控制各国市场广告宣传的执行；③不利于建立统一的企业和产品形象。

总之，无论是选择标准化还是差异化广告策略，其目的都在于将有关信息传递给消费者，使消费者理解和接受这些信息，从而促进企业产品的销售。

11.3.2 国际广告目标决策

国际广告决策的第一步就是制定广告目标。广告目标的制定必须充分考虑企业制定的有关目标市场、市场定位和营销组合等营销策略，由此决定了国际广告促销手段在整体营销规划中必须完成的任务。换言之，在特定的时期内和特定的国际市场上，企业是否取得了对广告目标对象所要达到的沟通效果和销售业绩。按企业的沟通目的，广告目标主要可以分为告知信息、劝导购买和巩固信念三种类型。

在市场开拓阶段，广告目标以告知为主，旨在提高受众对企业及产品（如名称和性能等）的知晓率，进而刺激其对产品的初步需求，并引导其进行早期购买。在竞争阶段，特别是在产品生命周期的成长阶段,劝导型广告尤为重要,其目的在于介绍产品的特色和实际使用效果,用以在目标受众中建立对某一特定品牌的选择性需求。许多企业采用对比性广告,将企业的产品与竞争者的产品进行比较,突出自身产品的优势。例如,百事可乐广告中的常用语为"年轻人的选择",暗示着其竞争对手的"陈旧"形象。巩固型广告在产品成熟期或衰退期十分关键,目的在于维持或继续加深顾客对企业及其产品的印象,鼓励他们继续使用其产品。

11.3.3 国际广告预算决策

制定了广告目标之后,企业下一步的工作是制定广告预算,即确定在国际广告上投入的资金量及其投放规划,以实现企业特定的销售目标。企业一般可采用四种方法制定广告预算:目标任务法、销售百分比法、竞争比照法和量力而行法。

1. 目标任务法

企业依据已制定的广告目标,进一步制定实现这一目标所需完成的各项任务,然后就完成这些任务所需的开支制定总体的广告预算开支。这种方法层次分明,有较强的逻辑性,因此在广告界得到了广泛的应用。但是,企业必须首先确保所拟订广告目标的合理性,并将目标恰当地分解成各项任务,以便准确地估算广告费用。

2. 销售百分比法

企业根据目前或者预期销售额的一定比例来确定广告开支的额度。这种方法意味着广告支出以企业经营业绩的好坏为依据,使企业管理人员在考虑经营管理的同时,可以统筹广告成本、产品售价和销售利润之间的关系。但是,销售百分比法实质上是一种"平均主义"。它使广告和销售之间的因果主次混淆颠倒,在竞争激烈、变化复杂的国际市场上显得死板,缺乏灵活性,容易丧失有利的市场机会,甚至有时与企业的长期市场发展计划发生抵触。

3. 竞争比照法

国际市场上,企业与企业间的竞争在许多情况下是从广告战开始的,广告战的硝烟突出地表现了企业为了市场份额和消费者而进行的激烈争夺,广告战如处于下风,往往意味着将市场向竞争对手拱手相让。因此,许多企业比照竞争对手的广告预算来确定自己的广告费用,使自己在广告上与竞争对手相比不至于处于劣势。当然,国际市场千变万化,企业在资源、声誉、机会和目标方面也有所不同,紧跟竞争对手的广告手法也未必一定合理有效。所以,企业还是应该根据市场和自身实际情况灵活应变,制定适合自身的预算方案。

4. 量力而行法

鉴于在国际市场上开展广告活动一般需要巨大的投入,为了确保企业的其他经营活动,多数企业往往将广告支出列入最后的开支项目。换言之,它们先将经费配置于其他经营活动，而将剩余的资金拨为广告经费。这种方法看似安全稳健，但为企业的广告预算注入了较大的不确定性，容易使企业在激烈的竞争中陷入被动局面。

11.3.4 国际广告信息决策

国际广告实质上是一种跨文化的信息交流活动。由于世界各民族间文化差异巨大，在与另一种民族文化的信息接受者进行广告交流活动时，一种民族文化的信息传递者往往会受到文化差异的影响，能否把握这种差异并创造性地制作富有感染力和渗透力的广告，很大程度上决定了企业的促销努力能否取得良好的业绩。广告信息决策一般包括以下几个方面的内容。

1. 广告内容决策

面对错综复杂的国际市场，企业的国际广告业务所面临的难点是标准化与当地化的问题。主张当地化的观点认为，国与国之间、地区与地区之间在政治、经济、文化等方面存在着巨大的差异，国际市场营销者应根据各国市场的不同特征，选择适应本土特点的广告投放方案。例如，肯德基炸鸡的广告词"Finger lickin' good"翻译成汉语原本是"吮指原味鸡"，在有的地方却被翻译成了"连手指一起吃下！"因此，企业需要为不同的国家或地区设计、制作内容不同、形式相异的广告，这是国际广告的当地化策略。另一种截然相反的观点则认为，世界各国或各地区的市场存在着共性，顾客的需求在许多方面表现为一致性，国际市场营销者完全可以为世界各国统一设计制作在内容和形式上相同的广告，这样有利于企业在世界上树立起企业及其产品的统一形象，这就是所谓国际广告的标准化策略。

这两种策略各有侧重点。当地化策略强调各国市场的独特性和差异之处，具有相当强的针对性，主要以不同的产品特色满足当地目标市场消费者的特殊需要，但是这种策略会导致较高的广告成本，由于能较好地满足消费者需要，从而扩大销售量，也会带来较大利润。

2. 国际广告形式决策

广告形式对国际市场上广告信息的传递效果也会产生重大的影响。一般而言，广告信息的传递形式主要体现在广告风格和广告语言的使用方面。广告风格应体现东道国市场消费者喜闻乐见的表达方式，而广告语言的正确使用是国际广告形式的另一个方面。不同国家使用的语言各不相同，有的国家同时使用好几种不同的语言，加上语言中存在难以把握的文化上的微妙差异，使语言在许多情况下限制或削弱了国际广告的信息沟通。

3. 其他方面的决策

文化差异往往容易成为不同群体之间信息沟通的重大障碍。国际市场营销者必须认真了解不同文化或亚文化之间的差异，特别是那些容易产生误会的微妙之处，以免使国际广告无效。

另外，政府管制也是影响广告业务开展的一个重要因素。有些国家禁止利用特定媒介做广告。此类限制使企业在国际广告策略的制定和实施过程中难以全力而为。

11.3.5 国际广告媒体决策

广告媒体的选择很大程度上决定了促销效果是否明显,甚至会影响企业开拓国际市场的成败。世界发展至今日,信息通信技术得到了空前的发展,最为显著的特点就是广告媒体技术日趋多样化。除了传统的广播、电视、报刊等传播媒体之外,许多新的媒介技术,如电话、图文传真、卫星通信、国际互联网等,使广告促销的手段变得极为丰富。虽然传统传播媒介在广告业务中仍占据主导地位,但也应看到互联网的巨大发展潜力,以及其对企业进行国际广告媒体决策将会产生的强大影响力。

1. 国际广告媒体的种类及特点

报纸是最为普通的传统媒体之一。报纸广告具有制作及时灵活、可信度高、费用相对较低、读者广泛、传播迅速且覆盖范围广等特点,其主要缺点是读者多为浏览性质,寿命相对较短,制作品质也相对较差。

电视广告集视觉和听觉的功能于一体,具有较强的感染力。其主要特色是传播形式丰富生动,可有效地吸引观众的注意力,地理选择性也较好。但该媒体成本较高,展示时间有限,容易受其他节目干扰,观众选择性较小。例如,与其他精彩节目安排不当,还有可能引起观众的反感。

广播广告的地理和人口选择性都较强,比较适合大众化宣传,制作成本也较低,但是视觉刺激不够,较难使公众产生很深的印象。目前,视听广告已成为国际市场上企业传播产品信息的主要媒介。但是有的国家政府制定的法律法规造成了某些限制,使视听广告的运用效果在各地市场也有较大的差异。

杂志具有地理和人口选择性强、可信度较高的特点,但灵活性较差且成本较高。另外,值得注意的是,互联网广告正以惊人的速度崛起。其主要优点是传播范围极为广泛,制作及时灵活,内容形式生动活泼,观众有极大的选择余地,传递速度迅速,成本低廉,加上其技术特色可使观众与企业实现"双向"交流沟通,使广告极具感染力和参与性。其缺点是受计算机设备普及相对有限,以及当前网络发展中一些问题的限制。

2. 目标顾客的媒体习惯

国际化经营企业在实施广告促销时,为了达到最优效果,必须充分理解目标顾客的媒体习惯,以便在广告活动中有的放矢。目标市场的顾客有其特定的接触媒体的习惯,例如广播、电视和互联网对青少年来说可能是最为有效的广告媒体,而女性报刊或儿童杂志则是妇女及儿童用品较为合适的广告媒体。另外,国际广告媒体的选择还应考虑各国政府的限制作用,因为政府限制会在较大程度上决定企业在国际广告业务中能否获得有效媒体。

3. 产品性质与特点

各种媒体在演示、描述、可信度等方面分别具有不同的表现力,因而企业应结合其产品所具有的不同性质与特点，使用最为适合其特征的广告媒体。例如：妇女时装广告刊登在彩色印刷杂志上最能吸引人的注意，特别能引起年轻女性的兴趣；而科技含量较高的广告通过电视画面进行一些生动实用的演示渲染则效果最好。

4. 媒体成本

媒体成本受广告用时长短、时段质量和版面位置大小等因素的影响。例如，电视广告黄金时段的费用极为昂贵，而报纸广告的次要版面则相对便宜。不过，绝对成本数字也许不是最为重要的，企业应考虑自己追求的实际促销效果和企业的财务实力，选择最为合适有效的媒体。

5. 媒体的传播覆盖面和质量

显露时间和拥有率是考虑媒体传播覆盖面大小的两个主要因素，这两个因素受到媒体覆盖面（如广播、电视的覆盖面）和媒体传播质量（如报刊的发行量）等的影响。由于各国对各种媒体的显露时间有着不同的规定，各种媒体在世界各地的拥有率也不一样。因此，世界市场上各国媒体的覆盖面具有较大的差别。媒体的传播质量是指某一特定媒体在顾客心目中的地位和形象。相比较而言，媒体的传播覆盖面更具影响力，企业可根据需要灵活处理。

营销聚焦　　　　**美特斯·邦威——电影植入广告的受益者**

如果随便问一个影评人士，2009年哪部电影最受关注，那么得到的答案十有八九是《变形金刚2》。这部电影在我国国内放映仅12天，其票房总收入就已经突破3亿元大关。

早在2007年《变形金刚》刚开始在全球上映的时候，美特斯·邦威就希望借《变形金刚》的东风扩大企业在全球范围内的知名度。但是当时时间紧张，错过了这次合作，而《变形金刚》中也没有出现任何一个中国品牌。当时间走到2008年下半年，《变形金刚2》的拍摄正在紧张进行中时，美特斯·邦威找到了《变形金刚》的版权持有方——派拉蒙公司和孩之宝公司，提出合作。这令派拉蒙公司和孩之宝公司感到震惊：之前还没有任何一家中国公司提出合作意向，他们对美特斯·邦威这个名字感到十分陌生，甚至连美特斯·邦威的形象代言人都从未听过。

为了取得与派拉蒙公司和孩之宝公司的合作，美特斯·邦威动用各种关系，从多个方面向派拉蒙公司和孩之宝公司介绍美特斯·邦威。两家公司都明白：品牌在一线商圈的影响力将加强影片的宣传力度。在了解到美特斯·邦威年销售额45亿美元，2 800家专卖店分布于一线商圈后，两家公司决定派派拉蒙公司的制片人洛伦佐前往中国考察美特斯·邦威。

考察结果令两家公司十分满意，美特斯·邦威宣布作为首家中国内地的品牌，拿下了派拉蒙和孩之宝的变形金刚版权中国特许。美特斯·邦威走出了迈向世界的一大步。

资料来源：作者根据网上资料整理。

11.4 国际销售推广

11.4.1 国际销售推广的概念和作用

1. 国际销售推广的概念

国际销售推广（Sales Promotion）是指除了人员推销、广告和公共关系等手段以外，企业在国际目标市场上为了刺激需求、扩大销售而采取的能迅速产生刺激作用的促销措施。广告对消费者购买行为的影响是间接的，而国际销售推广产生的作用却往往是直接的。国际销售推广通过为消费者和经销商提供特殊的购买条件、额外的赠品和优惠的价格，吸引顾客和扩大销售。国际销售推广的主要目的是：①诱导消费者试用或者直接购买新的产品；②刺激现有产品销售增加或库存减少；③鼓励经销商采取多种措施扩大产品销售；④配合和增强国际广告或人员推销应达到的市场效果等。在国际市场上，绝大多数企业都运用销售推广工具。目前，国际市场销售推广的总费用有超过广告费的趋势，原因是国际销售推广对刺激需求有立竿见影的效果。同时，由于长期的"广告轰炸"，人们已对广告产生了"免疫力"，广告效果相对减弱。在实践中，如果能够将销售推广与广告结合使用，效果更佳。

2. 国际销售推广的作用

1）吸引新顾客和新用户。国际销售推广的形式多种多样，往往见效快，在短期内刺激目标市场的需求，从而吸引一部分新顾客的注意，使他们因追求某些利益方面的优惠而转向购买和使用本企业的产品。

2）回报企业的忠诚顾客。由于产品市场出现的买方市场局面，以及各品牌间相似程度的提高，消费者面临着品牌转换的问题，因此，越来越多的企业意识到忠诚顾客是企业难得的宝贵资产。国际销售推广中实施的赠券、奖售、退费促销等手段所体现的利益让渡，受惠者大多是企业的品牌忠诚者，这就有可能增加这部分顾客的"回头率"，稳定企业的市场份额。

3）可能使竞争者的促销无效。国际销售推广还可利用各种促销手段，有效抵消竞争者的广告等其他促销活动，使竞争者的促销无效，稳定市场占有率。

11.4.2 国际销售推广的形式

在国际市场上，企业可以运用的国际销售推广的形式可分为以下三类。

1. 直接对消费者的销售推广

对消费者的销售推广大多数采取造成一种轰动效应，使一部分消费者的购买欲望高涨，然后进一步驱动更多的消费者进行购买的办法，如免费样品、折扣、减价、发放奖券或代金券、有奖销售、现场表演、竞赛、分期付款和附带礼品等。

（1）折扣

折扣实际上是一种变相的降价，即商品标价不减，实际付款时允许少付一部分货款，或收款时再以某种方式退回部分货款。

（2）代金券

代金券是折扣的一种方式，国外持券人可以在购买某种商品时免付一定数额的钱，它比降价更灵活、更有利。价格降低后，将来再提不易，而发放代金券，就可以视销售情况减少或取消代金券。

（3）有奖销售

有奖销售是一种利用顾客的侥幸心理，在售货后采用摇奖或者把中奖标记封在商品包装上，从而对已购货物的顾客中的幸运者予以高额奖励的办法。

2. 直接对中间商的销售推广

出口企业为了激发中间商（包括出口商、进口商及国际中间商）的销售积极性而采取的措施，如购货折扣、推销奖金、推销竞赛、合作广告和联营专柜、帮助设计橱窗、举办展览会等。这些销售推广的方式旨在促成企业和中间商之间达成协议，提高中间商经营本企业产品的效率，鼓励他们增加进货，积极推销，尽力宣传产品。对于进入国际市场不久或在国际市场名气不大的产品，通过中间商促销是一种重要的途径。

3. 直接对国际市场推销人员的销售推广

国际市场推销人员主要包括企业的外销人员、企业在国外分支机构的人员、出口商的推销人员、进口国中间商的推销人员以及在当地雇用的推销人员，为了鼓励他们积极推销新产品、开拓新市场、发展新客户，企业可以根据具体情况，在红利及利润分成、高额补助等方面给推销人员提供优惠条件，或采取推销竞赛、提成、奖金等促销形式。企业还可以对表现出色的推销人员给予精神和荣誉等形式的鼓励措施。

11.4.3 国际销售推广的决策及影响因素

国际销售推广虽然不像广告、公共关系等促销方式那样需要周密和长期的规划，但是要使销售推广活动取得预定成效，必须结合产品、市场等方面的情况，慎重确定销售推广的地区、鼓励规模、途径、期限、时机、目标和预算等，在销售推广实施过程中和实施结束以后，企业还有必要进行销售推广效果的评价。

1. 国际销售推广的决策

（1）销售推广的鼓励规模

销售推广范围并非越大越好，其规模必须适当。在通常情况下，应选择单位推广费用效率最高时的规模。低于这个规模，销售推广就不能充分发挥作用；高于这个规模，或许会促使营业额上升，但其效率会递减。国外许多大企业，在用销售推广方式推销老产品时，只要求销售推广收入能大于支出，甚至收支基本平衡就可以了。有时，企业为了推销长期积压的产品只求通过销售推广把产品卖出去，而不考虑收支状况。一个合理的鼓励规模，一般通过推广方法、推广的费用和销售额的相互关系来确定。西方发达国家在一些较大的企业都设有销售推广部门，至少有专门负责国际市场销售推广的人员。

（2）销售推广的鼓励对象

在国际市场上，销售推广的鼓励对象可以是任何人，也可以是特定的人，通常是鼓励商品的购买者或消费者。但企业有时可以有意识地限制那些不可能成为长期顾客的人或购买量太少的人参加。例如，企业可以对国际市场的老客户或有长期往来的中间商提供优惠条件（如购货折扣、开办联营专柜、合作广告等），短期客户则不享受这些优惠条件。限制条件不可过宽，也不可过严，否则会影响新顾客的增加，排斥潜在消费者的加入，达不到预期的效果。

（3）销售推广的途径

销售推广的途径，即企业通过什么途径向国际市场的顾客开展销售推广。例如，销售推广的形式是发行奖券，那么这种奖券既可以放在出口商品的包装中，也可以附在国际市场的广告中；既可以通过国外进口商、经销商或代理商在进货或购买商品时分发，也可以通过邮寄方式赠送给国际市场客户。此外，通过在当地市场抽签或摇奖的方式也可以发行奖券。销售推广的途径和方式不同，推广费用和效益也不一样。企业必须结合自身内部条件、市场状况、竞争动态、消费者需求动机和购买动机等进行综合分析，选择最有利的销售推广途径和方式。

（4）销售推广的时机和期限

同产品在不同的国际市场、不同的条件下，销售推广的时机是不同的。企业销售推广措施必须在适当的时机推出，才能取得较好的效果。市场竞争激烈的产品，质量差异不大的同类产品、老产品，以及刚进入国际市场的产品、滞销产品等，多在销售淡季或其他特殊条件下运用销售推广策略。在销售推广方面，企业应考虑消费的季节性、产品的供求状况及其在国际市场的生命周期、商业习惯等因素来确定销售推广的期限。销售推广期限过短，许多潜在买主可能尚未购买，达不到销售推广的预期效果和目的；期限太长，费用将会增加，甚至得不偿失。据有关资料分析，在北美地区，每季度举行三周左右的销售推广比较好；在西欧，销售推广的期限可能有长有短，日用品以一个月为好；在中东、非洲和亚洲许多地区，视城乡不同，推广期限应有一定的弹性，城镇应长于大城市，乡村地区又长于城镇。在一般情况下，在国际市场开展销售推广的期限大多以消费者的平均购买周期为准。

（5）销售推广的目标

任何一次的销售推广活动都有其目标，销售推广的目标通常是增加产品销售，但也有的是增加企业知名度或应付竞争对手的挑战。销售推广目标必须依据企业的国际市场营销战略和促销策略来制定。销售推广的目标不同，其方式、期限等都不一样。例如，针对国内外中间商的销售推广，其目标与方式有以下几种：诱导、吸引国内出口商和国外进口商、中间商等购买新品种和大批量购买，可以采用推销奖金、联营专柜、赠送样品和资料等手段；为了鼓励国外老客户和新市场的新客户续购、多购，可以采用购货折扣、合作广告、推广津贴、特别服务、分期付款、发放奖券等手段；为了建立企业与出口商、国外进口商、经销商和代理商的良好关系，培养他们对企业的忠诚和偏爱，除了加强业务往来和物质刺激以外，还要重视非业务往来和精神激励。例如：举办联谊会和恳谈会；在主要的节日和喜庆之日，赠送礼品和贺信；在资金上给予融通；邀请中间商来本国旅游、观光等。

（6）注意发挥销售推广与促销其他方式的互补作用

销售推广介于广告和人员推销之间，用于广告和人员推销的补充。与经常性、有计划地进行国际市场广告和人员推销不同，销售推广主要针对国际目标市场上一定时期、一项任务，为了某种目标而采取的短期的、特殊的推销方法和措施。例如，为了打开产品出口的销路，刺激国际市场消费者购买，促销新产品，处理滞销产品，击败竞争者，等等，往往使用销售推广来配合广告和人员推销，使三者相互呼应，相互补充，相得益彰。广告大多以提高产品知晓率、在顾客心中树立形象，进而使顾客产生购买动机为目标，希望顾客在购买某类商品时，选购被宣传的品牌；人员推销则主要是亲自向目标顾客宣传、介绍商品，推销产品，收集市场信息，寻找新的客户，进行产品维修，签订购销合同；销售推广则直接引导、刺激顾客立即做出购买行为。

2. 国际销售推广的影响因素

在国际市场采用销售推广这一促销手段时，应特别注意不同国家或地区对销售推广活动的限制、经销商的合作态度，以及当地市场的竞争程度等因素的影响。

（1）当地政府的限制

很多国家对销售推广方式在当地市场上的应用加以限制。有的国家规定，企业在当地市场上进行销售推广活动要事先征得政府有关部门的同意，有的国家则限制企业销售推广活动的规模，还有的国家对销售推广的形式进行限制，规定赠送的物品必须与推销的商品有关。例如，杯子可成为咖啡购买者的赠品，而餐具就不能成为推销洗衣机的随赠礼品。国际广告协会于20世纪70年代末就价格折让、礼品赠送与有奖销售在38个发展中国家进行调查，发现这些国家对礼品赠送的限制最少，对有奖销售的限制最多。

销售推广的形式多种多样，由于各国政府的限制，销售推广方式各不相同。一项研究表明：在法国，最有效的销售推广方式是降价、贸易折扣和免费样品；在巴西，最有效的方式是附送礼品；在匈牙利、荷兰和希腊，最有效的方式是贸易折扣。此外，企业还可以根据当地具体情况采取一些灵活的销售推广方式，以避免触犯当地政府的法律法规。

（2）经销商的合作态度

企业的销售推广活动多半是与中间商合作举办的。国际销售推广活动需要得到当地经销商或者中间商的支持与协助。例如,由经销商代为分发赠品或优惠券,由零售商负责现场示范或者商店陈列等。对于那些零售商数量多、规模小的国家或地区,企业在当地市场的销售推广活动要想得到零售商的有效支持与合作就要困难得多了。因为零售商数量多、分布散、商场规模小,无法提供必要的营业面积或者示范表演场地,加上销售推广经验缺乏,难以收到满意的促销效果。

(3) 市场的竞争程度

企业采用销售推广活动,有的是为了扩大市场份额的主动性行为,有的则是迫于竞争对手的压力。市场的竞争程度、竞争对手在促销方面的动向或措施,将会直接影响企业的销售推广活动。例如,竞争对手一旦推出新的促销举措来吸引顾客争夺市场,企业若不采取相应的对策,就有失去顾客而丧失市场的危险。同样的,企业在海外目标市场的销售推广活动也可能遭到当地竞争者的反对或阻挠,甚至会被竞争者通过当地商会或政府部门利用法律或法规的形式加以禁止。

11.5 国际市场公共关系

公共关系与广告、人员推销及销售推广的不同之处在于,它不能产生立竿见影的促销效果,但对企业未来的发展以及企业良好形象的树立起着至关重要的作用。国际市场公共关系在全球营销中更是具有举足轻重的地位。

11.5.1 国际市场公共关系的概念与特征

1. 国际市场公共关系的概念

公共关系简称公关(Public Relationships,PR),一般指组织与其内外各种公众的关系。对于企业促销而言,它是一个企业或组织为了搞好与公众的关系,增进公众对企业的信任和支持,树立企业良好的声誉和形象而采取的各种活动和策略。

作为市场营销的一个重要手段,公共关系以大众传播媒介为主要工具,以真诚的态度、周密的计划、客观的信息、持久的努力与组织周围的公众相互交流;在交流中传播媒介产生理解、信任和合作,在塑造组织良好形象的同时,达到企业、公众与社会共同利益及目标的实现。企业公共关系的结构由三个要素构成,即企业、公众和传播媒介。

(1) 企业

企业处在一个复杂多变的环境中,因此必须不断地与环境相互作用,最终依靠环境生存并获得成功。这里的环境,既包括自然环境,也包括政治、经济、文化、宗教等环境,以及影响和控制这些环境的社会公众,它时时刻刻作用于企业,并影响企业目标的实现。

(2) 公众

公共关系所指的公众是与组织具有某种直接或间接利害关系的人或人群的总和,如消费者、竞争对手、中间商、股东、员工、政府官员、金融机构及贸易团体等。公众的良好意愿是任何一个企业最宝贵的财富，对任何一个企业而言，良好的公共关系出发点是执行符合公众利益的市场营销政策。当然，公众的理解与支持必须通过争取才能得到。

（3）传播媒介

企业利用各种传播手段，加强与公众的信息、思想和观念的传递与交流，促进与公众的相互了解与情感沟通，以获得真诚的合作。在竞争激烈以及复杂多变的社会环境中，如果企业缺乏公关意识和公关行动，必然会使市场营销人员或公关人员的努力付之东流，导致在本来可以避免的问题上花费更多的时间和精力。企业必须能够充分利用环境中的多个因素的积极效应，随时准备应对逆境和危机。

国际市场公共关系是企业在国际市场上的公共关系的应用，主要是指企业要搞好与国外社会公众的关系，树立企业在国外的良好形象。国际市场上的竞争程度及环境的复杂程度比国内市场更为激烈，因此，企业要面临着更加困难的公共关系。许多国际企业公共危机事件也引起了人们对国际市场公共关系的更多认识。国际企业必须针对国际市场环境，迎合国际文化、生活习惯、宗教信仰及道德标准等开展国际市场公共关系。

2．国际市场公共关系的特征

公共关系作为社会关系的一种表现形态，具有情感性、双向性、广泛性、整体性及长期性等特征。在国际市场营销领域，公共关系还具有以下特征。

1）国际市场公共关系的目标是宣传企业，树立企业的良好形象。企业形象的建立和扩展是企业公共关系活动的核心。只有广大公众尤其是国际市场上的公众，对企业有比较深刻的印象和比较强烈的好感，才会对企业的营销活动给予积极的支持。

2）国际市场公共关系的沟通对象主要是全球范围内的公众。这些公众既包括目标市场上的消费者以及潜在消费者，也包括企业内部员工和股东，企业外部的供应商、国外进口商、国内出口商、经销商、代理商、竞争者、保险公司、咨询公司、新闻媒体、当地政府部门等。这些公关对象构成了企业公关活动的客体，企业与公关对象之间关系的好坏直接或间接地影响企业的发展。

3）国际市场公共关系营销是一种间接促销行为。国际市场公共关系营销作为国际市场营销的一部分，其促销效果不会立竿见影，而只能在一段时间内或一段时间后才会在市场上有所反应。公共关系不是单方面的企业行为，而是需要更多的社会公众的互动，因此会有一定的滞后性。建立起来的企业形象也非一朝一夕之事，必须经过长期的宣传和积累。因此，公共关系的营销所引起的促进销售不可能很快就见效。

4）国际市场公共关系体现了企业与公众之间的互动。通过国际市场公共关系的传播，企业能够与公众之间建立起一种联系制度，即答复公众向本企业提出的各种问询，形成企业与公众之间的互动。同时，因为这种互动机制，企业在国际市场营销领域发生某些失误时，可以利用公共关系予以补救。

11.5.2 国际市场公共关系的任务

1. 收集影响企业营销的各类信息

认真听取和收集国际市场公众对本企业产品、营销策略、服务、人事、财务等各方面的意见和态度，了解本企业在国际市场的形象和知名度。通过收集信息，提出对企业营销环境的预警分析和企业形象的评估，供决策者参考。

2. 建立与公众之间的联系制度

积极答复公众向本企业提出的各种询问，提供有关本企业情况的材料，对任何来访、来电和来信的人，进行迅速、有礼、准确、友好的接待和处理。

3. 树立企业形象

通过设计相关的公益活动，营造气氛，引起社会公众的关注与好感，迅速提升企业美誉度。

4. 协调媒体关系，营造舆论氛围

在现代社会，大众传媒对人们的生活有很重要的影响。企业公共关系部门应该善于利用各种传媒，并与传媒经营好关系，引导社会舆论朝着有利于企业的方向发展，以获得广大公众的赞誉和支持。

5. 处理突发事件

当企业遇到突发的危及企业形象的事件时，公共关系部门要及时收集第一时间发生的各种信息，妥善处理，使不利影响因素降到最低点。

6. 协调内外关系

公共关系就是内求团结、外结良缘的艺术。因此，公共关系的职能首先要重视内部关系，做好内部管理信息交流和情感交流，做到政通人和，上下一致；对外要协调好相关公众关系，包括消费者、社区、政府等相关利益团体，通过一系列公共关系活动，使国际市场公众理解、信任、偏爱企业，使企业得到和谐发展的外部环境。

11.5.3 国际市场公共关系的主要策略

一个企业开展国际市场公共关系的内容和任务与目标市场所在的国家或地区，企业在国际市场所处的地位，产品性质，经营范围，进出口的复杂程度，市场供求和竞争状况，市场营销的政治、经济、社会和文化环境，本国的对外贸易政策等密切相关。国际市场公共关系促销的主要策略有很多种，对于企业而言，应该根据不同东道国的环境特点，结合自身的营销任务和促销目标，采取相应的具有针对性的公共关系策略。

1. 宣传性公共关系策略

宣传性公共关系策略是指企业在东道国利用各种传播媒介和沟通方式，进行对内、对外信息传播，让各类公众了解企业及其产品，进而形成有利于企业良好发展的社会舆论及树立良好形象。具体的宣传方式包括新闻宣传、广告宣传及自我宣传等。企业可以通过新闻报道、人物专访、记事特写等形式，利用各种新闻媒体为企业开展新闻宣传活动。新闻宣传的重要条件是：所宣传的事实必须具有新闻价值，即应具有时效性、接近性、奇特性、重要性和情感性等特点。因此，企业必须十分注意提高各种信息的新闻性，使其具有被报道的价值。企业可以通过新闻发布会、记者招待会等形式，将企业的新产品、新措施、新动态介绍给新闻界；也可以有意制造一些新闻事件，吸引新闻媒体的注意。制造新闻事件并不是捏造事实，而是对事实进行适当的加工，如利用一些新闻人物的参与，创造一些引人注目的活动形式，在公众所关心的问题上表态亮相等，都可能增强事实的新闻色彩，从而引起新闻媒体的注意并予以报道。广告宣传是指公共关系广告，其与一般广告的区别主要在于：以宣传企业的整体形象为内容，而不仅是宣传企业的产品和服务；以提高企业的知名度和美誉度为目的，而不仅是为了扩大销售。公共关系广告一般又可分为直接宣传企业形象的声誉广告、响应某些重大社会活动或政府号召的响应广告，以及通过广告向社会倡导某项活动或提倡某种观念的倡议广告。

企业还可以利用各种能自我控制的方式进行企业的自我形象宣传。例如：在公开的场合进行演讲；派出公共关系人员对目标市场及有关方面的公众进行游说；印刷和散发各种宣传资料，如企业介绍、商品目录、纪念册等，有条件的企业还可以创办和发行一些企业刊物。

另外，需要注意的是，宣传不仅是对企业外部的公众，对企业内部的公众如员工、股东等，也必须及时、准确并且与外部一致地进行宣传，以便使内部公众对企业的形象、产品及服务有深入的理解。

2. 社交性公共关系策略

社交性公共关系策略主要指在国际市场上，企业应通过与社会各方面的广泛交往来扩大企业的影响，改善企业的经营环境。企业的社交活动不应当是纯业务性的，而应当突出情感性，以联络感情、增进友谊为目的。例如：对各有关方面进行礼节性、策略性访问；逢年过节发礼仪电函、送节日贺卡；进行经常性的情况通报和资料交换；举办联谊性的舞会、酒会、聚餐会、招待会等；组建或参与一些社团组织，如俱乐部、研究团体等，与社会各有关方面发展长期和稳定的关系。

社交性公共关系策略除注意与基本公众团体的交往外，还应该注意社会性公共关系，即通过各种有组织的社会性、公益性、赞助性活动体现企业对社会进步和发展的责任，扩大企业的社会影响力，表明企业的社会责任感，为企业赢得赞誉。例如，可参加一些捐赠、赞助等活动。

3. 危机性公共关系策略

危机事件包括消费者投诉、法律诉讼、不合格产品引发事故、对企业不利的信息传播及谣言等，会引起企业产品销售下跌及企业信誉下降等恶劣后果。危机性公共关系策略要求企业做到以下几点：①开展公共关系活动，主要关注点在于如何增加社会效益和经济效益；②随时准备以负责任的态度利用企业的最高权力对批评或责难做出迅速反应；③避免出现不道德行为；④尽量寻找与那些批评公司的人进行沟通的方式，消除他们的敌意。

4. 互联网公共关系策略

互联网的高速发展及不断应用，使一些关于企业、产品或品牌的形象可以"瞬间传遍地球"。消费者可以在网上发现或发起各种感兴趣的活动，也可以参与在线讨论，更可以结成社区。消费者可以在网上发表自己的看法，访问不受限制，消息散播迅速，并且具有极大的鼓动性，足以强烈影响其他人的看法。因此，这种新的沟通必须引起企业的足够重视，企业的公共关系人员必须及时跟踪相关信息，对其传播的重要性进行考证，并在必要时采取相应的行动。

11.5.4 国际市场公共关系的活动方式

1. 企业对外公共关系活动的开展

（1）加强与传播媒介的关系，做好新闻宣传

报纸、杂志、广播、电视等大众传播媒介承担着传播信息、引导舆论和提供娱乐的社会职能，当今网络力量的渗透无处不在。因此，企业必须充分利用宣传媒介来为其服务。要与这些传媒的编辑、记者保持经常性的接触，主动提供信息，建立可靠信誉，为他们服务和建立相互合作关系。新闻故事往往存在于企业、人员及其活动中，如麦当劳的严格选料在一定区域、一定时间上就具有新闻性。

同时，企业的公共关系部门要创造具有新闻性的事件，让媒体主动来报道。为了使媒体感兴趣，就要让事件具有新闻价值，具有可信性，同时符合媒体性质的要求。例如，创始于1907年的底特律车展，是世界上顶尖的车展之一。2006年1月，吉利汽车首度参展底特律车展，美国媒体以"中国汽车制造商瞄准底特律"为标题报道参展的吉利汽车，参展商和记者收到的电子会刊头条也是吉利汽车参展的消息。其他媒体也争相报道这一新闻。吉利汽车利用参加车展达到了宣传企业及产品的作用。对于这类新闻，关键在于抓住机会，精心策划。

（2）赞助和支持各项公益活动

作为社会的一员，企业有义务在正常的范围内支持各项公益活动，如运动会、节日庆祝、慈善活动、希望工程等。由于这些活动为万众瞩目，各种新闻媒介会进行广泛的报道，因此，企业能够在公众心中树立良好的形象。但在实践中，企业应当量力而行，考虑活动的互惠性。企业在开展国际市场营销时，利用公共关系的手段，赞助和支持公益事业的发展，可以增强公众的信赖感，消除抵制情绪，获得公众广泛的支持。例如，在贫困地区捐建希望小学，从而在消费者心目中树立关心社会发展和儿童教育的形象，就是有效的公共关系活动。

（3）利用大型国际活动

用国际上有影响的重大活动开展公共关系是近年来引起企业重视的一个内容。重大的国际活动主要包括国际会议、体育赛事、文化活动等。在上海亚太经合会议上，各国首脑统一身着唐装，使唐装成为当年的国际流行服装。体育活动如奥运会、世界杯足球赛等，如果能抓住机会，通过赞助运动队、为大会提供设备和服务，可以展示企业的实力与风采。

（4）听取和处理公众意见

企业运用公共关系与社会沟通思想，增进了解，使消费者对企业形象和它的产品产生良好的感情。企业应积极收集和听取东道国的公众对本企业政策、产品等方面的意见和态度，及时处理意见，消除公众的抱怨情绪。同时，提出改进本企业政策和产品的方案，以消除抱怨情绪产生的根源。开展市场教育，以各种方式向顾客介绍产品的用途和性能，并帮助顾客迅速掌握产品的使用办法；对来访、来电、来函热情接待和对待，及时答复。这样，既能满足公众要求，发扬诚实作风，又可以使顾客心满意足，让企业与公众的关系更为密切。

（5）建立与政府以及其他公共关系对象的良好关系

与国内经营企业不同，国际经营企业面临着来自各个国家和政府的截然不同的要求或压力。所以，一方面，国际经营企业必须随时调整自己的行为，以适应外国政府政策的变化；另一方面，企业要左右逢源，以协调可能发生的各种冲突和矛盾。企业要通过公共关系加强与东道国政府官员的联系，了解他们的意图，懂得该国的法律，以求得企业经营活动的长期发展。在进入东道国的初始阶段，问题多，公共关系任务繁重。而后，在"营运"阶段，要关注东道国政局与政策动向，以及公司利润汇回母国的风险问题。即使是在撤出阶段，也要注意与东道国保持良好关系，以维护其他方面的利益。企业可以建立固定的公开往来制度，经常向目标市场的政府和社会组织说明本企业对公众和社会可能做出和已经做出的贡献。为了达到这一目的，企业可以开展公益活动，如为公用事业捐款，扶持残疾人事业，赞助文化、教育、卫生、环保事业等，树立为目标市场社会与经济发展积极做贡献的形象。

2. 企业内部公共关系制度的建立

企业应当关心职工的福利，鼓励他们努力工作。要开展针对职工家属等的公共关系活动，密切与社会各界的联系。企业拥有具有凝聚力和对企业负责的员工队伍，将对企业的长期发展和稳定国际市场具有十分重要的作用。

本章小结

本章主要分析了国际促销策略,分别包括国际人员促销、国际广告策略、国际销售推广和国际市场公共关系。这四者之间存在密切的相互作用关系,企业应该根据国际市场营销东道国的经济、政治、文化等环境特征,有所侧重地选择和使用这些策略。

主要的名词术语

促销组合 Promotion Mix
公共关系 Public Relationships
销售推广 Sales Promotion
人员推销 Personal Selling

知识应用

◆ 练习题

1. 在国际促销中,以下属于间接促销活动的有(　　)。
   A. 市场广告　　B. 公共关系　　C. 销售推广　　D. 人员推销
2. 某企业向地震灾区捐款1亿元的行为,在公共关系营销方式上属于(　　)。
   A. 事件　　B. 赞助　　C. 新闻　　D. 公益活动
3. (　　)是指某一组织为改善与社会公众的关系,促进公众对组织的认识、理解及支持而发动的一系列促销活动。
   A. 广告　　B. 公共关系　　C. 人员销售　　D. 销售促进
4. (　　)是指介于标准化和定制化广告策略之间的一种策略,是全球化统一促销概念下,针对单个目标市场进行适度调整的广告策略。
   A. 本土化广告策略　　　　　　B. 模式化广告策略
   C. 全球化广告策略　　　　　　D. 差异化广告策略
5. 在制定广告方案时,营销管理人员必须做出的重要决策有(　　)。
   A. 设定广告目标　　　　　　　B. 确定广告预算
   C. 制定广告策略　　　　　　　D. 评价广告效果
6. 国际市场营销公共关系的最主要作用是(　　)。
   A. 短期内促进产品销售　　　　B. 了解客户的需求
   C. 树立企业良好形象　　　　　D. 比广告促销节省成本
7. 国际市场人员推销的结构包括(　　)。
   A. 地区结构型　　　　　　　　B. 产品结构型
   C. 顾客结构型　　　　　　　　D. 综合结构型
8. (　　)是一种为了刺激国际市场需求、扩大销量而采取的能迅速产生激励的促销措施,如折扣、降价、抽奖、赠券等。
   A. 广告　　B. 人员推销　　C. 国际销售推广　　D. 公共关系

9. 企业给销往各地市场的产品都制定统一的出厂价格，这是（　　）。
   A. 标准化定价法　　　　　　　　B. 多样化定价法
   C. 主动竞争定价法　　　　　　　D. 地心定价法
10. 开展国际公共关系的活动程序有（　　）。
   A. 开展公众调查　　　　　　　　B. 确定公共关系目标，制订计划
   C. 实施计划与沟通信息　　　　　D. 公共关系效果评价

◆ 思考题

1. 简述国际广告信息的标准化策略和当地化策略。
2. 简述国际人员推销的概念，以及人员推销管理的内容。
3. 国际企业推销人员招聘的来源有哪些？
4. 简述国际市场公共关系的内容。

◆ 实务题

如何理解产品生命周期阶段对促销组合的影响？

案例讨论

某重型机械厂一年来对其产品通过电视大做广告，而且安排在收视率极高的"黄金时间段"，名声越来越大。由于广告费用支出庞大，该企业不得不大大压缩其他促销方式的费用，但产品的实际销售量并没有明显增加。

问题：
该厂在促销方面做得对不对？为什么？

第 12 章
国际市场营销风险管理

居安思危，思则有备，有备无患，敢以此规。

——《左传》

本章学习要求

1. 掌握国际市场营销风险的内涵
2. 重点掌握国际市场营销风险规避策略
3. 了解国际市场营销风险产生的原因

引导案例

在经济全球化的背景下，国与国之间的关联越来越大，尤其是那些经济往来较为密切的国家。我国也有越来越多的企业在国际市场找到了自己想要的发展领域，同时许多外资企业也选择在我国投资。国际贸易带来的利润空间是非常大的，但是企业要面临的问题也很多，尤其是在营销方面，企业要在一个陌生的环境中开拓市场就需要做好营销工作。营销策略的制定要考虑一个国家的文化、市场环境、国家法律等方面的问题。面对国内市场与国际市场的差异，企业要做好应对准备，制定好营销策略，在国际市场中走得更远。我国企业参与国际市场竞争能力不断加强，我国企业及其制造产品在国外市场的影响力越来越大。同时，国外某些国家民族极端势力采取暴力手段，排斥我国企业国际性经营活动的倾向加剧。这不得不引起国际市场营销企业的警惕和高度重视。防范国际营销风险成为我国企业开展国际市场营销活动的新课题。

资料来源：作者根据网上资料改编。

12.1 国际市场营销风险概述

12.1.1 国际市场营销风险的概念与特点

1. 风险的概念与特点

1901 年,美国威雷特在其博士论文《风险与保险经济理论》中第一次为风险下了定义:风险是关于不愿发生的事件发生的不确定性之客观体现。一般而言,风险具有以下特征。

1)风险具有客观性。风险不以人的意志为转移。

2)风险具有相对性。风险的相对性总是相对项目活动主体而言的。同样的风险对于不同的主体有不同的影响。人们对于风险事件都有一定的承受能力,但是这种能力因活动、人和时间而异。

3)风险具有可控性。一般而言,企业可以通过过去的统计资料与有关方法来识别风险,进而通过恰当的技术来回避风险,从而达到控制风险的目的。

4)风险与收益具有共生性。风险是一种不确定性,这种不确定性可能会带来费用的增加或各种损失,但如果能有效识别与回避风险,则可将风险转化为收益(高风险同时也意味着高收益)。

2. 国际市场营销风险的内涵与类型

国际市场营销风险可以定义为国际企业在开展国际市场营销活动时导致的费用、损失与损害,产生的可以认识与控制的不确定性。国际市场营销风险可以分成以下几类。

(1)按营销环境影响因素分

1)政治风险。它是指由于战争、政变、政治体制变革及其他政治动荡等不确定因素而形成的风险。它具体表现在政府更迭、政局动荡、种族冲突、宗教冲突、恐怖活动、战争等方面,主要对国际市场营销的市场需求的稳定性、仓储与物流的安全性,以及企业营销人员的安全性、财产的安全性产生影响。

2)文化风险。它是指企业在国际化经营过程中由于文化环境因素的复杂性和不确定性,使用的营销手段不能适应当地文化,使企业实际收益与预期收益目标相背,甚至导致企业经营活动失败的可能性。在国际市场营销过程中,企业不可避免地要面临不同文化甚至文化冲突,如果对文化差异或者文化冲突处理不当,有时会危及企业经营目标的实现。因此,利用和控制文化差异,防止差异演化为冲突,消除已有的文化冲突,对企业实现跨国营销十分必要。

3)技术风险。它是指由于新技术、新材料、新工具、新产品给企业的国际市场营销带来的不确定性。技术风险包括新技术开发投入高成本带来的收益不确定性,也包括专利流失造成的风险,新材料出现导致材料成本上升,新工具出现导致原有的营销方式的成本上升等风险。

4）财务风险。它是指由于企业营销项目引发的筹资、投资、使用资本等引起的不确定性，主要表现为国际市场营销广告投入的不可预期性、销售订单的不确定性、用于营销的物资不确定性等。

5）外汇风险。它是指由于国际汇率市场的不稳定性、变化性对企业的资产造成的风险，一般包括会计风险、交易风险、税收风险等。

6）政策风险。它主要是指东道国的经济、政治、产业、税收、财政等政策的变化导致的国际企业营销的不确定性。

（2）按引发营销风险的因素分

1）营销纯粹风险。它主要包括财产风险、营销责任风险和营销人员风险等。财产风险是指与企业财产有关的风险。财产是指企业的产品和品牌、商誉等有形与无形资产，具体指企业财产与权益、抵押权、留置权、作为承租人的权益、作为受托人的权益等。营销责任风险主要有产品责任风险、雇主责任风险、合同责任风险以及广告责任风险等。营销人员风险指的是营销人员因面临疾病和非正常事故而导致的风险，容易造成重要营销人物损失、信用损失及业务损失。

2）营销投机风险。它包括购买风险、销售风险和生产风险。购买风险包括购买方式风险、物资质量风险、物资价格与时间风险、选择供货单位风险。销售风险包括合同风险、信用销售风险、销售人员道德和心理风险等。生产风险是指产品质量风险，包括设计开发、制造过程及使用过程等方面的质量风险，还有产品适时生产的风险和产品库存风险。

（3）按国际企业营销的过程分

国际市场营销风险可分为观念风险、国际市场进入风险与国际市场营销策略风险。

（4）按营销风险的来源分

1）营销内部风险。它是指来源于营销主体自身因素的风险。

2）营销外部风险。它是指来自营销主体外的风险因素导致的风险。

（5）按营销风险存在的条件分

国际市场营销风险可分为静态市场营销风险和动态市场营销风险。

（6）按营销风险的可控程度分

国际市场营销风险可分为可控风险和不可控风险。

（7）按营销风险的影响程度分

国际市场营销风险可分为战略性营销风险、管理性营销风险和一般性营销风险。

12.1.2 国际市场营销风险产生的原因

国际市场营销风险具有客观性，其根源在于国际市场营销环境具有复杂性和多变性，存在着事先无法准确预知的不确定性因素。这些因素以何种方式存在，何时产生作用，作用程度如何，是难以准确回答的。因此，这给国际市场营销企业风险管理带来了难度，不时挑战国际市场营销企业应对风险的能力和水平。这就要求国际市场营销企业必须正视营销风险，不能抱有任何侥幸心理。国际市场营销风险是一种综合性风险。

一般而言，国际市场营销风险的成因主要有两种：一种是外部因素造成的；另一种是内部因素导致的。

1. 外部因素

市场需求的变化是形成企业外部营销风险的首要原因。①经济形势与经济政策的变化导致企业产生营销风险。②科技进步导致企业产生营销风险。③营销活动的复杂性导致企业产生营销风险。④竞争对手力量的变化形成企业的营销风险。⑤各国政策法规变化导致企业产生营销风险。⑥外部的其他因素导致企业产生营销风险。

2. 内部因素

它包括：①企业受传统营销观念的影响。②企业缺乏营销风险的处理机制。③企业营销人员的因素。④企业信用销售的风险。

12.2 国际市场营销中的政治风险及规避

由于东道国的政治环境会对企业的国际市场营销活动产生较大影响，易造成政治风险，因此，国际市场营销企业必须重视对国际市场营销中的政治风险的分析评估，在政治风险发生之前采取有效的防范措施，在政治风险发生后积极寻求解决方案，将政治风险带来的危害降至最小。

12.2.1 政治风险的表现

政治风险是指由于政策的不连续性、政局的不稳定性、政府干预的强制性和政治事件的突发性使企业的国际市场营销活动具有许多不确定性，增加了国际市场营销活动的难度。

1. 政治风险在国际贸易中的表现

政治风险在国际贸易中通常表现为东道国强制关闭本国市场、限制非本国产品进入、东道国实行外汇管制、汇率变化无常、东道国单方面破坏契约并拒绝赔偿跨国企业的经济损失等。

2. 政治风险在国际投资中的表现

投资者的财产被当地政府没收、无偿征用和逐步实行国有化；合营企业投资者的利润无法汇回母国；正常的经营活动受到当地政府的任意干预；东道国政府与母国政府发生战争等严重事变,导致投资者损失;东道国发生动乱、革命或政府倒台等政治突发事件,造成投资者经营中断或利润损失等。

3. 政治风险在国际信贷方面的表现

债务国否认债务,拒绝履约还款,随意中止还款,造成债权国利益受损;债务国政府单方面要求重议债务;债务国国际收支困难,随意实施严格的外汇管制;等等。

12.2.2 政治风险的评估

1. 政治风险的评估方法

对政治风险的评估可采取以下方法。

(1) 实地考察法

这是指企业派出一位或数位高级经理对企业将要进入的东道国进行考察,从而确定该国市场的政治风险及可进入性。这种方法有利于得到准确可靠的信息。但由于考察的广度和深度的限制,所反映的信息可能并不全面。

(2) 专家分析法

这种方法是通过向有关专家进行咨询,从而了解东道国市场的信息,进而判断该国的政治风险。一般来说,专家由外交人员、当地政治家、资深商务人员、学者等组成,在分析和判断方面较有经验,所获得的信息也较全面和准确。如果专家本身的素质不高或经验不足,则会影响评估结果。

(3) 德尔菲法

这种方法是为了防止专家评估的主观性,而采取由若干个专家分别就某一国家的政治环境问题独立地发表意见,企业在将专家意见汇总后,将汇总结果分发给每位专家,让他们在参考他人意见的基础上修正自己的最初意见。企业不断重复这个过程,直到专家们不再修改自己的意见为止。专家们最后的平均意见通常要比最初任何一位专家的意见都正确。这种方法虽然复杂,但得到的结果较客观、准确。

(4) 数量分析法

企业还可以通过数量方法来判断政治风险。企业可将影响政治风险的变化一一列出,根据各个变量之间的关系,建立相应的数学模型,用以预测事件发生的可能性。这种方法的评估结果较精确。由于影响政治风险的因素不能全部量化,因此要结合专家意见才较可靠。

2. 政治风险的评估内容

企业对国际市场营销政治风险的评估可以从企业外部因素和企业内部因素两个方面入手。在国际市场营销活动中,企业的某项因素在东道国的政治敏感度越大,则遭遇政治风险的可能性也就越大。

（1）企业母国与东道国的关系

如果企业母国与东道国的关系密切，企业在东道国遭遇政治风险的可能性就小，企业在东道国的营销活动就越顺利。

（2）企业所在行业及提供的产品

如果企业从事的行业和提供的产品政治敏感度高，遭遇政治风险的可能性就大。罗宾逊教授在《国际企业政策》中提出了一套评估产品政治敏感度的方法。他要求国际企业对以下12个问题逐一回答，由总评分的高低来判断行业和产品的政治敏感度。

1）该产品的供应是否需经政治上的讨论或立法机构授权方可经营（如石油、运输设备、公共设施等）？

2）是否有其他产业依赖该产品或以其作为再加工的原材料（如水泥、钢铁、电力等）？

3）该产品是否具有社会及政治敏感度（如医药、食品）？

4）该产品对于该国的国防是否有重要影响（如交通设备、电信设备）？

5）该产品对于农业生产是否重要（如农业机械、化肥）？

6）该产品是否必须利用当地资源才能有效地运营（如当地劳动力、原材料）？

7）近期是否会有与该产品竞争的产业出现（如各种小型或投资少的制造业）？

8）该产品与大众传播媒体是否有关（如印刷业、电视）？

9）该产品是否属于服务产品？

10）该产品的使用或设计是否基于某些法律上的需要？

11）该产品对于使用者是否具有潜在的危险性？

12）该产品的营销是否会减少东道国的外汇？

对上述问题的回答是肯定的，说明该行业或产品的政治敏感度高，遭遇政治风险的可能性大；若回答是否定的，则说明政治敏感度低，不易遭受政治风险。

（3）企业规模及地址

正所谓"树大招风"，企业规模越大，被东道国视为威胁的可能性就越大。同时，若企业选址在东道国的政治经济中心，遭遇政治风险的可能性也会加大。

（4）企业的知名度

企业的知名度越高，政治敏感度越高，政治风险越大。

（5）东道国的政治状况

东道国政局不稳定，国际企业遭遇政治风险的可能性就会增加。

（6）企业的行为

国际企业的经营行为会导致企业在东道国公众中的形象不一。形象好的国际企业政治敏感度低，遭遇政治风险的可能性小；反之，则容易遭遇政治风险。

(7) 企业对东道国的贡献

如果外来投资者能为东道国的经济发展做出贡献，如提供就业机会、出口创汇、引进技术等，则遭遇政治风险的可能性就小，若外来投资无法为东道国的经济发展带来好处，或好处不明显，则容易遭遇政治风险。

(8) 经营的当地化

如果国际企业在东道国实现经营当地化，如使用当地的原材料、零部件，使用当地的资金，使用当地人才，在当地开发新产品，使用当地的品牌等，则不易遭遇政治风险。一般来说，外来企业的当地化程度越高，遭遇政治风险的可能性越小。

(9) 子公司对母公司的依赖性

如果在东道国的子公司需要在关键性的技术资源、市场等方面严重依赖母公司，则子公司在当地遭遇政治风险的可能性就小。由于子公司对母公司在技术、市场等方面的依赖性过强，即使东道国接管该子公司，也无法正常发挥子公司的作用。

12.2.3 政治风险的防范

1. 政治风险发生前的对策

在政治风险发生前，国际企业应该采取一系列防范措施，以减少政治风险发生的可能性。根据对政治风险的评估，结合国际企业的成功经验，政治风险的防范对策主要有以下几个方面。

1）寻求当地合作者。这是国际企业最常用的防范政治风险的策略。一方面，当地的合作者较了解本国的政策法规，与东道国有关部门有着一定的联系；另一方面，东道国政府也会顾及当地投资者的利益，在采取极端措施时会有所顾虑。

2）在当地融资。国际企业若采取在东道国筹集资金的方法，在东道国政府采取极端措施时，往往可起到保护作用。因为东道国政府要顾及本国资本的利益，不会轻易采取没收、征用、国有化等强制性措施，这样可使国际企业避免遭遇政治风险。

3）股权的多国籍化。股权的多国籍化可以分散风险。如果企业的资本来自多个国家，东道国政府因为顾及与多个国家为敌，而不敢贸然采取极端措施。因此，国际企业可利用这一点，使股权保持在多个国家手中，以减少政治风险。例如，著名的英国荷兰皇家壳牌石油公司，因拥有英国和荷兰双重国籍，常可以转危为安，如当其他国家对荷兰不满时，公司就强调其英国企业身份；当对英国不友善时，公司就可强调其荷兰企业身份，从而减少政治风险。

4）减少固定资产的投资。国际企业可采取有形资产与无形资产分开或生产技术与营销技术分开的策略。比如，让东道国当地合伙者拥有固定资产，而核心技术等无形资产掌握在母公司手中，这样国际企业被接管的可能性就会减少。例如，美国联合水果公司在拉丁美洲一直是左翼政党紧盯的目标，为了减少政治风险，该公司放弃了在拉丁美洲的大多数土地所有权，将水果事业集中于营销和运输环节。

5）及时调整有关业务。在政治风险来临之前，及时预见政治风险，尽快转移经营业务，这对国际企业来说既是必要的，也是可行的。东道国政府往往对高度政治敏感的行业进行干预，若国际企业能够预见风险发生的可能性，及时将业务的政治敏感度调低，就可以躲过劫难。例如，美国电话电报公司（AT&T）在秘鲁的子公司在1960年末被征收之前，立即将经营业务转向东道国政府易接受的行业，如兴建喜来登宾馆和制造电器设备。又如，当巴西国会研究如何将圣保罗到里约热内卢高速公路两旁10km以内的外国工厂收归国有时，德国巴斯夫（BASF）公司转向桉树种植，从一个巨大的化工制造商摇身变为林业经营者，最终免遭被没收的厄运。由于国际企业的业务范围较广，因此，实现业务的转移是可行的。

6）保持子公司对母公司的依赖性。国际企业可以通过将产品的研发（R&D）放在母国进行，使东道国无法得到生产必需的关键技术，从而使子公司在技术上形成对母公司的依赖性。国际企业还可以通过控制原材料和关键零部件、控制主要市场等手段来增强子公司对母公司的依赖性。例如，可口可乐的配方始终掌握在母公司手中，这样，即使在外国的子公司被东道国没收，由于无法得到关键性技术，子公司无法独立运行，东道国政府因不能实现目标而放弃没收等行为。

7）开展公共关系活动。如果国际企业与当地公众搞好公共关系，就可以在当地公众中建立良好的形象，赢得当地公众的好感，面临的政治风险就要小得多。例如，许多在华投资的跨国公司纷纷支持我国教育事业，其目的是得到我国公众的认同，从而减少政治风险。

8）投保政治风险。向保险公司投保政治风险也不失为一种明智之举。近年来，由于政治形势变化加快，不少国际企业已意识到政治风险对企业经营的巨大影响，开始重视并投保政治风险，以减少风险发生所带来的损失。

2. 政治风险发生后的对策

政治风险发生之前往往有一些征兆。此时，国际企业应积极采取对策，如理性地与东道国政府进行谈判，一方面让东道国政府了解其对东道国经济发展所做出的或将要做出的贡献，以及东道国政府采取极端措施可能造成的严重后果；另一方面，向东道国政府承诺企业会在经营策略等方面做出让步，如改组人事、增资扩股、帮助当地政府实施新的投资计划，以及进行政治性或公益性捐款等，以得到东道国政府的认同，防止政治风险的发生。若此举不能奏效，那就只能依照国际惯例，通过法律手段或其他途径减少政治风险的损失。

1）积极寻求补偿。一旦发生政治风险，国际企业的财产即使被没收、征用或国有化，也不必绝望，国际企业要继续保持与东道国的关系，从长期来看，仍可获得相当利润。如继续经营出口业务，或通过合同关系提供生产技术和管理经验，或出售原材料和零部件给东道国当地企业等，通过这些举措寻求最大残余价值。

2）寻求母国支持。当国际企业在国外投资遭遇政治风险时，企业可以通过母国政府进行外交干涉。一般来说，在经济全球化的今天，母国政府往往具有双重身份，它既是国际企业的母国政府，又是外来投资者的东道国政府，政府就可利用这种双重身份，帮助本国企业在国外市场赢得公平的条件。例如，母国政府在本国企业的要求下，可向对方国家在本国的企业进行报复，采取禁止该国产品进入本国市场或其他制裁措施。当然，母国政府进行报复，可能会使两国关系恶化。

3）寻求国际社会支持。国际企业在遭遇政治风险后可积极寻求国际支持，可以向海牙国际法庭申请法律赔偿，也可请求国际投资争端解决中心（International Centre for Settlement of Investment Disputes，ICSID）仲裁。

12.3 国际市场营销中的贸易风险及规避

12.3.1 国际贸易风险分类

1. 收汇法律风险

从经济角度而言，国际企业在出口业务中存在的最大风险就是收汇风险。该风险的发生主要是由于在相关出口合同履行过程中，合同本身约定不利或履行过程中操作不当，导致商品出口后无法按照预先的设想或约定收回预期的货款。

2. 出口贸易中刑事、行政法律风险

国际企业在出口业务中主要应当防范的刑事犯罪风险为走私普通货物罪、骗取出口退税罪以及销售假冒注册商标罪。对于行政处罚风险，主要为涉及出口退税的，特别是"四自三不见业务"⊖产生的风险，以及侵犯他人知识产权引起的法律风险。

3. 民事赔偿法律风险

国际企业在出口业务中主要存在违约、知识产权侵权、货物损害财产侵权等方面的民事赔偿法律风险。

12.3.2 国际贸易风险防范措施

1. 收汇法律风险防范

国际企业要防范收汇风险，应当建立一整套的制度，并在经营过程中灵活运营，以此将风险控制在最小范围内。相应制度建立可以从如下方面进行考虑。

（1）建立并灵活运用收汇风险防范制度

1）缔约、谈判阶段的风险防范。其主要目标是争取采用最利于我方的合同条款及结

⊖ "四自三不见业务"即自带客户、自带货源、自带汇票、自行报关，不见进口产品、不见供货货主、不见外商。

算方式，保障风险最小化，并且应当根据不同的结算方式的约定，在未来合同履行过程中使用不同的防范措施。

2）合同履行过程中的防范。由于我国出口最常用的是 L/C（信用证）结算方式，因此这里主要介绍 L/C 结算方式的风险防范。

①采用 L/C 结算方式，国际企业必须要求进口商开立 L/C，并应当预留充足的时间以应对必要情况下的修改。

②收到 L/C 后，应当按照制度规定，审查信用证真伪，并防止信用证中存在进口商明显不公平情况下，仍拥有单方面随时解除付款责任权利的条款约定，同时还应当防止信用证中存在不可能实现的"陷阱"条款。如发现有上述情况的内容，应当立即要求对方按照合同要求进行修改。

③在国际贸易中，"单证一致、单单一致"是原则，应当以该原则为基础，完善并实施相应风险防范制度。

（2）建立并灵活运用客户、相关企业背景调查制度

最良好、完善的合同也防止不了完全无信的恶徒，在国际贸易中，出口企业无论选择何种结算方式，均应当重视对于进口商背景、信用的调查，哪怕只是最基本的调查。

（3）灵活运用收回安全保障制度

在出口收汇中，安全保障方式主要有银行保函、备用信用证、国际保理、信用保险等。对于大宗贸易或风险较大的国际贸易而言，通常应当考虑使用这些方式。

2. 出口贸易中刑事、行政法律风险防范

1）对于代理货物出口业务为主的国际企业，应当防止"中间人风险"。在国际企业开展出口业务，特别是代理出口业务时，应当严格遵守相关法律法规，并通过合理的控制手段控制风险。

2）对于出口销售的商品的知识产权应当进行了解。在出口时，应当通过我国知识产权海关保护备案子系统查询，尽可能避免出口商品因商标侵权而涉嫌制造、销售假冒注册商标商品罪。

3）签订的合同，特别是 OEM（贴牌代工）在代理出口业务中与被代理人签订的合同应当包括知识产权授权条款以及免责条款。通过该种条款约定，可以在很大程度上让合同相对方承担知识产权违法方面的法律风险责任。

4）对出口业务具体办理人员及公司管理人员进行有效的、有针对性的刑事法律知识培训。该种培训可以提高相关人员的刑事法律风险防范和控制能力，并可以在较大程度上防止部分人员违反规定操作，给整个公司带来毁灭性打击的可能。

3. 民事赔偿法律风险防范

从根本来说，国际企业对于出口业务中的民事风险，几乎可以通过合理的操作方式、

制度以及良好的合同条款设计来防范。

1）在国际贸易中，知识产权的保护力度日益加强，建议有长期持续经营目标的国际企业通过制度及合同设计，树立知识产权观念，强化知识产权保护意识，保护自己和他人的知识产权，就是在防范自身的法律风险。

2）委托专业机构进行必要的知识产权调查，主要以商标查询为主，如果经查询发现存在侵权可能，应当及时对自产产品的商标使用、外观设计以及工艺进行必要修改，以此避免被控侵权。

3）合同拟定过程中应当包括合理、合法的免责条款，例如知识产权免责条款。

4）对于可能侵犯他人著作权、专利权、商标权的 OEM 订单以及代理出口业务，应当要求对方提供知识产权授权证明，并且应当注意该知识产权保护的范围是否包含有进口国。

5）在有人发出律师函称国际企业销售产品侵权时，应当立即联系法务部门或律师，由专业人士进行相应的风险评估，并提出解决方案。

12.4 国际市场营销文化风险与防范

12.4.1 国际市场营销文化风险分类

1. 区域文化风险

区域文化与当地的历史传统及传统习惯密切相关，受到自然环境和社会环境的制约与影响。这些区域文化特征必然对商品生产的取材、设计加工、款式造型、包装和产品名称产生重大影响，形成带有浓厚区域文化色彩特征的商品。比如，中东地区气候炎热，容易出汗，人们喜欢用气味浓烈的香水，而且该地区少有凉风，气温高，当地人们又常用防晒乳涂在身上以润肤防暑，并喜欢用清爽易挥发的化妆品，而在许多高寒地区和国家大为流行的含油脂较多的化妆品则无人问津。

2. 审美风险

审美是一定社会群体的审美标准和审美能力，它潜移默化地来源于艺术造型、表演、文学作品等艺术形式，对国际市场营销影响显著。美国人在选择服饰时注意突出个性，追求新异；中国人则追求典雅、含蓄。

3. 种族优越风险

当外来民族与当地民族文化观念相冲突时，民族心理会产生一种先天的、自发的反感与排斥，由此产生种族优越风险。所谓种族优越风险，即由于不同文化所表现的价值取向不同，来自一种文化的人具有较强的种族优越感，相信自己的行为方式优于他人，有偏见地对待异族文化而产生的风险。对于跨国企业来说，优越感有多种表现形式。例如，一些国际企业由于相信自己在国内的经营方式优于海外竞争者，因此在海外采取与国内相同的方式进行经营，甚至不改造产品使其适应特定市场的特殊需求。总之，不同地区的消费者具有不同的价值观，对事物的感知方式也不相同。对不同地区的消费者价值观的调查和研究历来受到心理学家和管理学者的重视。

4. 宗教信仰风险

在人类社会的发展过程中，宗教信仰对一国国民个性的塑造发挥具有重要作用。这些价值观渗透到人们日常生活中，会对消费需求的结构及其消费模式产生持久强烈的影响。

12.4.2 国际市场营销文化风险化解对策

1. 跨文化培训策略

对于国际市场营销人员进行跨文化培训是防止和解决文化冲突的有效途径，其目的是加强人们对不同文化环境的反应和适应能力，促进不同文化背景下人群之间的沟通和理解。跨文化培训主要包括对文化的认识、文化的敏感性训练、冲突管理、地区环境模拟等。具体的做法包括语言训练、敏感性训练、文化学习、现场体验等。此外，语言是进行信息沟通的主要方式，是重要的文化因素之一，毫不夸张地说，语言是文化的镜子，各民族文化的很大部分都折射在语言中。文化的差异也首先表现在语言方面，从事国际市场营销活动的企业必须先跨越语言上的障碍，才能实现与国外顾客之间的沟通。

2. 文化本地化策略

在开拓国际市场时，企业可以雇用一部分当地职员。这主要是因为当地雇员熟悉当地的风俗习惯、市场动态以及政府方面的各项法规，而且和当地消费者容易达成共识，雇用当地雇员无疑方便了跨国企业在当地拓展市场、站稳脚跟。企业在国外做广告，除了要研究当地文化以外，还可以依靠当地的广告代理商。国际市场营销公司的广告人员，往往通晓与当地人偏好一致的有特色的广告，因此他们设计的广告更有利于产品的销售。在国际市场营销中，不同文化背景的消费者有着不同的需求。

3. 文化规避策略

在日益频繁的跨文化营销过程中，由于不同目标市场文化背景差异较大，跨文化营销在商业运作过程中因对目标市场文化缺乏足够认知，触犯文化禁忌而导致营销失败时有发生，可见研究文化禁忌对跨文化营销的影响具有重要的现实意义。当本国文化与东道国文化之间存在着巨大的不同时，虽然本国文化在整个子公司的运作中占了主体，但是不能忽视东道国文化，必须特别注意在双方文化的重大不同之处进行规避，不要在这些"敏感区域"造成文化冲突。特别是在宗教势力强大的国家，更要注意尊重当地的信仰，它是文化差异中最为敏感的因素。

本章小结

经济全球化给企业带来的不仅是广阔的国际市场，还有国内市场的变化。在不同文化的强烈冲击下，消费者的消费理念是会发生巨大变化的。因此，企业要注重国内市场的变化，做好营销工作。同时，对于国际市场的复杂情况，企业要想获得更多的发展空间，就要从理念、产品、品牌等方面入手做好营销工作，才能在竞争激烈的国际市场中获得利润。

主要的名词术语

国际营销风险 International Marketing Risk
国际政治冲突 International Political Conflict
汇率风险 Exchange-rate Risk
购买力平价 Purchasing Power Parity

知识应用

◆ 练习题

1. 国际市场营销的风险可能有（　　）。
   A. 战争　　　　　B. 汇率波动　　　　C. 政局更替　　　　D. 政策突变
2. 国际市场营销可能遇到的政治风险有（　　）。
   A. 政局动荡　　　B. 汇率波动　　　　C. 宗教冲突　　　　D. 恐怖活动
3. 政治风险的评估可以采取以下哪些方法？（　　）
   A. 专家分析法　　　　　　　　　　　B. 德尔菲法
   C. 实地考察法　　　　　　　　　　　D. 数量分析法
4. 2010年年末，突尼斯一中间商与AM公司签订了一张订单，20%以订金方式支付，80%的尾款在装运前付清。2011年2月AM公司完成生产，订舱后迟迟未收到尾款导致货物无法正常发运。当时，突尼斯战争爆发、政局变动，该中间商无法与进口客户沟通，由于战乱，银行也无法付款。该风险发生后，AM公司应该采取哪些对策以降低风险带来的影响？（　　）
   A. 积极寻求补偿　　　　　　　　　　B. 寻求母国支持
   C. 投保政治风险　　　　　　　　　　D. 寻求国际社会支持
5. 国际贸易风险包括（　　）。
   A. 民事赔偿法律风险　　　　　　　　B. 收汇法律风险
   C. 刑事、行政法律风险　　　　　　　D. 区域文化风险
6. 发生（　　），违约方可援引不可抗力条款要求免责。
   A. 战争　　　　　　　　　　　　　　B. 世界市场价格上涨
   C. 生产制作过程中的过失　　　　　　D. 货币贬值

7. 在外汇风险中，（　　）是指以外币计价的交易，由于该币与本国货币的比值发生变化及汇率变动而引起的损益的不确定性。
   A. 交易风险　　　　B. 会计风险　　　　C. 经济风险　　　　D. 信用风险
8. 进出口贸易风险管理的基本程序主要包括（　　）等。
   A. 风险识别　　　　B. 风险估测　　　　C. 风险评价　　　　D. 风险控制
9. 国际市场营销中最敏感的风险因素是（　　）。
   A. 语言　　　　　　B. 宗教　　　　　　C. 教育水平　　　　D. 社会组织
10. 中东地区气候炎热，容易出汗，人们喜欢用气味浓烈的香水，而且该地区少有凉风，气温高，当地人们又常用防晒乳涂在身上以润肤防暑，并喜欢用清爽易挥发的化妆品，而在许多高寒地区和国家大为流行的含油脂较多的化妆品则无人问津。这种现象属于（　　）。
    A. 审美风险　　　　　　　　　　　　B. 区域文化风险
    C. 种族优越风险　　　　　　　　　　D. 宗教信仰风险

◆ **思考题**

1. 简述国际市场营销风险的内涵。
2. 简述国际市场营销风险的成因。
3. 简述国际政治风险的表现。
4. 政治风险评估中，专家分析法有何优缺点？

◆ **实务题**

1. 分析外汇风险产生的原因以及它是如何影响国际市场营销的。
2. 运用罗宾逊教授在《国际企业政策》中提出的一套评估产品政治敏感度的方法，选择某一跨国企业分析其面临的政治风险程度。

案例讨论

波音公司的政治营销策略

经济一体化为国际市场营销者创造了机会，也带来了潜在的问题。现代市场竞争日益激烈，企业的营销策略在不断拓展和创新，营销理论也在不断完善。原先由麦肯锡最先提出的4P理论（即产品、价格、销售渠道、促销）在20世纪60年代由美国营销专家菲利普·科特勒进一步扩展到6P，即外加政治和公共关系。菲利普·科特勒认为："企业为了成功地进入特定市场，并从事业务经营，在策略上就必须综合地、协调地采用经济的、心理的、政治的和公共关系的手段，以赢得外国或当地有关方面的合作和支持，否则将使企业面临更大的营销风险。"

由此可见，政治与公共关系已经成为市场营销中必须考虑的一个重要方面。采取政治营销策略取得成功的典范是美国波音飞机公司（简称波音公司）。波音公司总部坐落在美国西部西雅图市，几十年来波音公司作为美国工业化的象征，一直使美国人引以为豪。1992年，波音公司的年销售额超过300亿美元，成为美国最大的出口商之一。但随着全球经济发展减缓，在随后的几年中其产量猛跌，全球性的行业领导地位也开始动摇。相反,得到政府支持的欧洲空中客车不断蚕食市场份额,已经在客机市场上抢占了30%的地盘。1993年,波音公司只接到两架波音747的订货合同,两条747生产线中的一条不得不停止运转,公司运转陷入困境,市场营销计划无法开展。在短短一年中,波音公司解雇了1.6万名职工,公司面临巨大的危机。

为了走出困境,波音公司及时调整了市场营销战略计划,他们运用市场营销组合策略,开展了空前的政治公关活动并获得成功,使波音公司昂首飞向世界,最后兼并了麦道公司,成为世界上最大的飞机制造公司。在整个营销计划中,他们首先利用波音公司在美国的特殊地位,对克林顿总统开展公共关系活动。首先,波音公司总裁富兰克·雪朗兹多次指出:"假如我们有一定的订单,就可以稳定生产,并向社会提供更多的就业机会。"就业问题一直是政府关心、公众注目的热点问题,也是影响国内经济发展的重要因素之一。其次,波音公司是美国现代工业的象征,也是美国人的骄傲,它已构成美国文化的重要组成部分,波音公司的处境引起美国的极大关注。克林顿总统亲自出马帮助波音公司寻找新市场,扩大订货量。最为明显的例子是经过克林顿总统的政治努力,波音公司得以和沙特阿拉伯签订了一笔价值60亿美元的订单,并把它的主要竞争对手——欧洲空中客车公司挤出了沙特阿拉伯。

资料来源:豆丁网,波音公司的营销策略,2012年11月13日。

问题:
1. 波音公司在国际市场上遭遇的营销风险主要体现在哪些方面?
2. 政治和公共关系的策略对于营销风险管理的意义有哪些?

参考文献

[1] 彭玲,古广胜.国际企业管理[M].北京:清华大学出版社,2022.
[2] 王虹.国际市场营销学[M].北京:电子工业出版社,2021.
[3] 霍伦森.国际市场营销学:第8版 英文版[M].北京:清华大学出版社,2021.
[4] 周艳,吴殿义,龙思薇,等.新营销变革与趋势[M].北京:经济科学出版社,2021.
[5] 李永平,董彦峰,黄海平.数字营销[M].北京:清华大学出版社,2021.
[6] 杨立钒,杨维新,杨坚争.跨境电子商务概论[M].北京:电子工业出版社,2021.
[7] 克洛,巴克.广告、促销与整合营销传播:第8版[M].王艳,等译.北京:中国人民大学出版社,2021.
[8] 王婧.国际文化贸易[M].2版.北京:清华大学出版社,2021.
[9] 刘永芝,季克华.国际市场营销学[M].北京:中国铁道出版社,2021.
[10] 钟育赣.国际服务外包营销:基于创造顾客满意的视角[M].北京:经济科学出版社,2021.
[11] 王朝辉,吕瑛,张倩男.国际市场营销学:原理与案例[M].3版.大连:东北财经大学出版社,2021.
[12] 林立伟,魏石勇,朱美虹,等.跨境电商营销[M].北京:中国水利水电出版社,2021.
[13] 孙莹.国际商务英语[M].北京:机械工业出版社,2021.
[14] 吴承忠,唐少清.国际文化管理.7:上下册[M].北京:经济科学出版社,2020.
[15] 马海英,孙雅健.国际商务案例选编与详解[M].北京:经济管理出版社,2020.
[16] 李丽,曾宪聚.国际视野与本土实战:MBA教学案例精选 5[M].北京:经济日报出版社,2020.
[17] 李威,王大超.国际市场营销学[M].4版.北京:机械工业出版社,2020.
[18] 陈文汉.国际市场营销[M].2版.北京:清华大学出版社,2020.
[19] 佩罗,坎农,麦卡锡.国际市场营销:第十六版[M].刘白玉,刘夏青,孙明玉,改编.北京:中国人民大学出版社,2020.
[20] 基根,格林.全球营销[M].傅慧芬,杜颖,译.北京:中国人民大学出版社,2020.
[21] 曹倩.国际市场营销[M].南京:南京大学出版社,2020.
[22] 周锡飞.国际营销理论与实战[M].北京:北京理工大学出版社,2020.
[23] 王岩,范连颖.国际市场营销[M].上海:华东师范大学出版社,2020.
[24] 谌飞龙.中国企业品牌国际化路径研究[M].北京:企业管理出版社,2019.
[25] 宁烨,杜晓君.国际商法[M].3版.北京:机械工业出版社,2019.

[26] 李攀科. 零售企业跨国营销的风险评估与管理机制构建[J]. 商业经济研究, 2017（13）: 42-43.

[27] 林红菱, 张德鹏. 中国零售企业跨国营销的风险评估及管理研究[J]. 国际经贸探索, 2009, 25（6）: 75-79.

[28] 徐畅, 魏景柱, 胡文博. 我国石油技术服务企业跨国营销风险评价指标体系的构建[J]. 商场现代化, 2008（28）: 83-84.

[29] 林萌菲. 零售企业跨国营销风险管理研究[D]. 广州: 广东工业大学, 2008.